BAEDEKER

KOS

www.baedeker.com

Verlag Karl Baedeker

Top-Reiseziele

Kulturliebhaber und Aktivurlauber, Badenixen und Burgen bauende Kinder, Erholungssuchende und Nachtschwärmer kommen auf Kos gleichermaßen auf ihre Kosten: Antike Stätten, spannende Museen und imposante Kastelle spiegeln die Geschichte; endlose Sandstrände mit Sonnengarantie verführen zum Müßiggang, die Hügel des Dikaios-Gebirges zum Wandern und Mountainbiken. Die schönsten Highlights finden Sie hier:

❶ ★★ Kos-Stadt

Die Inselhauptstadt begeistert rund um die Uhr: als Bummelzone zum Shoppen und Schauen, Freilichtmuseum der Kulturen, Sprungbrett zum Inselhüpfen und Zentrum des Nachtlebens. **Seite 119**

❷ ★★ Bodrum

Das antike Halikarnassos gilt heute als die pulsierende Perle der klein-asiatischen Küste – und liegt nur einen Tagesausflug von Kos entfernt.
Seite 158

❸ ★★ Asklepieíon

Das Heiligtum des Heilgottes Asklepios und Kurzentrum der Antike ist die bedeutendste historische Stätte auf Kos.
Seite 133

4 ** Kéfalos-Halbinsel

Im Westen gibt sich Kos wilder, ursprünglicher und äußerst malerisch: die weite Bucht von Kamari gehört zu den fotogensten Motiven der Insel. **Seite 112**

5 ** Limniónas

Oberhalb des kleinen Naturhafens an der Nordküste von Kéfalos verwöhnt Jánnis Bézas seine Gäste mit den besten fangfrischen Meeresfrüchten und leckeren Fischtellern.
Seite 113

6 ** Nísyros

Als der Meeresgott Poseidon ein Stück von Kos nach Polybotes warf, entstand dieses runde Vulkaneiland, auf dem bis heute Urgewalten aktiv sind. **Seite 181**

7 ** Pátmos

Auf der »heiligen Insel« empfing Johannes einst Gottes Worte – Höhle und Kloster gehören seit 2006 zum UNESCO-Weltkulturerbe. **Seite 188**

Lust auf ...

... neue Entdeckungen auf Kos, Kálymnos, Léros und Pátmos? Auf ein wenig Kultur oder Natur? Einige Vorschläge:

ORTHODOXE SAKRALMALEREI

- **Ikonenmaler** ▸
  Wer sehen möchte, wie Ikonen gemalt werden, meldet sich bei Panagiótis Katapódis auf Kos an.
  Seite 46, 78

- **Fresken 1**
  Besonders farbfrisch und großflächig sind die neuen Fresken in der Kirche von Lagoúdi auf Kos.
  Seite 38

- **Fresken 2**
  Außergewöhnlich expressionistische Fresken, von politischen Gefangenen der Junta-Zeit gemalt, finden sich in der kleinen Kirche Agía Matróna-Kioúra auf Léros.
  Seite 180

ERZÄHLENDE MOSAIKE

- **Westliches Grabungsgelände**
  Wie Zeus die phönizische Königstochter Europa nach Kreta entführte und wie der schöne Paris die erste Misswahl der Geschichte entschied, zeigen zwei Mosaike in situ.
  Seite 128

- ◂ **Archäologisches Museum**
  Vom Besuch des Heilgottes Asklípios beim Arzt Hippokrates erzählt ein Bodenmosaik im Museum von Kos-Stadt.
  Seite 126

HOT SPOTS

- **Caldera** ▶
  Im Stéfanos-Krater von Nísyros sind die Steine so heiß, dass man auf ihnen Spiegeleier braten könnte.
  Seite 187

- **Als Natur-Sauna**
  ... dient eine kleine Felsgrotte unterhalb des Dorfes Emborió auf Nísyros seit Menschengedenken.
  Seite 188

- **Embros-Thermen**
  Geothermische Kräfte machen das Bad im heißen Wasser einer ins Meer sprudelnden Thermalquelle auf Kos zum Erlebnis.
  Seite 132

STILLE KLÖSTER

- **Panagía Ekaterínis**
  Die Nonnen auf Kálymnos schätzen Ruhe und Anstand. Deswegen lassen sie Kinder und Frauen kniefrei und mit unbedeckten Schultern nicht ein.
  Seite 175

- **Zoodóchos Pigís**
  Anders als das Johannes-Kloster und das Kloster der Apokalypse bleibt das Nonnenkloster auf Pátmos weitgehend von Besucherströmen verschont.
  Seite 196

GRANDIOSE PICKNICKPLÄTZE

- **Prächtigen Fernblick**
  ... bieten das einsam gelegene verlassene Kloster Ágios Ioánnis im Westen von Kos und die byzantinische Kirche Ágios Pétros auf Léros.
  Seite 116, 177

- **Schattiges Plätzchen**
  An heißen Tagen zieht es die Einheimischen zum Picknickplatz im Pláka-Wäldchen in der Nähe des Flughafens.
  Seite 108

STRAND-SOUVENIRS

- **Sand vom Lieblingsstrand**
  ... füllt man am besten in eine Mini-Flasche des »Ouzo Plomarioú« ab, wie sie in der Markthalle von Kos-Stadt erhältlich ist.
  Seite 126

- **Die schönsten Strandkiesel**
  ... liegen am Strand von Lambí auf Pátmos.
  Seite 190

Bimsstein
Vor allem nach Stürmen an den steinigen Mini-Stränden von Mandráki auf Nísyros zu finden.
Seite 183

HINTERGRUND

PREISKATEGORIEN
Restaurants
(Preis für ein Hauptgericht)
€€€€ = über 16 €
€€€ = 12 – 15 €
€€ = 8 – 11 €
€ = bis 8 €
Hotels (Preis für ein DZ)
€€€€ = über 120 €
€€€ = 91 – 120 €
€€ = 51 – 90 €
€ = bis 50 €

Hinweis
Gebührenpflichtige Servicenummern sind mit einem Stern gekennzeichnet: *0800....

ERLEBEN & GENIESSEN

TOUREN

Wohltuende Ruhe

REISEZIELE VON A BIS Z

PRAKTISCHE INFORMATIONEN

nachdenken • klimabewusst reisen
atmosfair

HINTERGRUND

Sonneninsel im Mittelmeer, schwimmender Garten der Ägäis, Heimat des Hippokrates – kurz und knapp Wissenswertes zu Kos, das seit der Antike seine Besucher begeistert.

Fakten

Natur und Umwelt

Kos ist mit rund 290 km² Fläche die drittgrößte Insel des Dodekanes und liegt im Südosten des Ägäischen Meeres, nur 14 km vor der Küste Kleinasiens.

Der Dodekanes, die **Gruppe der »zwölf Inseln«**, ist der südlichste, vor der Südwestküste Kleinasiens gelegene Teil der Südlichen Sporaden. Am bekanntesten sind neben der größten Insel Rhodos die Inseln Pátmos, Kálymnos und Kos. Zum Dodekanes gehören außerdem Lipsí, Léros, Astipalaia, Nísyros, Symi, Tilos, Chalki, Karpathos, Kasos und Kastellorizo sowie etwa 40 kleinere Eilande und Riffe. Man sieht schon, der Name ist irreführend, denn zum Archipel gehören **19 größere Inseln**. Der Dodekanes umfasst damit eine gesamte Inselfläche von 2714 km². Mit Ausnahme von Rhodos und Kos sind die kulturhistorisch zu Griechenland, geologisch aber zum anatolischen Festland zählenden Inseln wasserarm und meist kahl.

? **BAEDEKER WISSEN**

Wussten Sie schon

... dass die Insel Nísyros eigentlich ein Stück von der Insel Kos ist, das der Meeresgott Poseidon mit seinem Dreizack abgesprengt und während der Schlacht der Giganten auf den flüchtenden Polybotes geworfen hat? Der böse Gigant, der ursprünglich aus einem Blutstropfen des Himmelsgottes Uranos erwachsen war, liegt seither unter der Insel Nísyros begraben.

Badeinsel vor der Küste Kleinasiens

Zusammen mit der südlichen Nachbarinsel Nísyros bildet Kos einen eigenen Verwaltungsverband innerhalb des Dodekanes. Rund um die fast 51 km lange, aber nur wenige Kilometer breite Insel, deren Küstenlinie 112 km lang ist, reihen sich **Sandstrände** aneinander, an denen sich in der Hauptreisezeit Hunderttausende Touristen aus ganz Europa sonnen.

Der Gott des Feuers

Seit Jahrtausenden beschäftigen die Feuerberge der Ägäis die Gemüter und die Fantasie der Inselbewohner. Es ist **Hephaistos**, in der Götterwelt der griechischen Antike der Beherrscher des Feuers, der die Höllenglut im Erdinneren ständig schürt und so auch für Ausbrüche der Feuerberge im Ägäischen Meer verantwortlich zeichnet. Die Römer nannten jenen Gott, der glutflüssiges Gestein, heiße Quellen und schweflige Dämpfe aus dem Erdinnern hervorbrechen lässt, **Vulcanus** – er wurde zum Namensgeber der Furcht erregenden Feuerberge.

Beeindruckend:
Ausgrabungen der Agora in Kos-Stadt

Von der Landbrücke zur Inselwelt

Der Archipel des Dodekanes, zu dem Kos gehört, »sitzt« als östliches Bindeglied eines weiten Inselbogens auf dem Schelfsockel der Ägäischen Platte. Den Untergrund bilden zum Teil mehrfach durch Druck und Temperatur umgewandelte Gesteine des Erdaltertums, die heute als Gneise, Glimmerschiefer und umgeformte Kalke bzw. Dolomitgestein erkennbar sind. Über diesen alten Gesteinspaketen des Paläozoikums liegen Massenkalke, die im Erdmittelalter abgelagert worden sind. Zwischen diesem Mesozoikum und dem Neozoikum, der Erdneuzeit, die mit dem Tertiär vor ca. 65 Mio. Jahren begann, breitete sich im Bereich der heutigen Ägäis das **Flyschmeer** aus, aus dem nur die höchsten Gipfel der heutigen Inseln des Dodekanes herausragten. Im mittleren Tertiär, also vor 25 bis 20 Mio. Jahren, war der Dodekanes Teil einer Landbrücke, die das heutige Festland-Griechenland mit Kleinasien verband. Später wurde diese **Landbrücke** teilweise überflutet, danach aber wieder herausgehoben, was jeweils mit vulkanischer Tätigkeit und heftigen Erdbeben (s. unten) verbunden war. Am Ende der Tertiärzeit senkte sich das Gebiet der östlichen Ägäis erneut ab, wodurch sich größere Meeresablagerungen bilden konnten. Wenig später dann ließen Hebungsvorgänge die Inseln des Dodekanes wieder auftauchen bzw. noch höher aufragen.

Erdkruste in Aufruhr

Der Dodekanes, und damit die Insel Kos, liegt spätestens seit dem Tertiär im »Kampfraum« zweier Kontinentalplatten. Hier schiebt sich die von Süd nach Nord driftende **Afrikanische Platte** mit einer Geschwindigkeit von rund 2 cm pro Jahr unter die **Ägäische Platte**. Beim Eintauchen in den Erdmantel wird das bislang feste Gestein der absinkenden Erdkruste wieder aufgeschmolzen. Im Bereich dieser bogenförmig ausgeprägten Schwächezone drängen gelegentlich Magma-Blasen an die Erdoberfläche, wodurch es zu vulkanischer Tätigkeit kommt. Die fortwährende Bewegung der Kontinentalplatten ist auch verantwortlich für die immer wieder heftigen Erschütterungen. Zwei Mal – im Jahr 142 v. Chr. sowie 554 n. Chr. – wurden die antike Hafenstadt Kos und viele weitere Orte der Insel durch ein **Erdbeben** völlig zerstört. Bis heute gibt es rund um Kos häufig Erdbeben – 1996 / 1997 erreichte das bislang letzte Beben die Stärke 5,5 auf der Richterskala.

Junge Vulkane

Kos und Nísyros sind die am weitesten im Osten gelegenen Inseln des **Hellenischen Vulkanbogens**, der sich rund 400 km lang von der Bucht von Ägina bis nach Kleinasien erstreckt. Die vulkanische Tätigkeit hat hier vor ca. 5 – 6 Mio. Jahren begonnen und hält bis heute an, was man beispielsweise auf Nísyros mit allen Sinnen erleben kann. Von Nordwest nach Südost reihen sich **sechs junge Vulkane** aneinander: der vulkanische Komplex der Bucht von Ägina, Milos, Santorin, Kos, Giali und Nísyros. Auf Kos gab es zwei Perioden mit

Ein Trampelpfad führt hinunter zum Grund: Im Stefanos-Krater auf Nísyros dampft und zischt es noch immer.

ausgeprägter vulkanischer Tätigkeit, zuerst im Miozän, dann im Pleistozän, dem Eiszeitalter. Dabei wurden vor allem Bimsstein und Ignimbrite, sprich Glutasche, zu Tage gefördert. Noch heute zeugen auf Kos die **Thermalquellen** der Embros-Thermen und schwache, aber dennoch übel riechende Schwefelwasserstoff-Austritte vom einstigen Vulkanismus.

Nísyros und Santorin sind die beiden **»Höllenschlunde«**, von denen bis heute Gefahr ausgeht. Der Vulkanismus im Bereich der heutigen Insel Nísyros begann vor 5 – 6 Mio. Jahren, als sich entlang des Horst-Graben-Systems, das von der Küste Kleinasiens in südwestlicher Richtung verläuft, submarine Eruptionen ereigneten und untermeerisch Lava austrat. Im Laufe von rund 100 000 Jahren wuchs der 500 bis 700 m hohe Strato- oder Schichtvulkan von Nísyros heran. Während besonders heftiger Ausbrüche wurde die ganze Insel von vulkanischer Asche und glutflüssigem Material bedeckt. Schließlich quoll auch noch heiße Lava aus dem Untergrund. Im Laufe der Zeit fiel der Vulkankrater wieder in sich zusammen, beim Ausbruch im Jahr 1522 erhielt die **Caldera** ihre heutige Form. Dieser Eruptionskessel in Form einer Ellipse ist ca. 3,5 km lang und bis zu 1,5 km

Kos, Kálymnos, Nísyros

breit. Einstmals war er kreisrund und hatte einen Durchmesser von rund 4 km. Inzwischen ist der südwestliche Teil der Caldera von den beiden Lavastaukuppen »Prophitis Ilias« und »Diabatis« sowie kleineren Tuffkegeln aufgefüllt. In der Caldera wuchsen auch fünf neue **kleine Krater** heran. Der größte hat einen Durchmesser von ca. 300 m. In ihm blubbert ein kleiner kalkig-heller Schlammpfuhl, aus dem Dampf- und Gasschwaden austreten. Zudem stoßen Solfatare und Fumarolen genannte kleine Schlote übel riechende **Schwefeldämpfe** aus. Infolgedessen gibt es rund um die blubbernde Lache auch Schwefelablagerungen, die noch im 19. Jh. abgebaut und exportiert worden sind.

Der »Schläfer« Nísyros

Seit seinem letzten großen Ausbruch von 1888 – ihm waren 1830, 1871 und 1873 kleinere Ausbrüche vorangegangen – befindet sich der Vulkan von Nísyros in einem »**fumarolischen Stadium**«, d. h. es werden hauptsächlich recht heiße und stark schwefelhaltige Dämpfe ausgedünstet. Messungen in den vergangenen Jahren haben zudem ergeben, dass die Gastemperaturen im Bereich des Vulkans kontinuierlich ansteigen. Derzeit stößt er täglich mehr als 60 t Kohlendioxid aus. Ein **Frühwarnsystem** soll künftig beispielsweise Touristen am Kraterrand rechtzeitig bei Gefahr warnen – auch, wenn Wissenschaftler derzeit weniger mit einem Vulkanausbruch als mit einer heftigen **Wasserdampfexplosion**, wie sie sich zuletzt vor etwas mehr als 100 Jahren ereignet hat, rechnen. Damals kam es ohne Vorwarnung zu einer enormen Explosion, die von Feuersbrünsten und Erdbeben begleitet war.

Heutiges Landschaftsbild

Von Reisenden der Antike wird die Insel Kos als »**schwimmender Garten**« beschrieben, der sich mit seinem Ostteil zwischen die Ausläufer der beiden zu Kleinasien gehörenden Halbinseln Halikarnassos und Knidos drängt. Der Nordosten der Insel ist aus schiefrigem Gestein aufgebaut, dessen Beschaffenheit jenem der benachbarten Landzungen Kleinasiens gleicht. Weite und recht fruchtbare **Schwemmlandebenen**, auf denen jährlich zwei Ernten möglich sind, prägen die Nordseite der Insel, deren Küste lange, feinsandige Strände säumen. Ganz im Nordosten liegt der halbmondförmige Golf von Kos mit dem geschützten Hafen von Kos-Stadt.
Ganz anders präsentiert sich die Südseite der Insel. Hier prägt das bis 846 m hohe **Dikaios-Gebirge** als lang gestreckter und nach Süden steil zum Meer abfallender Höhenzug das Landschaftsbild. Die Ausläufer des noch einigermaßen bewaldeten Gebirges reichen nordostwärts bis zum Kap von Agios Fokas und in südwestlicher Richtung bis nach Pyli. Während sich der östliche Teil von Kos landschaftlich recht abwechslungsreich gestaltet, ist das **Tuffplateau** der Inselmitte wenig reizvoll. Im Südwesten verengt sich die Insel zu einer 2 km breiten Landbrücke, um sich danach zur kopfförmigen, vulkanisch geprägten und deshalb landschaftlich attraktiven **Halbinsel Kéfalos** auszuweiten. Im Osten dieser Halbinsel erhebt sich der 326 m hohe Berg Zini, und im Süden ragt der Látra 426 m hoch auf. Dunkles Gestein, schweflige Ausdünstungen und Risse in der Erde bzw. im Meeresboden, aus denen Thermalwässer und Kohlensäure austreten, zeugen von vulkanischer Tätigkeit.

PFLANZEN

Ein Meer aus Blumen

Wer Kos im Frühling besucht, ist überwältigt von der Blütenpracht: Mimosen, Hibisken, Oleander, Jasmin, Chrysanthemen, Ginster,

Mohn und mehr als 40 wild wachsende Blumenarten gedeihen im **»schwimmenden Garten«** der Ägäis. Doch nach wenigen Wochen ist alles verblüht, und die Vegetation zeigt einen typisch mediterranen Charakter mit immergrünen Hartlaubgewächsen und Sukkulenten, wie er auch auf den anderen Inseln des Dodekanes zu finden ist. In den fruchtbaren Niederungen und Küstenregionen wechseln **Mischwälder** aus Eichen, Platanen, Aleppokiefern und Johannisbrotbäumen mit Macchia (Griechisch: **»Phryganа«** oder **»Longos«**) aus Steineichen, Kermeseichen, Erdbeerbäumen, Mastixsträuchern, Lorbeer, Ginster, Oleander und wilden Ölbäumen. Je südlicher man kommt, desto dürftiger wird die Phrygana.

Auf den trockeneren Inseln im Südosten der Ägäis wird sie schließlich zur schütteren Trockenmacchia aus Wacholderbüschen, Disteln, Thymian, Dill, Pfefferminze, Wolfsmilchgewächsen und Wasser speichernden **Sukkulenten** wie Kakteen, Agaven, Opuntien, die als magere Schaf- und Ziegenweide dient.

> **? BAEDEKER WISSEN**
>
> *Wussten Sie schon*
>
> ... dass das Harz der Aleppo-Kiefer bis heute zur Herstellung des berühmten Retsina-Weins genutzt wird? Seit der Antike wird so die Oxidation des Weines verhindert. Während die Hellenen einst ihre Krüge und Amphoren mit Harz verschlossen, um den Wein vom Sauerstoff abzudichten, darf heute pro Hektoliter Wein maximal 1 kg Pinienharz beigemengt werden, der beim Schönen und Filtrieren wieder ausfällt – aber für den unvergleichlichen Geschmack sorgt.

Wald und Macchia

Der seit Jahrtausenden anhaltende Raubbau an den ursprünglich reichen Waldbeständen ist verantwortlich dafür, dass man heute auf vielen Inseln gar keine oder nur recht kümmerliche Forste antrifft. Der natürliche Wald- und Macchia-Bestand wurde seit dem Altertum durch landwirtschaftliche **Kultivierung** und fortgesetzte **Überweidung** weitgehend zerstört. An seine Stelle sind Olivenhaine und Feigenkulturen getreten, die zum Teil seit der Antike bearbeitet werden – doch da heutzutage mit Olivenöl und Feigen nicht mehr viel Geld zu verdienen ist, liegt immer mehr altes Kulturland brach. Es entsteht **Ödland**, dessen sich die Phrygana bemächtigt. Landschaftstypisch sind auch Zypressen, Pinien und Eukalyptusbäume.

Kulturpflanzen

Wichtige Nutzpflanzen neben Oliven sind **Zitrusfrüchte** – insbesondere Orangen und Mandarinen –, Melonen, Feigen und Granatäpfel sowie Johannisbrotbäume. In bergigen Regionen wachsen auch **Mandeln**, die auf Kos geröstet und leicht gesalzen genossen werden. In den meisten Fällen nur für den Eigenverbrauch angebaut werden Gemüse wie Tomaten, Auberginen und die grünen **Okraschoten**, die aus Afrika stammen und als Gemüsebeilage oder in Eintöpfen serviert werden.

TIERE

Tierwelt auf dem Rückzug

Die frühe erdgeschichtliche Isolierung der griechischen Inseln vom Festland, die Verwüstung des ursprünglichen Pflanzenkleides und die griechische Jagd-Leidenschaft haben die Vielfalt der Tierwelt dezimiert. Heute leben auf Kos vor allem domestizierte und **halbwilde Säugetiere**: Hunde, Katzen, Hühner, Ziegen und Schafe. Stark reduziert wurden die Greifvögel. Im Dikaios-Gebirge sind noch Wanderfalken und Habichte zu sehen, vereinzelt auch **Bussarde**. In der ehemaligen Saline bei Tigáki an der Nordküste – heute ein kleines Naturschutzgebiet – leben das ganze Jahr über Storch- und Reiherarten; **Flamingos** und andere exotische, z. T. seltene Vögel überwintern hier gerne. Recht groß dagegen ist die Zahl der Singvögel, die auf Kos vorkommen. Immer mehr zurückgedrängt werden auch Reptilien wie die **Griechische Landschildkröte** und Wasserschildkröten, die vereinzelt in kleinen Binnengewässern leben. Geckos und Smaragdeidechsen sieht man dagegen noch recht häufig. **Schlangen** bekommt man auf Kos und seinen Nachbarinseln bestenfalls bei Wanderungen in einsamer Natur zu Gesicht. Für den gesunden Menschen sind sie völlig ungefährlich.

Insekten

Höchst artenreich ist die Welt der Insekten – besonders im Frühling, wenn Myriaden von Schmetterlingen und Bienen zu den Blüten aus-

Begegnung unterwegs: Ziegen sind auf Kos allgegenwärtig.

schwärmen und Zikaden Zirpkonzerte veranstalten. Abseits der Wege wird man immer wieder bunt bemalten Bienenkästen begegnen – denn schon in der Antike war Kos berühmt für seinen **Thymianhonig**.

Meerestiere

Die Dynamitfischerei wie auch die zunehmende Gewässerverschmutzung haben die Meeresfauna erheblich zerstört. Stark zurückgegangen sind auch Korallenstöcke und Schwämme. Unter den in der Ägäis noch erhaltenen **246 Meerestierarten** sind am meisten verbreitet: die rote Meeräsche, Meerbarbe, Sardine, Seezunge und Tunfisch, ferner Tintenfische, Polypen, verschiedene Muschelarten, Hummer, Langusten und Garnelen (▸Baedeker Wissen S. 64). An felsigen Küstenabschnitten können Wassersportler **Haien** und Muränen begegnen. Seeigel und Feuerquallen können Badefreuden erheblich trüben. Vom Boot oder Schiff aus kann man hin und wieder Delfine beobachten.

Die einst innerhalb der gesamten Ägäis betriebene **Schwammfischerei** (▸Baedeker Wissen S. 170) konzentriert sich heute auf die nördlich gelegene Insel **Kálymnos**, von der aus noch immer Schwammtaucher in den Gewässern vor der nordafrikanischen Küste nach dem »Gold des Meeres« tauchen.

Bevölkerung · Politik · Wirtschaft

Von den insgesamt 11,3 Mio. Griechen leben nur um die 1,5 Mio. auf den Inseln. Kos hat rund 33 300 Einwohner. Während die meisten Inseln einen steten Bevölkerungsrückgang verzeichnen müssen, lässt der Tourismusboom die Einwohnerzahl auf Kos weiter steigen. In den letzten Jahren hielten sich in der Hauptreisezeit täglich bis zu 60 000 Touristen auf der Dodekanes-Insel auf.

Ethnische Minderheiten

Die durchweg ländliche Inselbevölkerung ist griechischen Ursprungs. Bevor der Tourismus nach Kos kam, lebten hier nur die einheimischen Koer zusammen mit einer **türkischstämmigen Minderheit**, Nachfahren des Bevölkerungsaustausches zwischen Griechenland und der Türkei in den Jahren 1922 / 1923. Die meisten von ihnen wohnen im Dorf **Platáni** nahe der Inselhauptstadt.

Vor dem Zweiten Weltkrieg gab es auch eine kleine **jüdische Gemeinde** auf Kos. Fast alle Koer Juden wurden 1944 /1945 in deutsche Vernichtungslager verschleppt, nur wenige konnten fliehen.

griechische Schreibweise:

Κως

Fläche:
290 km²

Einwohner:
33300

Verwaltung

Die Insel bestand bis 2010 aus drei Gemeinden, die 2011 im Zuge der Kallikrátis-Reform zu einer Gemeinde (dímos) zusammengelegt wurden. Sie gehört zur Region (perifería) Südliche Ägäis mit Sitz in Ermoúpolis auf Syros, die wiederum ein Teil der Verwaltungsdirektion (apokendómeni diíkisi apokentroméni) Ägäis mit Sitz in Piräus ist.

▶ Wirtschaft

Tourismus: ca. 70 %
Sonstige Dienstleistungen: 17 %
Landwirtschaft (Wein, Tomaten, Oliven, Mandeln, Feigen): 8 %
Bauwirtschaft: 5 %
Keine Industrie

BIP pro Kopf: 22 000 €
(Griechenland: 21 688 €)
Arbeitslosenquote: 8 %
(Griechenland: 7,5 %)

Die vier größten griechischen Inseln im Vergleich zu Kos

	Kreta	Euböa	Lésbos	Rhodos	Kos
Fläche in km²	8331	3660	1634	1398	290
Einwohner	600 000	220 000	90 500	115 000	33300
Einw. pro km²	72	60	55	82	118

Bevölkerungsentwicklung

In den ersten 30 Jahren nach dem Zweiten Weltkrieg war die Bevölkerungsentwicklung auf fast allen griechischen Inseln stark rückläufig. Zahlreiche Insulaner siedelten aufs griechische Festland über, emigrierten für immer oder gingen als »Gastarbeiter« in andere europäische Länder. Erst der Mitte der 1970er-Jahre beginnende Massentourismus brachte eine Änderung. Seit dem Zensus von 1971, bei dem nur 16 650 Koer gezählt wurden, stieg die Zahl der Einwohner kontinuierlich bis auf 33 300 bei der Volkszählung 2011 an. Darunter sind inzwischen auch zahlreiche legal im Land lebende Ausländer, darunter viele Albaner und andere Osteuropäer. Sie sind für Bau- und Landwirtschaft unverzichtbar, da viele junge Griechen dort nicht mehr arbeiten wollen. Viele junge Griechen sind nämlich gut ausgebildete Akademiker, denen die Insel allerdings kaum genügend anspruchsvolle Arbeitsplätze bieten kann, so dass sie in in- und ausländische Großstädte abwandern.

Gesellschaft im Umbruch

Wie in anderen südeuropäischen Ländern befindet sich in Griechenland die patriarchalisch geprägte Gesellschaft im Umbruch. Seit Jahrhunderten bietet die **Großfamilie** den wichtigsten wirtschaftlichen und emotionalen Schutz, indem sie Aufgaben wie die Altersversorgung, Krankenpflege und Unterstützung bei Arbeitslosigkeit übernimmt. Vor allem in den Städten und touristischen Gegenden wird diese Form des Zusammenlebens aber immer mehr von Kleinfamilien mit ein oder zwei Kindern abgelöst. Dies bewirkt auch einen Wandel des traditionellen **Rollenverständnisses**, das die Frauen auf Kindererziehung und Hausarbeit festlegte. Politische Reformen stützten diesen Prozess. Seit Beginn der 1950er-Jahre sind Frauen in Griechenland wahlberechtigt, seit 1975 ist die **Gleichberechtigung** gesetzlich verankert. In den 1980er-Jahren wurde vom Parlament das Ehe-, Familien- und Scheidungsrecht modernisiert. Heute sind die patriarchalischen Züge in der Jugend stark in den Hintergrund getreten. Weibliche und männliche Studenten halten sich zahlenmäßig in etwa die Waage, auch die Jungfräulichkeit bis zur Ehe ist kein unbedingtes Muss mehr. Das traditionelle Dorfkaffeehaus ist zwar immer noch überwiegend ein Refugium der Männer, aber keiner Frau wird dort der Eintritt verwehrt. In Tavernen und Cafés sind reine Damenkränzchen ebenso häufig wie bei uns, zu akademischen Berufen haben Frauen ebenso Zugang wie die Männer. Das Frauen in leitenden Po-

> **!** BAEDEKER TIPP
>
> *Flanieren auf Kos*
>
> Sehen und gesehen werden ist das Motto der Vólta, der traditionsreichen Promenade am Abend. Familien, Freundinnen oder Arbeitskollegen bummeln gemeinsam über die Dorfstraße, die Hafenpromenade oder eine andere exponierte Straße, wo sie Freunde und Bekannte treffen – und schließlich in einem Café oder einer Taverne den Tag ausklingen lassen.

Alt und jung trifft sich abends zum Plausch auf dem Dorfplatz.

sitionen und Politik und Wirtschaft noch in der Minderzahl sind, kann man wohl nicht als für Griechenland typisch bezeichnen. Auch in Bezug auf die Mitgift, die Mädchen laut Gesetz noch bis 1982 in eine Ehe einzubringen hatten, hat sich vieles geändert. Zwar sind die meisten Brautväter durchaus noch bemüht, ihren Töchtern eine Wohnung oder ein Haus mit in die Ehe zu geben, eine gute Ausbildung gilt inzwischen jedoch als mindestens ebenbürtig.

RELIGION

Griechisch-orthodoxe Kirche

Nahezu die gesamte griechische Bevölkerung gehört der griechisch-orthodoxen Kirche an, denn jedes Kind griechisch-orthodoxer Eltern wird bei der Geburt automatisch Mitglied der Kirche, ein Kirchenaustritt ist nicht möglich. Aufgrund der Geschichte der Insel leben auf Kos ferner einige Hundert **griechische Muslime**; die meisten von ihnen im Dorf Platáni bei Kos-Stadt.

Staatskirche

Trotz historisch bedingter Unterschiede und starker geografischer Zersplitterung haben sich die Inselgriechen ein tiefes Nationalbewusstsein bewahrt. Als einigende Kraft hat hier besonders die **griechisch-orthodoxe Kirche** (▸Baedeker Wissen S. 22) gewirkt, deren Einfluss im privaten wie im öffentlichen Bereich ungebrochen ist. Seit 1833 ist die Kirche Griechenlands autonom, seit 1850 vom Ökumenischen Patriarchat in Konstantinopel (İstanbul) als unabhängige Nationalkirche (Autokephalie) anerkannt und seit 1864 Staatskirche; als ihr Oberhaupt fungiert der **Erzbischof von Athen**. Nur die erst 1948 mit Griechenland vereinigten Inseln des Dodekanes sowie die Nordostägäischen Inseln, West-Thrakien und die autonome Mönchsrepublik Athos unterstehen noch heute der geistlichen Jurisdiktion des **Patriarchates von Konstantinopel**.

Die Rechtgläubigen

Der christliche orthodoxe Glaube (»rechte Lehre Gottes«) beruft sich unmittelbar auf Jesus Christus. Seine Blüte erlebte er im Byzantinischen Reich, weshalb man auch von der griechischen im Gegensatz zur lateinisch-römischen Kirche spricht. Unterschiede sieht und erlebt man in Griechenland durchaus – man muss nur wissen, worauf man zu achten hat. Einige Beispiele:

▶ Ikonenverehrung und Marienglaube

Besonders typisch für die orthodoxe Kirche ist die Ikonenverehrung. Der Betrachter stellt durch sie eine direkte Verbindung zum dargestellten Heiligen und damit indirekt zu Gott her.

Eines der häufigsten Ikonenmotive ist Maria mit dem Kind. Die Marienverehrung tritt vor allem am 15. August beim Fest des Entschlafens Mariä zutage mit den Abendandachten in den zwei Wochen davor.

▶ Griechische Eigenheiten

- Erst seit **1982** gibt es in Griechenland die standesamtliche Heirat.
- Bis **2001** war im Personalausweis die Religionszugehörigkeit festgehalten.
- Erst **2008** wurde der verpflichtende orthodoxe Religionsunterricht aufgehoben.

▶ Einheitsreligion

97% der Bevölkerung sind Mitgli
in der Griechisch-orthodoxen Kirc

3% sind Katholiken, Muslime und Protestanten.

Wie bekreuzigt man sich richtig in der griechisch-orthodoxen Kirche?
Das Kreuzzeichen hat für orthodoxe Christen einen besonderen Stellenwert, da es ein Gebet darstellt. Die Ausführung weicht zum Teil vom katholischen Kreuzzeichen ab.

1

Rechter Daumen,
Zeige- und Mittelfinger
(kath.: ausgestreckte Finger)

2

Stirn berühren

3

Hand bis zum
Bauchnabel führen

4

Rechte Schulter berühren
(kath.: linke Schulter zuerst)

5

Hand zur linken
Schulter führen

Die wichtigsten orthodoxen und katholischen Feiertage im Vergleich
Die orthodoxe Kirche zählt nach dem Julianischen und nicht nach dem Gregorianischen Kalender, sodass manche Feiertage anders fallen. Sie setzen auch andere Schwerpunkte (s. Beispiel 2011). Ostern jedoch ist für beide von zentraler Bedeutung.

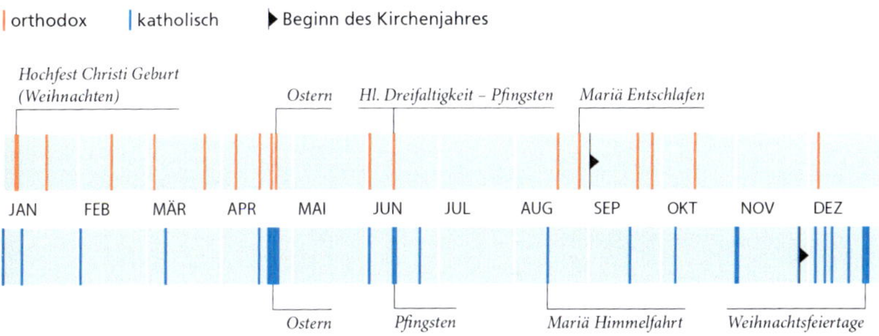

Drittgrößte christliche Kirche der Welt

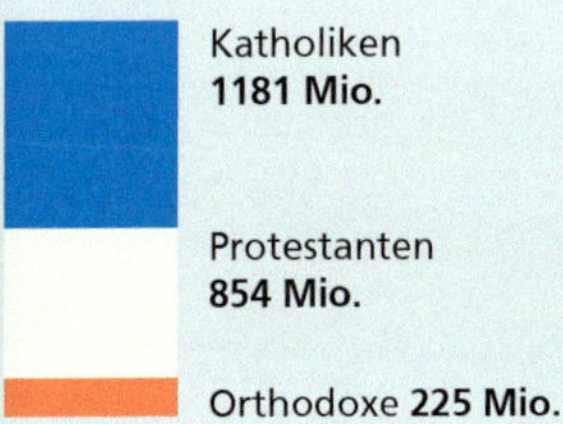

▶ **Der orthodoxe Priester**
Griechisch-orthodoxe Priester kleiden sich klassisch in ein schwarzes Gewand mit schwarzem Hut. Ihren Bart lassen sie in der Regel stehen; Heirat ist vor der Weihe erlaubt.

Könige, Helden und Halbgötter

In der Vorstellung der Antike gab es eine Vielzahl von Gottheiten, die in das Schicksal der Menschen eingriffen und selbst menschliche Züge annahmen. Einige der Mythen beziehen sich auf die Besiedlung von Kos.

Statue des Heilgottes Asklepios im Archäologischen Museum von Kos

So sollen zahlreiche Heroen und Halbgötter Kos besucht haben, darunter der Heilgott **Asklepios** und Achilles. Erster König von Kos soll **Harmylos**, Stammvater der Harmyliden, gewesen sein. Im Dorf Pylí wurde ein unterirdisches Gewölbe aus dem 4. Jh. v. Chr. entdeckt, das als »Grab des Harmylos« bezeichnet wird. Vermutlich war die Anlage eine Kultstätte zur Verehrung der Götter und des »Helden Harmylos«, von dem nichts weiter als sein Name bekannt ist.

Der verkannte Halbgott

Der Sagenkreis um den Halbgott Herakles kann ebenfalls mit Kos in Verbindung gebracht werden. **Homer** berichtet davon im 15. Gesang der »Ilias«. Nach seiner Rückkehr von Troja sei **Herakles** mit seinen Gefährten vor der koischen Küste in ein Unwetter geraten. Sie erlitten Schiffbruch. Herakles und seine Getreuen konnten sich retten. Auf dem Weg ins Landesinnere von Kos begegneten sie dem Hirten **Antagoras**, dem Herakles ein Schaf abkaufen wollte. Dieser ging nicht darauf ein und missachtete damit das Gastrecht, das vorschrieb, Fremde zu bewirten. Stattdessen schlug Antagoras, der sein Gegenüber nicht erkannte, einen **Zweikampf** vor mit dem Versprechen, Herakles beim Sieg das Schaf zu schenken. Der Kampf dauerte mehrere Stunden. Schließlich wuchs er sich zu einem **Handgemenge** zwischen den Inselbewohnern und den Gefährten des Herakles aus. Dieser fand Zuflucht im Haus einer aus Thrakien stammenden Frau. Als der Halbgott erfuhr, dass Eurypylos seine Gefährten gefangen genommen hatte, floh er in die Berge bei Pylí. Dort lebten freundliche Menschen, die in Herakles den Halbgott erkannten. Sie empörten sich, als sie von den Ereignissen hörten und erzählten, wie sehr sie unter **Eurypylos** zu leiden hätten. Gemeinsam zogen sie gegen den König in den Kampf. Dabei wurde Eurypylos getötet, sein Sohn **Chalkon** verletzt und seine Tochter Chalkiope gefangen genommen. Nach Beilegung der Feindseligkeiten heiratete Herakles **Chalkiope**. Ihre gemeinsamen Söhne sind in Geschichte und Mythologie hinlänglich bekannt: Herakles wurde Stammvater der Herakliden, nach Antimachos wurde die Siedlung Antimácheia benannt, und Thessalos wurde König von Nísyros , Léros und Kálymnos.

Priester

Die griechischen Priester, die mit ihrer schwarzen Soutane und langer Haar- und Barttracht das Straßenbild mitprägen, sind aus dem dörflichen Alltag nicht wegzudenken. Sie dürfen heiraten, allerdings nur vor der Priesterweihe. Stirbt die Ehefrau eines geweihten »**Pappás**«, darf er eine weitere Ehe eingehen. Verheiratete Priester können jedoch weder in ein Kloster eintreten noch höhere Kirchenämter bekleiden, sodass die Metropoliten meist aus dem Mönchsstand kommen. Da die orthodoxe Kirche **Staatsreligion** ist, hat der Pappás den Status eines Staatsangestellten – mit eher kärglichem Gehalt. Er kann durch Spenden oder Gebühren für besondere kirchliche Dienste wie Taufe, Trauung und Begräbnis Geld dazuverdienen. Oft muss er seinen Lebensunterhalt durch einen **Nebenverdienst** sichern

? BAEDEKER WISSEN

Ostern und Pfingsten

... werden in Griechenland nach dem Julianischen Kalender gefeiert. Für alle andern Kirchenfeste ist der Gregorianische Kalender maßgeblich. Die Ausnahme gilt, um das höchste Fest im griechisch-orthodoxen Kirchenjahr zusammen mit den anderen Autokephalen Orthodoxen Kirchen, die den Alten Kalender verwenden, feiern zu können.

Ostern

Als wichtigstes religiöses Fest in Griechenland besitzt Ostern eine weitaus **größere Bedeutung als Weihnachten**. Es wird traditionell im Kreise der Familie gefeiert. Die Feierlichkeiten beginnen mit den **Prozessionen** am Karfreitag, bei denen die Grablegung Christi nachempfunden wird. Dabei begleiten die Gläubigen – mit Kerzen ausgestattet – den fiktiven, mit Blumen und Stickereien geschmückten Sarg Christi. In der Nacht vom Karsamstag auf den Ostersonntag ist der Höhepunkt des Festes erreicht: Eine Stunde vor Mitternacht kommen die Gläubigen in der Kirche zusammen. Wenn der Priester die Auferstehung Christi verkündet hat, zünden alle Anwesenden eine Kerze am Osterlicht an und reichen das Licht von Kerze zu Kerze weiter (▸Baedeker Wissen S. 68).

Die »**Lambádes**« genannten, mit Schleifen, Tierfiguren oder Spielzeug geschmückten Kerzen sind Kindern vorbehalten; sie werden ihnen meist von den Taufpaten mit einem Geschenk überreicht. Es gibt ein Feuerwerk, Knallkörper werden gezündet, in vielen Dörfern wird auf einem Scheiterhaufen symbolisch Judas verbrannt. Im Anschluss an den Mitternachtsgottesdienst versammelt sich der engere Familienkreis, um nach der Fastenzeit die erste Ostermahlzeit einzunehmen: Gewöhnlich ist dies **Majirítsa**, eine aus Lamminnereien zubereitete Suppe mit Ei, Zitrone und reichlich Dill. Am Sonntag wird das am Vortag vorbereitete Lamm gegrillt. Ein **alter Brauch** verbindet sich auch mit dem Gegeneinanderschlagen hart gekochter, rot gefärbter Eier: Wessen Ei das Ganze unbeschadet übersteht, hat, so der Volksmund, Glück für ein ganzes Jahr.

Mariä Entschlafung

Am 15. August wird überall in Griechenland das Fest Mariä Entschlafung gefeiert. Der seltsame Name hat damit zu tun, dass die griechisch-orthodoxe Kirche das **Dogma** von der leiblichen Aufnahme Marias in den Himmel nicht kennt, wie es der Papst zu Rom 1952 verkündete. Zentrum der Feierlichkeiten ist die Marienkirche auf der Kykladeninsel **Tínos**, wo sich an diesem Tag Tausende Gläubige einfinden, um nach langer Fastenzeit ein Gelübde einzulösen oder Fürbitten auszusprechen.

WIRTSCHAFT

Vom Armenhaus zur Boom-Insel

Bedeutendster Wirtschaftsfaktor auf Kos ist der Fremdenverkehr. Vor allem in den 1990er-Jahren ist der Touristenstrom stark angeschwollen. Heute kommen mehr als 700 000 Gäste jährlich. Derzeit gibt es auf der Insel mehr als **70 000 Fremdenbetten**, vor allem in Strandhotels, Pensionen und Ferienwohnungen. In Spitzenzeiten halten sich täglich bis zu 70 000 Touristen auf der Insel auf und beleben die Inselwirtschaft. Inzwischen leben etwa 70 % der **33 300 Insulaner** direkt oder indirekt vom Tourismus.

Noch vor wenigen Jahrzehnten gehörte der Dodekanes samt der Insel Kos zu den wirtschaftlichen **Notstandsgebieten** Griechenlands. Ein Großteil der aktiven Bevölkerung war gezwungen, woanders – auch im Ausland – zu arbeiten oder gar ganz auszuwandern. Inzwischen hat sich das Bild grundlegend gewandelt: In den 1970er- und 1980er-Jahren »entdeckte« die Reiseindustrie die Insel Kos mit ihren kilometerlangen Sandstränden, und die **EU** hat beim Aufbau der Infrastruktur mit Straßen und Flughafen tatkräftig mitgeholfen. Mittlerweile gehört der Dodekanes mit Kos zu den Regionen in Griechenland, die hinsichtlich des Pro-Kopf-Einkommens einen **Spitzenplatz** in der Wirtschaftsstatistik des Landes einnehmen.

> ! BAEDEKER WISSEN
>
> *Tomaten einmal anders*
>
> Tomaten werden auf Kos nicht nur herzhaft, sondern auch süß genossen: Probieren Sie einmal »Domatakia« – kleine längliche Tomaten, die mit Kandiszucker bestreut sind. Als Mitbringsel für daheim gibt es auch süß eingelegte Tomaten im Glas.

Handwerk, Industrie

Etwa ein Siebtel der aktiven Bevölkerung arbeitet in Handwerk und Industrie. Doch auch hier bestimmt der Tourismus, was produziert wird. In erster Linie sind **Souvenirartikel** aus Keramik, Leder oder Schmuck. Bauunternehmen haben vor allem im Winter viel mit Erweiterungs- und Renovierungarbeiten zu tun, Straßenbauunternehmen auf Kos sind im gesamtem Bereich des nördlichen Dodekanes aktiv.

Landwirtschaft

Etwa 10 % der Koer Erwerbstätigen sind in Landwirtschaft, Gartenbau und Fischerei beschäftigt. Die stellenweise **sehr guten Böden**, vor allem in der Nordküstenebene, und das mediterrane Klima lassen vielfach **zwei Ernten** pro Jahr zu. Angebaut werden in erster Linie Wein, Melonen, Zitrusfrüchte, Oliven, Auberginen, Zwiebeln, Kartoffeln, Getreide und Tomaten. Manche Koer halten noch **Schafe** und **Ziegen**, die nicht nur Milch und Fleisch, sondern auch Wolle und Leder liefern. Weitaus häufiger sieht man jedoch frei weidende Kühe, die vor allem in der Küstenebene zwischen der Stadt Kos und Mastichári zum Landschaftsbild bis an den Strand heran gehören. In letzter Zeit hat die Imkerei an Bedeutung gewonnen. Der mit Nüssen aromatisierte **Thymianhonig** von der Insel Kos wird auch als Reisemitbringsel sehr geschätzt. Die **Fischerei** steckt in einer existenziellen Krise, haben doch die Fischer des Dodekanes mit Dynamit-Fischerei und anderen rüden Fangmethoden dafür gesorgt, dass heute kaum noch Fische ins Netz gehen. Daher versuchen die griechischen Behörden gemeinsam mit der EU, durch **Schutzverordnungen** den Bestand an Tunfischen, Makrelen, Sardinen und Sardellen wieder aufzupäppeln. Ähnliches gilt auch für die Oktopus- und Tintenfisch-Population. Vor allem auf Kálymnos wird **Aquafarming** intensiv betrieben, also die Zucht von Edelfischen und Meeresfrüchten im Meer direkt vor der Küste. Nur noch eine geringe Rolle spielt die **Schwammfischerei**, für die vor allem die Insel Kálymnos berühmt gewesen ist.

Schnittige Jachten und traditionelle Fischerboote liegen im Hafen von Kos-Stadt.

Willkommen im Alltag!

Kos einmal tatsächlich abseits der Touristenpfade erleben und ganz normale Leute treffen – dazu einige Tipps:

WOHNEN MIT FAMILIENSCHLUSS

Wer in der Stadt Kos im kleinen Hotel Afendoúlis wohnt, kann griechisches Familienleben hautnah miterleben. Die Lobby und deren Terrasse vor duftendem Jasmin sind zugleich das Wohnzimmer der Inhaberfamilie, in dem sie auch ihre Mahlzeiten einnehmen und ihre Freunde empfangen. Wirt Aléxis und seine Frau Denise sowie deren Tochter Kiriakí sprechen ausgezeichnet Englisch, lassen sich liebend gern auf Gespräche ein und laden nette Gäste manchmal auf einen Kaffee oder sogar zu sich an den Mittagstisch ein.

Hotel Afendoúlis, Odós Evripílou 1, östl. Neustadt, Tel. 22420 2 53 21, www.afendoulis.com, €

AKTIVITÄTEN AUF LÍPSI

Yorgos Chloros und seine Frau haben am Hang über dem Inselhauptort eine kleine Apartmentanlage im ägäischen Stil geschaffen und leben selbst auch auf dem Grundstück mit dem atemberaubenden Blick.
Sie organisieren gern Besuche in den Ziegenställen und Käsereien befreundeter Viehzüchter und vermitteln sogar Fischer, die ihre Gäste mit zum Fang nehmen.

Helios Apartments €€€, *Lípsi*
Tel. 69 74 32 46 63, www.guestinn.com
nur Juni – Sept. geöffnet

MALEN AUF PÁTMOS

Der deutsche Künstler Reiner Grünwald (Reno) gibt Kurse in Aquarellmalerei und Zeichnen. Die Teilnehmer unternehmen mit ihm Skizzenwanderungen und treffen sich auch zum Nachtmalen. Als exzellenter Inselkenner hilft Reno bei Gesprächen mit der Inselbevölkerungen, mit Mönchen, Nonnen und Bauern.

skr-Reisen, Venloer Str. 47-53, D-50672 Köln, www.skr.de

AUF DEM VULKAN

Die Menschen auf Nísyros leben vom und mit dem Vulkan. Bei einem einwöchigen, sachkundig geführten Wanderurlaub mit Volcano Discovery Tours lernt man nicht nur viel über Vulkanismus in Griechenland und auf der Insel selbst, sondern auch viele Insulaner bei spontanen Begegnungen kennen. Hier kann man erfahren, wie der Vulkan die Landwirtschaft beeinflusst, warum die Nisirioten bisher gegen die Nutzung der Erdwärme als Energielieferant waren, und lernt natürlich, wie das typische Inselgetränk, die Mandelmilch soumáda, hergestellt wird.

Volcano Discovery Tours, Kronenstr. 2, D-53840 Troisdorf, Tel. 02241 2 08 01 75 www.volcanodiscovery.com

DIE INSELN AB PÁTMOS ERSEGELN

Barbara Emonts-Gies und Alexander Gies haben die Ägäis schon 1981 zu ihrer Wahlheimat gemacht. Von April bis Oktober liegen sie mit ihrer 17 m langen, im türkischen Bodrum gebauten Gület »Tinaztepe« im Hafen von Pátmos und bieten von hier aus Ein- und Mehrtagestouren mit dem Motorsegler zu Inselzwergen wie Árki, Maráthi, Lípsi und Agathoníssi an. So erlebt der Gast das griechische Inselmeer in sachkundiger Begleitung hautnah und kann sich auf beste Tipps für Landgänge freuen.

Sundeck Seatours, Skála Tel. 69 79 47 26 29 www.sundeck-seatours.com

Geschichte

Unter Fremdherrschaft

Bereits in der Antike war Kos ein reicher Handelsplatz, der die Begehrlichkeiten der Nachbarn weckte – bis die Türken kamen, 400 Jahre lang die Insel unterdrückten und ihre Bevölkerung zu Sklaven degradierten: Streiflichter einer wechselvollen, mehr als 6000-jährigen Geschichte.

BEGEHRTER HANDELSPLATZ MIT WECHSELNDEN HERRSCHERN

4. Jtsd. v. Chr.	Erste Besiedlungen durch die Phönizier
7. Jh. v. Chr.	Mitglied im Städtebund Hexapolis
ab 355 v. Chr.	Kos ist Besitz des Karierkönigs Mausolos.

Jungsteinzeit und Bronzezeit

Neolithische Funde in der Höhle **Aspri Petra** bei Kefalos weisen auf eine erste Besiedelung von Kos im 4. vorchristlichen Jtsd. hin. Schmuckbeigaben in Frauengräbern aus dem 2. Jtsd. v. Chr. im Osten der Insel lassen vermuten, dass sich in jener Zeit **Phönizier** auf Kos niedergelassen hatten und die Koer den phönizischen Begräbnisritus übernahmen.

Erste mykenische Siedlungen

Um 1600 v. Chr. gründeten die aus Kreta stammenden **Minoer** im Serágia-Viertel vom heutigen Kos-Stadt eine kleine Kolonie, von der aus sie mit Kreta und den Städten Kleinasiens Handel trieben. Nach dem Untergang der Minoer breiteten sich die aus Thessalien stammenden **Achäer** als Träger der mykenischen Kultur im Mittelmeerraum aus. Auf Kos wurden Überreste mehrerer mykenischer Siedlungen gefunden – die bedeutendste lag im Serágia-Viertel. Die Achäer auf Kos waren eng mit Rhodos verbunden, doch handelten sie auch mit Städten in Kleinasien, Syrien und Ägypten.

Blütezeit unter den Dorern

Nach den Achäern nahmen die aus dem Balkan nach Griechenland eingewanderten Dorer ihren Platz in der Ägäis ein. Unter der Herrschaft der Dorer erlebten die Koer, die im Laufe der Zeit die dorische Kultur, v. a. deren Sprache und Schrift, übernahmen, eine neue wirtschaftliche und **kulturelle Blüte**. Im 7. Jh. v. Chr. schlossen die Städte Kos, Kamíros und Líndos auf Rhodos und die kleinasiatischen Küstenstädte Knidos und Halikarnassos (das heutige Bodrum) ein **Hexapolis** genanntes Bündnis, das den Mitgliedern neben

Relikte des antiken Kos: Agora, Markt- und Versammlungsplatz

wirtschaftlichem Aufschwung auch politischen Machtzuwachs brachte. So berichtet der griechische Historiker und Geograf **Strabon** (64 v. Chr. – 26 n. Chr.) davon, dass Kos mehrere Kolonien bis nach Unteritalien hinein unterhielt.

Zwischenspiel der Perser

Ende des 6. vorchristlichen Jh.s drangen die Perser nach Kleinasien und auf die der Küste vorgelagerten Inseln vor. Als die Perser ihren Herrschaftsbereich mit Hilfe ihrer **Satrapen** auf das griechische Festland ausdehnen wollten, weigerten sich die Koer, Schiffe zur Verfügung zu stellen. Daraufhin unterstellten die Perser die Insel der Herrschaft **Königin Artemisias der Jüngeren von Halikarnassos**, einer engen Verbündeten der Perser. Die angeforderten Schiffe mussten die Koer dennoch der persischen Flotte liefern. Doch letztlich wurden die Perser in den Schlachten von Platäa und Salamis 480 v. Chr. geschlagen und ihre Flotte vernichtet.

Attischer Seebund

Durch sein Bündnis mit Delos wurde Kos im Jahr 477 v. Chr. Mitglied des attischen Seebundes. So kämpften die Koer während des **Peloponnesischen Krieges** (431 – 404 v. Chr.) zwischen Athen und Sparta um die Vorherrschaft in Griechenland an der Seite Athens. Den Sieg der Spartaner konnten die Koer allerdings nicht verhindern. Eine schon während des Krieges auf Kos aktive Gruppe von Gegnern der attischen Demokratie, die **Oligarchen**, gewann schließlich die Oberhand und installierte auf der Insel eine Regierung nach dem Vorbild Spartas.

Zweiter Attischer Seebund

Die Herrschaft der Oligarchen währte nur zehn Jahre. Im Jahr 394 v. Chr. vernichtete Athen bei Knidos die Flotte der Spartaner. Das befreite Kos schloss sich 378 v. Chr. dem 75 Stadtstaaten umfassenden Zweiten Attischen Seebund an. In den folgenden Jahrzehnten entwickelte sich Kos zu einem der bedeutendsten und reichsten Handelsplätze der Ägäis mit mehr als 150 000 Bewohnern. In diese Zeit fiel auch der **Ausbau der neuen Hauptstadt**, des heutigen Kos-Stadt, an der nordöstlichen Küste nahe des Asklepios-Heiligtums. Die frühere Hauptstadt Astipalaia im Südosten der Insel war während des Peloponnesischen Krieges zerstört worden.

Alexander der Große

Um 355 v. Chr. geriet Kos in den Besitz des Karier-Königs **Mausolos von Halikarnassos**, eines Verbündeten der Perser. Erst als 333 v. Chr. Alexander der Große das Königreich Karien unterwarf, gelang es den Koern, sich aus dem Einflussbereich der Perser zu befreien. Makedonien stieg zur neuen Schutzmacht auf. Nach dem Tod Alexanders des Großen 323 v. Chr. geriet Kos im Zuge der Auseinandersetzungen um die Nachfolge Alexanders in die **Diadochen-Kämpfe**, und damit in mehrere, schnell wechselnde Machtbereiche und Herrschaftssphären, darunter die Ptolemäer, die Herrscher

Ägyptens. Trotz der **politischen Unbeständigkeit** auf Kos konnte die Bevölkerung, nicht zuletzt dank ihres engen Bündnisses mit Rhodos, Wohlstand und wirtschaftliche Stärke behaupten. Mit dem Aufstieg der Römer geriet auch Kos in den Herrschaftsbereich des neuen Weltreiches. Zwar mussten die Koer ihren neuen Herren immense **Tributzahlungen** leisten, doch blieb Kos ein blühendes Wirtschafts- und Handelszentrum. Um 30 v. Chr. erhielten die Koer die **römische Staatsbürgerschaft**; unter Kaiser Augustus wurde die Insel in die Provinz Asia des Römischen Reiches eingegliedert.

! BAEDEKER TIPP

Zeugnisse der Römer

Vom umfassenden Einfluss der römischen Kultur zeugen auf Kos zahlreiche Stätten: das Asklepieíon sowie das Odeon und die Casa Romana in Kos-Stadt. Umfangreiche Sammlungen zur römischen Kultur birgt auch das Archäologische Museum der Inselhauptstadt.

RITTERKÄMPFE UM GLAUBEN UND MACHT

330	Das Christentum wird Staatsreligion im Römischen Reich.
Ende 11. Jh.	Kreuzritter erobern das Byzantinische Reich.
1309	Verkauf der Insel Kos an den Johanniterorden

Frühe Christen und plündernde Vandalen

Das sich ausbreitende Christentum gewann auch auf Kos immer mehr Anhänger, die sich erst nach dem **Toleranzedikt von Mailand** (313 n. Chr.) offen zu ihrem Glauben bekennen konnten. Im Jahr 330 n. Chr. verlegte Kaiser Konstantin die Hauptstadt des Römischen Reiches nach **Byzanz**, benannte die Stadt um in Konstantinopel und erklärte das **Christentum** zur Staatsreligion. Eine der schönsten frühchristlichen Kirchen, die überall auf der Insel entstanden, war die Doppelbasilika **Ágios Stefanos**, heute eine sehenswerte Ruine in der Bucht von Kéfalos. Kos blieb eine reiche, starke Wirtschaftsmacht im Verwaltungsbereich Dodekanes des Byzantinischen Reiches. Auch die zahlreichen **Piratenüberfälle** und die Plünderungen durch Vandalen, Westgoten, Slawen oder Araber konnten die Wirtschaftskraft der Insel nicht erschüttern. Selbst vom **Erdbeben** im Jahr 554, das sämtliche Gebäude der Insel zerstörte – auch das Asklepieíon –, hatten sich die Koer bereits nach wenigen Jahren erholt. Für den **Wiederaufbau** ihrer Stadt und ihrer Dörfer fand die Bevölkerung in den Ruinen des Asklepios-Heiligtums reichlich Baumaterial.

»Heilige« Ritter auf Kreuzzug

Seit Ende des 11. Jh.s strömten die Heere der **Kreuzfahrer** über Kleinasien nach Palästina, um das von den Seldschuken besetzte »Heilige Land« für die christliche Welt zu befreien. Als 1204 fast das gesamte Byzantinische Reich von den Kreuzrittern erobert wurde, geriet Kos erneut in die Abhängigkeit einer fremden Macht. Nach der

Aufteilung der eingenommenen byzantinischen Gebiete übernahmen die **Venezianer** unter dem Statthalter Leon Gavalas die Herrschaft über den Dodekanes. Zwar konnte wenige Jahrzehnte später der byzantinische **Kaiser Michael VIII. Palaiologos** das Reich zurückerobern, doch musste er seine Macht mit Hilfe genuesischer Söldnerheere sichern. Dafür musste Kaiser Michael den **Genuesen** einen Teil seines Herrschaftsgebietes abtreten, darunter die Insel Kos. Doch Uneinigkeit unter den genuesischen Heerführern führte 1309 zum Verkauf der Insel an den **Johanniterorden**, der seinen Sitz auf Rhodos hatte.

Johanniter

Erst einige Jahre später, 1314 / 1315, betraten die Johanniter erstmals ihren neuen Besitz, nachdem Kos wiederholt von Arabern und Pira-

Vom Kastell in Kos-Stadt aus kontrollierten die Johanniter die Meerenge zwischen Kos und dem türkischen Festland.

ten geplündert worden war. Der damalige Großmeister **Foulques de Vilaret** ließ die Insel befestigen und Kastelle am Hafen von Kos-Stadt, in der Nähe von Antimácheia und in Kéfalos errichten.

400 JAHRE TÜRKISCHE HERRSCHAFT

1523	Johanniter übergeben die Insel Kos an Sultan Süleiman den Prächtigen.
1768 – 1774	Erster Russisch-Türkischer Krieg
1787 – 1792	Zweiter Russisch-Türkischer Krieg

Eingliederung ins Osmanische Reich

Aber keine noch so hohen und starken Verteidigungsmauern konnten den Expansionsdrang des Osmanischen Reiches stoppen. Immer wieder waren Kos und die anderen Dodekanes-Inseln den Angriffen der Türken ausgesetzt. Daher zogen 1523, nur wenige Jahre nach der Errichtung des zweiten Festungsringes um das Hafenkastell in Kos-Stadt durch den Großmeister **Pierre d'Aubusson**, die Johanniter aus der Ägäis ab. Ohne Widerstand zu leisten, übergaben sie Kos, Rhodos und die anderen von ihnen beherrschten Inseln dem jungen Sultan **Süleiman dem Prächtigen**. Auf Kos begann eine fast 400 Jahre dauernde Zeit der Unterdrückung. Lebte die Inselbevölkerung unter der Regierung der Johanniter noch weitgehend autonom, was ihre wirtschaftliche Situation und ihr geistig-kulturelles Leben betraf, so wurde sie jetzt von den Türken ausgeplündert, enteignet und zu **Sklaven** degradiert. Die Schulen wurden geschlossen und ein Großteil der männlichen Bevölkerung schon im Knabenalter in die türkischen Armeen gepresst. Wer sich zum Christentum bekannte, wurde verfolgt und umgebracht. Vergeblich versuchten im 16. / 17. Jh. Johanniter, Neapolitaner, Florentiner und Venezianer, die Insel zurückzuerobern. Ebenso wenig führten der Erste (1768 – 1774) und der Zweite Russisch-Türkische Krieg (1787 – 1792) zur Befreiung von Kos. Die koische Bevölkerung selbst, die im 17. und 18. Jh. hauptsächlich von Viehzucht und Handel, der Seidenproduktion und der Weberei lebte, konnte gegen ihre türkischen Unterdrücker kaum etwas ausrichten. Auf jeden von den Koern organisierten **Widerstand** reagierten die Machthaber mit blutiger Verfolgung und Pogromen.

Griechischer Freiheitskampf

1821 erhoben sich die Griechen gegen die Türken, die seit dem Jahr 1453 über die meisten griechischen Gebiete herrschten. Als Reaktion auf den Freiheitskampf der Griechen und Warnung vor der Unterstützung der Freiheitsbewegung durch die koische Bevölkerung richteten die Türken mehr als 100 Bürger der Insel hin. Zwar gewannen die Festlandsgriechen 1828 ihre **Unabhängigkeit** wieder, doch es sollte noch 120 Jahre dauern, bis auch die Inseln des Dodekanes sich Griechenland anschließen konnten.

Stumme Zeugen der osmanischen Herrschaft:
die türkischen Gräber auf dem Friedhof von Plataní

BESATZUNG, BEFREIUNG UND NEUE BLÜTE

7. Mai 1912	Italien besetzt Kos.
23. April 1933	Verheerendes Erdbeben auf der Insel Kos
7. März 1948	Kos wird in das griechische Staatsgebiet eingegliedert.

Vom Befreier zum Besatzer

Im Zuge der Balkankriege (1912 / 1913) besetzten italienische Truppen die Dodekanes-Inseln und vertrieben die Türken. Am 7. Mai 1912 landeten italienische Marineeinheiten auf Kos und wurden freudig von der Bevölkerung als Befreier von der Unterdrückung durch die Türken begrüßt. Tatsächlich jedoch löste nur ein neuer Besatzer den vorherigen ab. Nachdem 1921 ein Vorstoß der Griechen nach Kleinasien scheiterte, wurden die Inseln im **Vertrag von Lausanne** vom 24. Juli 1923 Italien zugesprochen. Zunächst mischten sich die italienischen Besatzer kaum in die Belange der Inselbevölkerung ein. Mit dem faschistischen Regime unter Mussolini begann für die Bewohner der Dodekanes-Inseln ab 1920 jedoch eine neue Zeit der Unterdrückung: Die italienischen Insel-Gouverneure beschlagnahmten landwirtschaftlich genutzte Flächen, um süditalienische Bauern anzusiedeln, und ersetzten den griechischen durch italienischsprachigen Unterricht. Die orthodoxe Priesterweihe wurde untersagt, was das religiöse Leben der einheimischen Bevölkerung erheblich beeinträchtigte. Mit den Italienern begann auch die systematische **archäologische Erforschung** der Insel Kos und die Restaurierung vieler antiker Altertümer, darunter das Odeon, die Casa

Romana und die Agora in Kos-Stadt. Allerdings brachten die Italiener zahlreiche antike Mosaike und Statuen von Kos nach Rhodos, um damit den Großmeisterpalast auszustatten. Als am 23. April 1933 ein **Erdbeben** die Insel erschütterte und viele Dörfer sowie große Teile von Kos-Stadt zerstörte, bauten italienische Stadtplaner und Architekten die Inselhauptstadt wieder auf – die von ihnen angelegten Straßen, Plätze und errichteten Gebäude wie das Archäologische Museum, die Markthalle und der Palazzo di Giustizia prägen noch heute das Stadtbild.

Zweiter Weltkrieg und Nachkriegszeit

Nachdem der griechische Regierungschef, General Metaxas, am 28. Oktober 1940 Mussolinis Forderung, Italien Stützpunkte zur Verfügung zu stellen, zurückgewiesen hatte, marschierten italienische Truppen in Griechenland ein. Nach der Kapitulation Italiens 1943 wurde Kos von den **Deutschen** bombardiert und besetzt; nach dem Sieg der Alliierten versuchten die **Engländer**, die von ihnen besetzten Dodekanes-Inseln als unabhängige Republik und Mitglied des Britischen Commonwealth zu etablieren. Doch im **Friedensvertrag von Paris** vom 10. Februar 1947 wurden die Inseln Griechenland zugesprochen und am 7. März 1948 offiziell in das griechische Staatsgebiet eingegliedert.

Kos heute

Der Zweite Weltkrieg und anschließende Bürgerkrieg (1946 – 1949) hatten Griechenlands Wirtschaft zerstört. Nur langsam und mühsam ging der Wiederaufbau des Landes voran. Daher entschieden sich in den 1950er- und 1960er-Jahren viele Inselgriechen zur **Emigration** ins europäische Ausland oder in die USA. 1971 hatte Kos nur noch 16 500 Einwohner, 2000 weniger als noch Ende der 1940er-Jahre. Doch seit dem Mitte der 1970er-Jahre auf Kos einsetzenden **Tourismusboom**, der neue Arbeitsplätze entstehen ließ, kehrten viele Koer auf ihre Heimatinsel zurück. Heute präsentiert sich der »schwimmende Garten« Kos mit rund 33 300 Einwohnern als eine der wirtschaftlich stärksten Inseln der Ägäis.

Kunst und Kultur

Kunstgeschichte

Wechselnde Eroberer haben die Kultur der Insel geprägt: Tempelbauten aus dem 9. Jh., Festungsanlagen der Ordensritter oder Moscheen aus der Zeit der türkischen Herrschaft.

DIE KUNST DER ANTIKEN HELLENEN

Epochen der griechischen Antike

Nach dem geometrischen, von Vasenmustern abgeleiteten Stil (1000 bis 700 v. Chr.) und der archaischen Epoche (um 700 – 500 v. Chr.) mit der Entwicklung der **Großplastik** fällt die als Klassik bezeichnete Blütezeit der griechischen Kunst in das 5. und 4. vorchristliche Jahrhundert. Großartige Tempelbauten – **Stein gewordene Harmonie** in Maß und Zahl –, in den Berghang gebaute Theater, säulenumstandene Marktplätze und Meisterwerke plastischer Menschendarstellung als Figur und Relief aus Stein oder Bronze kennzeichnen diese Epoche, an der die Dodekanes-Inseln in bescheidenem Maß Anteil haben. Von 325 bis 100 v. Chr. herrscht das Kunstempfinden des **Hellenismus** vor, das sich im Reich Alexanders des Großen und seiner Nachfolgestaaten herausgebildet hat. Verfeinerung, aber auch Manieriertheit und Monumentalität kennzeichnen die hellenistische Kunst.

Heimstatt für ein Kultbild

Der aus Stein errichtete, monumentale **Tempel** gilt als eine der bedeutendsten Leistungen der griechischen Antike. Die Anfänge des Tempelbaus gehen auf das 9. Jh. v. Chr. zurück. Die einfachste Form des Tempels, der nicht Versammlungsstätte der Gläubigen, sondern Raum für das Kultbild ist, leitet sich vom Grundriss des griechischen Wohnhauses **Megaron** ab. Der fensterlose, rechteckige Hauptraum, Naos oder lateinisch **Cella** genannt, steht bei den frühen Tempeln auf einem Sockel aus Bruchsteinen. Sein Eingang liegt meist an der Ostseite; an der Westwand steht das Götterbild. Die inneren Stützen, die Säulen sowie das Gebälk und der Dachstuhl mit Giebeln an den Schmalseiten sind aus Holz, das flache **Satteldach** mit Tonziegeln gedeckt. Erst ab der zweiten Hälfte des 7. Jh.s v. Chr. verwendet man Marmor oder Kalkstein als Baumaterial und findet zu einer verbindlichen Architektursprache.

Rechteckige Tempelformen

Von frühester Zeit an haben sich verschiedene Tempelformen herausgebildet. Der einfachste Typus ist der **Antentempel**, bei dem die Vorhalle (Pronaos) von den vorgezogenen Längswänden des Naos begrenzt wird. Zwischen diesen »Anten« stehen zwei Säulen, die den Giebel tragen. Die markanteste Form des griechischen Tempels ist

Die Marienkirche von Lagoudi besitzt farbenprächtige Fresken.

seit der zweiten Hälfte des 7. Jh.s v. Chr. der **Peripteros**, bei dem der Hauptraum an allen vier Seiten von einem Säulenumgang, der Peristasis, umgeben ist.
Der Vorhalle an der Eingangsseite entspricht der Opisthodom an der anderen Schmalseite. Seit dem 5. Jh. v. Chr. gilt die **klassische Proportion**, nach der die Langseite zweimal die Säulenzahl der Schmalseite + 1 aufweist; beim Athener Parthenon beträgt das Verhältnis 8 : 17, beim Zeus-Tempel in Olympia 6 : 13.

Rundtempel

Neben dem rechteckigen Tempel kommt dem runden **Tholos-Tempel** aus einem Hauptraum auf kreisrundem Grundriss, der von einem Säulenkranz umgeben ist, eine untergeordnete Bedeutung zu. Die Tempel unterscheiden sich nicht nur hinsichtlich ihrer Gesamtanlage, sondern auch in Bezug auf die Form und die Proportionen von Säulen und Gebälk.

Dorische Ordnung

Die ältesten Steintempel Griechenlands folgen seit dem 7. Jh. v. Chr. im Aufbau der dorischen Ordnung. Charakteristisch für diese Bauten ist der **Eindruck des Gedrungenen** und Lastenden. Dies liegt u. a. daran, dass in der dorischen Ordnung die Säulen verhältnismäßig dick sind und der sich nach oben verjüngende, mit 16 bis 20 Kanneluren versehene Säulenschaft ohne Basis auf der obersten Stufe des Tempelunterbaus steht.
Das **dorische Kapitell** aus dem vorgewölbten Ring (Echinus) und der quadratischen Platte (Abakus) trägt den Architrav (Balken) mit dem darüberliegenden Fries aus dreischlitzigen Platten (Triglyphen) und glatten bzw. skulptierten Metopen. Das Giebeldreieck (Tympanon) wird von dem waagrechten Kranzgesims und dem Schräggeison gerahmt. Bildschmuck in Form von Reliefs findet sich an den Metopen und am Giebeldreieck. Dort, wo nicht Marmor, sondern Kalkstein für den Tempelbau verwendet wird, überzieht man ihn mit einer glättenden Stuckschicht und farbigen Fassung.
Da die **Farbe** nur an wenigen Stellen erhalten blieb, glaubte man fälschlicherweise bei der Wiederentdeckung der griechischen Kunst im 18. Jahrhundert, sie sei »klassisch« weiß gewesen.

Ionische Ordnung

Der ionische Tempel eignete sich besonders für große Tempelbauten. Sowohl in den Einzelformen als auch in der Gesamterscheinung wirken die Tempel ionischer Ordnung **schlanker und eleganter** als dorische.
Bei den Säulen kommt dieser Eindruck u. a. dadurch zustande, dass sie auf einer Basis stehen und schmale Stege zwischen den Kanneluren den vertikalen Charakter betonen. Charakteristisch für ionische Kapitelle sind die an beiden Enden schneckenförmig eingerollten **Voluten**. Über dem dreiteiligen Architrav wird der Fries ohne Triglyphen herumgeführt.

Korinthische Ordnung

Die korinthische Ordnung stimmt bis auf das Kapitell mit der ionischen überein. Den plastischen Schmuck des korinthischen Kapitells bilden große, zerlappte **Akanthusblätter**. Zu den Ecken der konkaven Deckplatte schwingen sich **Ranken** hinauf. Die korinthische Ordnung findet besonders während der römischen Kaiserzeit weite Verbreitung, in der das aus ionischen und korinthischen Formen zusammengesetzte **Kompositkapitell** entsteht und immer reichere Dekorationen entwickelt werden.

Kultstätte und Krankenhaus: das Asklepieíon

Die bedeutende Terrassentempelanlage (3. Jh. v. Chr.) von Kos für den **Heilschlafkult** des Gottes Asklepios ist heute Ruine, zeigt aber noch Architekturbruchstücke im dorischen und ionischen Stil. Im 2. Jh. v. Chr. ist der große Asklepios-Tempel ein dorischer Peripteros von 34 x 18 m mit einer Ringhalle von 6 : 11 Säulen. Reste von zwei Tempeln der Aphrodite und des Herakles sowie zwei Säulenhallen aus dem 3. und 4. Jh. v. Chr. kamen bei Grabungen auf der Agora von Kos-Stadt zum Vorschein.

Lebensgroße Ideale

Schon in der archaischen Stilepoche bildet sich die lebensgroße Freiplastik heraus im Figurentypus der **Kuros** genannten nackten Jünglingsgestalt und der weiblichen bekleideten Statue, als **Kore** bezeichnet, mit starrer frontaler Aufstellung. Im klassischen Stil dagegen verteilt der Bildhauer die Last des Körpers nicht mehr gleichmäßig auf zwei Beine, sondern unterscheidet zwischen **Stand- und Spielbein**. Die Figur erscheint im Kontrapost, die strenge Frontalität

Akanthusblätter schmücken die korinthischen Kapitelle im Asklepieíon.

weicht einem natürlichen Stehen oder Schreiten im Raum. Der hellenistische Stil rückt die **Aktfigur**, z. B. die badende Göttin und den Pfeil schießenden Apoll, in den Mittelpunkt. Beispiele auf provinzieller Ebene sind im Archäologischen Museum in Kos-Stadt zu finden.

Vasen in Rot und Schwarz

Da die Wand- und Tafelmalerei gänzlich verloren ist, gibt nur die Vasenmalerei eine Vorstellung von der Darstellungsvielfalt. Die in Korinth entstandene schwarzfigurige Vasenmalerei wird in Athen um 530 v. Chr. zur rotfigurigen Malerei weiterentwickelt. Von Attika aus geht sie als Importware auf die Inseln. Der **Formenreichtum** vom 6. bis 5. Jh. v. Chr. umfasst Amphoren, Pelike und Stamnos, Gefäße zum Mischen von Wasser und Wein wie die Hydria, Trinkgefäße wie Kylix und Kantharos sowie Salbgefäße wie Alabastron und Aryballos.

RÖMISCHE ANTIKE: KUNST – IMPORTIERT UND IMITIERT

Die römische Stadt

Seit dem 2. Jh. v. Chr. hat die römische Zivilisation entscheidenden Einfluss auf die Inselwelt, wenngleich Kos erst 30 v. Chr. der römischen Provinz Asia einverleibt wird. Die römische Kunst übernimmt besonders in der Malerei und Skulptur Formvorstellungen der griechischen Klassik und des Hellenismus. Die eigenständigen Leistungen der Römer liegen vor allem auf dem Gebiet der **Monumentalarchitektur**, der Ingenieurstechnik und des Kunstgewerbes. Ziegel und Gussmauerwerk ersetzen zunehmend den Naturstein und machen auch große **Gewölbebauten** wie Thermenanlagen auf komplizierten Grundrissen möglich. Das mehrgeschossige Mietshaus wie das vornehme Peristylhaus sind ebenso Bauschöpfungen der Römer wie Amphitheater, Wasserleitungen, Straßenanlagen und Kastelle. Im **Tempelbau** herrscht der seitlich geschlossene, lange rechteckige Podiumstempel mit frontseitiger Freitreppe vor. Städtebaulich bildet das **Forum** in Nachfolge der griechischen Agora das Zentrum von Politik und Wirtschaft mit

? BAEDEKER WISSEN

Wunderschöne Bodenmosaike

Meist bedeckt eine Schutzschicht aus Sand antike Bodenmosaike – im Archäologischen Museum von Kos-Stadt hingegen lässt sich ein eindrucksvolles römisches Fußbodenmosaik aus dem 2./3. Jh. n. Chr. mit der Darstellung des Empfangs des Asklepios bestaunen. Sehr sehenswert ist auch das Bodenmosaik im »Haus der Europa« in der Westlichen Ausgrabungsstätte von Kos-Stadt, das an die Entführung der schönen Europa durch den stiergestaltigen Göttervater Zeus erinnert. Am Nordrand des Geländes erzählt ein Mosaik vom berühmten Urteil des Paris zugunsten der Göttin Aphrodite.

Rathaus, Gerichts- und Marktbasilika, Wandelgängen und Tempeln. In Kos-Stadt sind das Stadion, das Gymnasion und Thermen, die zum Teil schon aus dem 3. Jh. v. Chr. stammen, von den Römern weiter verwendet und für ihre Bedürfnisse umgebaut worden. Im römischen Odeon aus dem 2. Jh. n. Chr. für musikalische Darbietungen finden noch heute Theater- und Konzertaufführungen statt.
Die **Casa Romana** genannte restaurierte römische Villa aus dem 3. Jh. v. Chr. ist ein vornehmes zweigeschossiges Wohnhaus mit säulenumstandenem Innenhof (Peristyl) und farbenfrohen Mosaiken.

Götter, Helden und Athleten

In der Skulptur kopieren die Römer meist griechische Statuen, schaffen selbst aber meisterhafte **Porträtköpfe** und **Reliefszenen** auf Sarkophagen. Im Archäologischen Museum von Kos-Stadt sind römische Marmorfiguren, meistens Kopien griechischer Originale, aufbewahrt, darunter eine Dionysos-Gruppe, die Jagdgöttin Artemis und der Arzt Hippokrates. Farben- und formenreiche Mosaike und Wandmalereien sowie figürliche und geschnittene Gläser, Kleinbronzen, Kameen, Medaillen und Silbergeschirre zählen zu den kunsthandwerklichen Leistungen der Römer.

BYZANZ: HEILIGE BILDER FÜR KUPPELKIRCHE

Die Kunst der Ostkirche

Die Gründung Konstantinopels 330 n. Chr. und die Teilung in West- und Oströmisches bzw. Byzantinisches Reich 395 n. Chr. brachte vor allem dem östlichen Mittelmeerraum bis zum Untergang des Byzantinischen Reiches 1453 eine neue Kunst- und Kulturblüte, die man in **vier Stilepochen** unterteilt: die Kunst der justinianischen Kaiserdynastie (527 – 565), die Kunst des Ikonoklasmus (Bilderstreit; 726 – 843), die Kunst unter den Komnenen-Kaisern (1081 – 1185) und die Kunst der Paläologen-Kaiser (1261 – 1453). Die in diesen Epochen entwickelte Kunsttradition wirkt selbst unter der Türkenherrschaft bis weit in die Neuzeit weiter, sodass im Kirchenbau keine Neuerungen mehr auftreten.

Von der Basilika zur Kreuzkuppelkirche

Im 4. Jh. n. Chr., als das Christentum anerkannte Religion wird, entstehen die ersten frühchristlichen Sakralbauten als **Basilika**. Im Lauf der Jahrhunderte wird der Kirchenbautypus vom Richtungsbau immer stärker zum Zentralbau. Neben der **Kreuztonnenkirche** entwickelt sich vor allem die **Kreuzkuppelkirche** im 10. Jahrhundert. Der am weitesten verbreitete Typus ist der Vierstützenbau aus Säulen mit Zentralkuppel und vier Tonnengewölben über Kreuzarmen von meist gleicher Länge und Höhe, in deren Ecken vier weitere Räume eingefügt sind. Zu beiden Seiten der Apsis im Osten dienen die Räume, Prothesis und Diakonikon genannt, liturgischen Zwecken und

der Vorbereitung des Priesters auf den Gottesdienst. Im Westen schließt sich eine als Narthex bezeichnete Vorhalle an. Für den Außenbau verwendete man Bruch- und Ziegelsteine in oft kunstvoller Anordnung; das Innere wurde mit **Fresken** ausgestattet.
In den ländlichen Gebieten herrscht als Kirchentypus die schlichte **Einraumkapelle** vor mit oft eindrucksvoller Freskomalerei. Im Innenraum ist der leicht erhöht liegende Altarbereich (Bema) anfangs durch eine steinerne Schranke vom Gemeinderaum (Naos) getrennt, aus der sich später die hohe Bilderwand als **Ikonostase** entwickelt. Das in den Boden eingelassene kreuzförmige Taufbecken des Baptisteriums und die 20 x 15 m große Grundmauerfläche der Basilika **Ágios Ióannis** bei Mastichári sind ins 5. Jh. datiert. Ruinen einer Basilika auf der Agora von Kos-Stadt und die Ruinen der Doppelbasilika **Ágios Stefanos** in der Bucht von Kéfalos sind sehenswerte Beispiele des frühchristlichen Kirchenbaus auf Kos. Auf Kálymnos hat sich die Apsis der **Basilika Christus von Jerusalem** aus dem frühen 5. Jh. mit umlaufender Bankreihe für die Geistlichkeit erhalten.

Heilige Bilder

Bereits die frühe byzantinische Malerei ist stark eingebunden in die Kultpraxis und hat sich von Anfang an der Menschendarstellung in der Tradition der spätantiken Porträtmalerei gewidmet. Der **Bilderstreit** des 8. / 9. Jhs. bricht mit dieser Tradition. Die Ablehnung der bildlichen Darstellung Christi und der Heiligen lässt zunächst nur eine **ornamentale Gestaltungsweise** zu. Doch die Ikonenverehrer tragen schließlich den Sieg davon, und seit Mitte des 9. Jhs. wird die christliche Heilsgeschichte wieder illustriert. Die Bandbreite des Ausdrucks reicht von einem monumentalen, linearen und flächenhaften Stil bis zu dekorativen, plastischen und räumlichen Kompositionen. Die Heiligen werden in der Regel frontal dargestellt, und bei den Gruppendarstellungen herrscht häufig die **Isokephalie** vor, bei der die Personen mit den Köpfen auf gleicher Höhe aneinandergereiht werden. Die Bedeutungsperspektive lässt die Hauptfiguren gegenüber den Nebenfiguren besonders groß erscheinen.

Verehrte Ikone

Die vermutlich auf ägyptische Mumienbildnisse zurückgehende Ikonenmalerei bildete sich im 6. / 7. Jh. v.a. im byzantinischen Raum aus. Da die Ikonenmalerei als liturgische Handlung gilt, durfte sie ursprünglich nur von Priestern nach einem – in Technik und Stil – streng festgelegten **Malkonzept** ausgeführt werden. Ikonen, also transportable Kultbilder mit Darstellungen von Christus, Heiligen und heilsgeschichtlichen Themen, sind unverzichtbare Bestandteile des orthodoxen Glaubens. Ihnen gebührt **Verehrung**, nicht Anbetung, da sich die dargestellten Personen und Themen auf Urbilder beziehen, als deren wahrhafte, gnadenreiche Abbilder Ikonen verstanden werden. Aus diesem Grund sind Ikonen auch in Privathäusern und Kraftfahrzeugen zu finden.

Heilige Bilder

Ikonen, die besondere Verehrung bei den Gläubigen genießen und oft mit alten Legenden verbunden sind, stellen einen wesentlichen Teil des Kultes der orthodoxen Glaubenswelt dar.

Die **transportablen Kultbilder** mit den Darstellungen von Heiligen und biblischen Szenen nennt man in der orthodoxen Kirche Ikonen (Bilder). Auch heute noch sind sie neben der Heiligen Schrift ein Grundpfeiler der orthodoxen Glaubenswelt. Man findet die heiligen Bilder außer in Kirchen auch in vielen Wohnungen und Fahrzeugen. Sie werden mit Edelsteinen, kostbaren Vorhängen, Ringen und Uhren geschmückt, auf Reisen mitgenommen und sind das Ziel von Wallfahrten.

Nähe zu den Heiligen

Ikonen bringen den Menschen die Heiligen nahe, weshalb sie große Verehrung genießen. Diese Verehrung gilt nicht der Abbildung, sondern dem Heiligen, den man der Ikone gleichsetzt. In den Kirchen sind die Ikonen nach einem bestimmten Schema an der **Ikonostase** angebracht, einer hohen hölzernen Wand, die den Altarraum vom Gemeinderaum trennt. Auf dem Pult in der Mitte wird jeweils die Ikone des Tagesheiligen oder -festes ausgelegt.

Künstlerische Vorgaben

Die Ikonenmalerei gilt als liturgische Handlung, die ursprünglich nur von Priestern ausgeführt werden durfte. Sie ist hinsichtlich Komposition und Farbgebung sowie der Materialien genau festgelegt, sodass der Maler kaum Freiheit bei der Gestaltung des Bildwerks hat und keinen eigenen Stil entwickeln kann. Der Künstler darf in die Bilder keinen persönlichen Ausdruck bringen und bleibt namenlos. Seine Aufgabe ist die Erhaltung der Tradition. Deshalb gleichen sich viele Ikonen, unabhängig von dem Jahrhundert, aus dem sie stammen. Anziehend für den Betrachter ist die einzigartige Farbigkeit der Bilder, die in einem **komplizierten Herstellungsprozess** erreicht wird. Der Farbauftrag erfolgt meist auf Holz mit Mineralfarben und wird mit einer Schicht aus gekochtem Leinöl überzogen. Dies garantiert eine erstaunliche Haltbarkeit, zumal die Ikonen nicht nur betrachtet, sondern auch geküsst, berührt und herumgereicht werden. Viele alte Gründungslegenden ranken sich um **wundertätige Ikonen**.

Ikonografisches Programm

Nicht nur in den Kirchen auf den Inseln Kos, Kálymnos und Pátmos unterliegen über Jahrhunderte die Ausmalungen einem vorgeschriebenen ikonografischen Programm, das auch die Verteilung der Themen im Kirchenraum festlegt. Die Vorstellung der universalen göttlichen Schöpfung soll dabei als Leitgedanke im Kircheninneren zum Ausdruck gebracht werden. Besonderer Wert wird auf die **Ausschmückung der Kuppel** als symbolischer Ort des Himmels gelegt, wo Christus Pantokrator (»Allherrscher«) als Himmelsfürst, umgeben von Engeln und Propheten, erscheint. Hoher Rang kommt auch der Apsiswölbung als symbolischer Brücke zwischen Himmel und Erde zu, sodass dort häufig die Fürbittegruppe »Deesis« mit der Muttergottes und Johannes dem Täufer vor Christus wiedergegeben wird. Den Altarraum, Bema, schmücken **liturgische Themen** als Verweis auf die mystische Himmelsvorstellung, und im Gewölbe findet sich meist eine Himmelfahrts- und Pfingstdarstellung. An den Längswänden des Naos genannten Gemeinderaums erhalten Märtyrer als Zeugen christlicher Lehre ihren Platz. Die Tonnengewölbe in

Im Atelier von Panagiótis Katapódis hinter der Casa Romana (s. S. 78) kann man zusehen, wie Ikonen entstehen.

symbolischer Mittlerstellung zwischen himmlischer und irdischer Zone sind mit neutestamentlichen Szenen des Festtagskalenders der orthodoxen Kirche geschmückt. Dazu zählen als die **zwölf Hauptfeste**: Verkündigung, Geburt Christi, Darbringung im Tempel, Taufe, Verklärung Christi, Auferweckung des Lazarus, Einzug in Jerusalem, Kreuzigung, Höllenfahrt Christi, Himmelfahrt, Pfingsten und Mariä Entschlafung. Die Westwand nimmt meist die Darstellung des Jüngsten Gerichts ein.

VENEZIANER, GENUESEN UND JOHANNITER: MEISTER DES WEHRBAUS

1204 erobern Venezianer die Insel Kos, 1262 folgen die Genuesen, die 1315 die Insel an den mächtigen Johanniterorden verkaufen, der die Hafen-, Festungs- und Stadtanlage von Kos-Stadt planmäßig ausbauen lässt, wovon noch heute das trutzige **Johanniter-Kastell** beim Hafen zeugt. Sein äußerer Mauerring wurde im 15. / 16. Jh. von Johanniterrittern errichtet, sein innerer im 13. Jh. von den Venezianern. Auch die **Festung bei Antimácheia** aus dem 13. / 14. Jh. mit altem Zinnenkranz ist ein Glanzstück des Wehrbaus. Das **Johanneskloster** auf Patmos verbindet die Wehrhaftigkeit einer Burg mit der Weitläufigkeit eines Klosters, ausgestattet mit Hauptkirche, Innenhöfen, Arkadengängen, Kapellen und Schlafräumen.

TÜRKENZEIT: MOSCHEEN, MINARETTE, MINIATUREN

Nur wenige profanierte Moscheen sind als Zeugen der fast vierhundertjährigen Türkenherrschaft auf der Insel Kos von 1523 bis 1912 erhalten. Im Osmanischen Reich wurde im Verlauf des 14. Jh.s die **Kuppelmoschee** entwickelt, die in der Zentralkuppelanlage ihre Vollendung fand. Im Inneren ist der Betsaal nach Mekka ausgerichtet, wobei die Gebetswand (Kibla) durch eine meist aufwändig verzierte Gebetsnische (Mihrab) und den rechts von ihr aufgestellten Predigtstuhl (Mimbar) besonders verziert ist. Das Minarett für den Gebetsrufer (Muezzin) und der Brunnen für rituelle Reinigungen runden das Erscheinungsbild ab. Am eindrucksvollsten ist in Kos die heute für Verkaufszwecke und als Café genutzte **Defterdar-Moschee** (▸Abb. S. 48). von 1725. Die 1786 gegründete **Hadji-Hassan-Moschee** ist mit einer schönen Säulenloggia verziert. Einige Häuser mit straßenseitigen **vergitterten Erkern** gehen ebenfalls auf die türkische Bau- und Wohntradition zurück. Auf dem islamischen Friedhof in Platáni sind **türkische Grabstelen** mit kufischen Inschriften seit dem 16. Jh. zu finden (▸Abb. S. 36).

19. / 20. JAHRHUNDERT: HAUPTSACHE NEO

Auf Kálymnos bringen der Handel mit Schwämmen und finanzkräftige Kapitäne Wohlstand in die Inselhauptstadt Pothia, sodass ab 1850 zahlreiche neoklassizistische Gebäude errichtet werden. Die **Villa der Patrizierfamilie Vouvalis** in Pothia vermittelt einen guten Eindruck von der Lebensweise eines Großhändlers im 19. Jh. mit Kunstgewerbe aus europäischen Ländern.
In den Hauptorten der Dodekanes-Inseln entstehen spätestens seit der Besetzung durch die Italiener ab 1912 zahlreiche Wohnbauten und öffentliche Gebäude in den damals in Europa vorherrschenden **historisierenden Stilen** von der Neurenaissance über den Neubarock bis zum Neoklassizismus.

Die 1725 am Freiheitsplatz erbaute Defterdar-Moschee gehört noch immer der islamischen Gemeinde, wird aber heute als Café genutzt.

DER TOD DER TRADITION

Trachten

Die griechischen Volkstrachten sind längst aus dem Alltagsleben verschwunden – nur noch sehr selten kann man bei festlichen Gelegenheiten auf dem Land Menschen in Trachten sehen. **Folkloreshows** in Hotels oder den Tavernen des Bergdorfes Zía wirken zwar fotogen, sind aber für Touristen inszeniert.

Volkstänze

Tanz und Musik gehören in Griechenland seit jeher zusammen. Bereits antike Vasen zeigen Reigen von Tänzern, und der Sage nach soll die Zeusmutter Rheia persönlich ihren Priestern die ursprünglichen Tanzfiguren beigebracht haben. Aufgrund der unterschiedlichen kulturellen Entwicklung in Griechenland gibt es etwa **150 lokale Tänze**, die jedoch immer weniger gepflegt werden.
Choreografisch unterscheidet man zwei Tanzformen: die maßvollen Bewegungen der **»Sirtos«-Tänze** (Reigentänze) und die ungestümen, zuweilen fast artistischen **»Pidik«-Tänze**, bei denen jede Insel ihren eigenen Stil und eigene Variationen entwickelt hat. Die Kreistänze, bei denen sich die Tänzerinnen und Tänzer an der Hand oder einem Taschentuch halten, werden heute oft gemischt getanzt, obwohl sie ursprünglich nach Geschlechtern getrennt abliefen.

? BAEDEKER WISSEN

Sirtaki - ein Produkt Hollywoods

Der wohl bekannteste griechische Tanz entstand 1964 im Zusammenhang mit dem Film »Alexis Sorbas«. Da für Anthony Quinn der aus Kleinasien stammende Chassapiko (»Metzgertanz«) zu schwierig war, wurde für ihn zu der Musik von Mikis Theodorakis eine einfachere Version entworfen, eben der Sirtaki.

Berühmte Persönlichkeiten

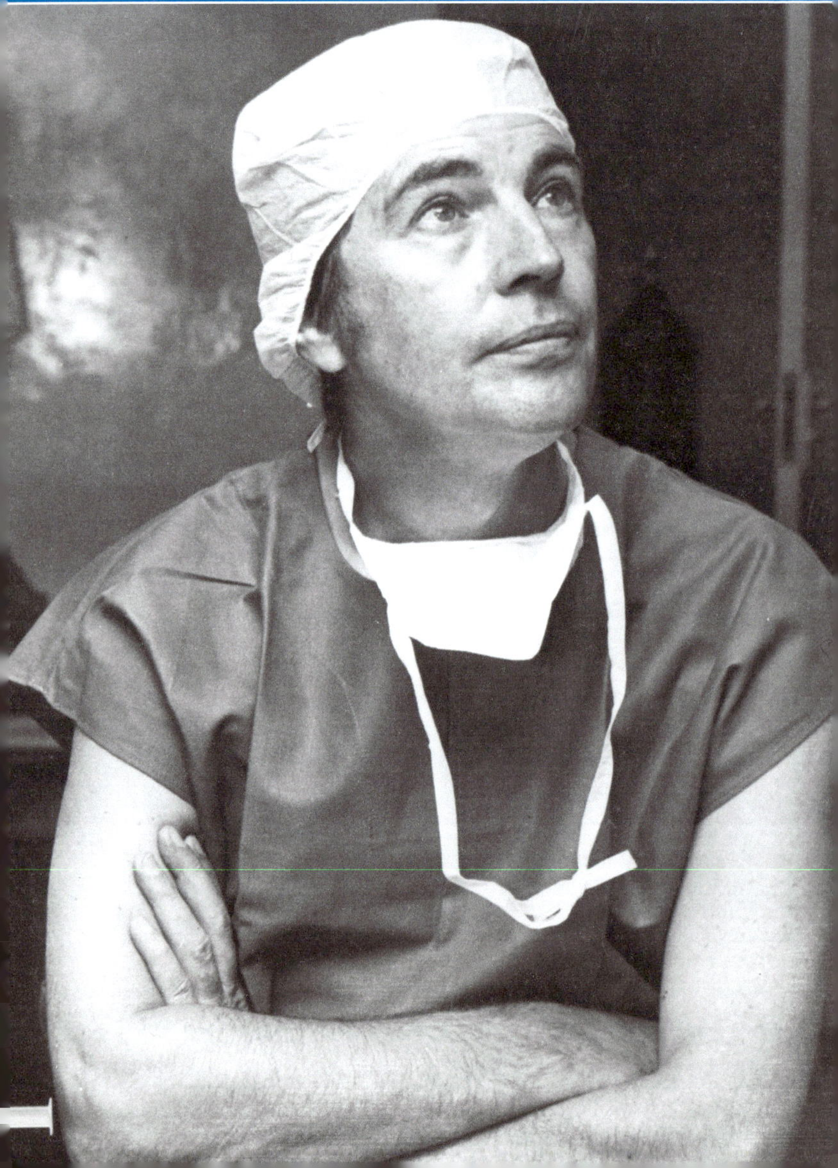

CHRISTIAAN BARNARD (1922–2001)

Herzchirurg

Am 3. Dezember 1967 wagte ein südafrikanischer Chirurg die erste Herzverpflanzung der Welt: Christiaan Neethling Barnard, der am 8. November 1922 im südafrikanischen Wüstenstädtchen Beaufort West als Sohn eines protestantischen Missionars holländischer Abstammung geboren worden war. In einer fünfstündigen Operation setzte Barnard dem 55-jährigen Louis Washkansky das Herz einer tödlich verunglückten 25-jährigen Frau ein. Zwar verstarb der Gemüsehändler schon 18 Tage später an den Folgen einer Lungenentzündung, doch weitere Transplantationen waren erfolgreicher: Barnards Operationsverfahren hat mehr als 40000 Menschen ein neues Leben mit einem zweiten Herzen beschert. Barnard selbst führte davon mit seinem Team im Kapstadter Groote-Schuur-Krankenhaus 420 Herzverpflanzungen durch, darunter auch eine spektakuläre »Huckepack«-Transplantation, bei der das Spenderherz an das kranke Herz des Empfängers angeschlossen wurde. Als Barnard 1983 wegen schwerer Arthritis das Operieren aufgeben musste, forderte anderes seinen Einsatz: die Christiaan-Barnard-Foundation für herzkranke Kinder in aller Welt, die **Leitung eines Gesundheitszentrums auf Kos**, eine Restaurantkette, eine Hummerfarm und diverse Buchprojekte. Der Lebemann mit drei Ehen und zahlreichen Affären war zudem ein entschiedener Gegner der Apartheid, der sich immer wieder mit Abwanderungsplänen aus seiner Heimat Südafrika beschäftigte. 1993 nahm er daher zusätzlich die griechische Staatsbürgerschaft an. Am 2. September 2001 starb Barnard im Alter von 78 Jahren an einem Asthma-Anfall auf Zypern.

? BAEDEKER WISSEN

»Das zweite Leben«

In seinen Erinnerungen blickt der weltberühmte Herzchirurg aus Südafrika schonungslos offen auf sein Leben und lässt nichts unter den Tisch fallen, was manch anderer wohl kaum veröffentlicht hätte: 18 Tage nach seiner ersten Herztransplantation stirbt sein Patient. Spätere Operationen sind erfolgreicher – und machen den chronisch unterbezahlten Arzt zum Glamourstar, umgeben von Luxus und schönen Frauen (Heyne, München 1996).

HERODOT (UM 490 BIS UM 425 V. CHR.)

Geograph und Völkerkundler

Der von Cicero als »Vater der Geschichtsschreibung« apostrophierte Herodot wurde im dorischen Halikarnassos, dem heutigen türkischen Bodrum, geboren. Weil er sich am Aufruhr gegen den Tyran-

Christian Barnaard:
Herzchirurg und Herzensbrecher

Herodot – »Vater der Geschichtsschreibung«

Herodot von Halikarnassos (um 490 bis um 425 v. Chr.) war wohl der erste Globetrotter, der seine Erkenntnisse schriftlich festgehalten hat. Er bereiste Griechenland, Kleinasien, Ägypten, Mesopotamien und Persien, hat mit den Menschen geredet und alles aufgeschrieben, was er hörte – inklusive seltsamer Gerüchte.

▶ **Herodots Historien**
Herodots aus neun Büchern bestehende »Historien« sind nicht nur ein spannendes Dokument der Alltags- und Kulturgeschichte vor 2500 Jahren, sondern auch höchst amüsant zu lesen. Für viele historische Fragen sind diese Bücher bis heute die einzige zeitgenössische Quelle.

▶ **Herodots Reise nach Ägypten**
Herodots Aufzeichnungen über die Gespräche mit ägyptischen Gelehrten gehören zu den wenigen zeitgenössischen Quellen über das alte Ägypten.

Pyramidenbau
Die Ägypter sollen die Cheops-Pyramide laut Herodot mit »hölzernen Maschinen« errichtet haben. Durch ein Stufensytem und eine Holzvorrichtung wurde Stein für Stein nach oben befördert und platziert.

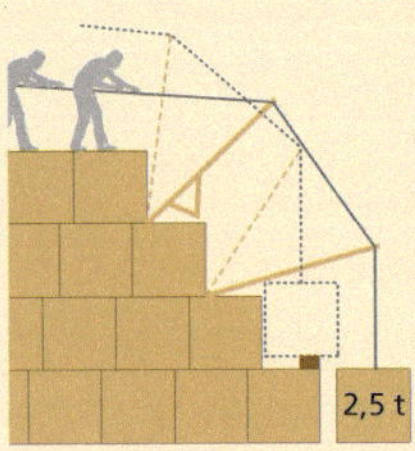

Mumifizierung

Den Leichnam waschen

Gehirn mit Haken aus der Nase ziehen, Schädel mit Salböl füllen

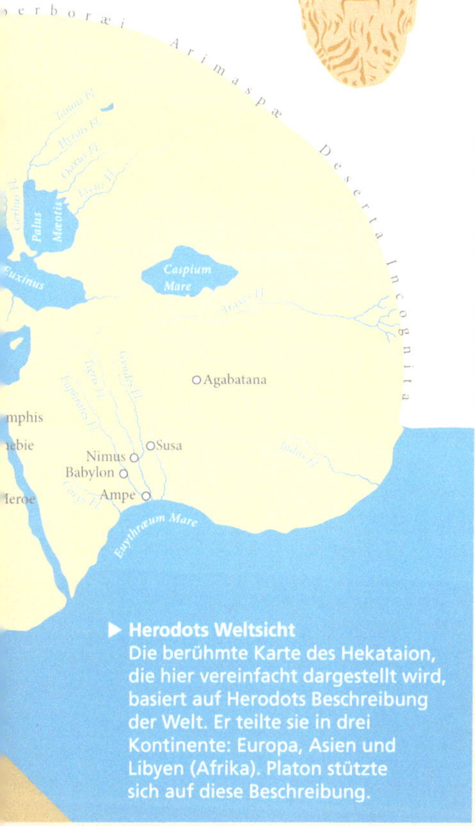

▶ **Herodots Weltsicht**
Die berühmte Karte des Hekataion, die hier vereinfacht dargestellt wird, basiert auf Herodots Beschreibung der Welt. Er teilte sie in drei Kontinente: Europa, Asien und Libyen (Afrika). Platon stützte sich auf diese Beschreibung.

▶ **Herodots Erzählungen zum Perserkrieg**
Herodot gehört zu den wichtigsten Chronisten der Perserkriege. Doch in seinen Angaben neigte er zu Übertreibungen. Viele Ungenauigkeiten erschweren zudem das Studium seiner Berichte über die großen Schlachten dieser Kriege.

Die Schlacht bei Marathon
490 v. Chr. marschierte das persische Heer in Griechenland ein. In der Schlacht bei Marathon, etwas mehr als 40 km vor Athen, unterlagen die Perser den Griechen trotz Überzahl:

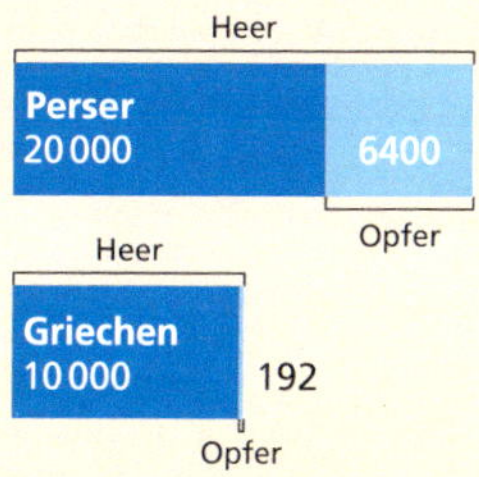

Ägyptische Priester
Herodot hielt auch Regeln fest, nach denen ägyptische Priester lebten. Ein Beispiel:

Hygiene
Jeden zweiten Tag die Körperhaare entfernen, zwei Mal am Tag und in der Nacht kalt baden

e
›nehmen
eichnam
en

Den Leichnam 70 Tage mit Natron bedecken, danach waschen

Salbung der Organe und des Leichnams

Körperhöhlen ausstopfen

Mit Bandagen einwickeln und mit Harz überziehen

Hippokrates von Kos
(Kupferstich 19. Jh.)

nen Lygdamis beteiligte, musste er seine Heimatstadt verlassen. Zahlreiche große Reisen folgten. Später lebte Herodot hoch angesehen in Athen und übersiedelte im Jahre 444 v. Chr. in die neu gegründete attische Kolonie Thurioi in Unteritalien. Sein Werk, das erst in späterer Zeit in neun nach den Musen benannte Bücher eingeteilt wurde, befasst sich gleichermaßen mit der kritischen Betrachtung und Wertung der von ihm bereisten Länder wie auch mit der politischen Berichterstattung. Höhepunkt seines Schaffens ist die Darstellung der Perserkriege.

HIPPOKRATES (UM 460 BIS UM 370 V. CHR.)

Der »Eid des Hippokrates«, den jeder Mediziner noch heute schwört, verdankt seinen Namen dem berühmtesten Arzt des Altertums. Hippokrates gilt als Begründer einer wissenschaftlichen Medizin, die durch kritische Beobachtung und analytischen Verstand die Gesetzmäßigkeiten von Gesundheit und Krankheit zu erkunden sucht (▸Baedeker Wissen S. 137f.).

MAUSOLOS († 353 V. CHR.)

Kunstsinniger karischer König

Wer war der Mann, der eines der Sieben Weltwunder plante und nach dem die großzügigen Grabanlagen der Mausoleen ihren Namen erhielten? Mausolos war ein Sohn des karischen Fürsten Hekatomnos aus Mylasa, heute Milas, der vom Perserkönig zum Provinzverwalter (Satrap) erhoben worden war. Als Mausolos 377 v. Chr. selbst Satrap wurde, verlegte er seinen Regierungssitz nach Halikarnassos, dem heutigen Bodrum, und befahl den Ausbau der Hafenstadt. Unter anderem ließ er hier seine neue Residenz mit Palast und Tempelanlagen errichten. Oberhalb dieser Anlage sollte sein königliches Monumental-Grabmal auf einer 105 x 243 m großen Feldterrasse entstehen (▸Baedeker Wissen S. 162). Noch zu Mausolos' Lebzeiten wurde mit dem Bau des Grabmals begonnen. Als es fertig war, entsprach es mit einer Höhe von ca. 50 m einem 20-stöckigen Hochhaus, doch gerühmt wurde das Bauwerk vor allem wegen seines immensen Skulpturenschmucks, den die berühmtesten griechischen Künstler der Zeit schufen. Mausolos verstarb nach 24-jähriger Regentschaft im Jahre 353 v. Chr. Nach seinem Tod führte seine Schwester Artemisia, mit der er eine damals typische Geschwisterehe eingegangen war, den Bau der Grabanlage weiter, doch als auch sie zwei Jahre später verstarb, geriet er ins Stocken. Erst als Alexander der Große sich des Baus annahm, konnte das Wunderwerk vollendet werden. Lange Zeit zählte das Grabmal des Mausolos zu den standhaftesten der Sieben Weltwunder. Die gewagte Säulenkonstruktion fiel erst im Jahre 1304 einem Erdbeben zum Opfer. Viele Trümmerteile wurden von den Johannitern in der Hafenfestung verbaut. Erst vor rund 140 Jahren konnte das Fundament des Mausoleums wieder freigelegt werden.

ERLEBEN UND GENIESSEN

Wo liegen die schönsten Strände und die besten Tavernen? Wann feiert Kos mit Leib und Seele und warum heißt hier »Nä« schlicht »Ja«? Lesen Sie es nach – am besten schon vor der Reise.

Essen und Trinken

Mehr als Gyros

Mit Blick aufs Meer schmecken Fisch und Meeresfrüchte am besten. Ebenso frisch wie sie kommen auch die vielen regionalen Früchte und Gemüse auf den Tisch. Schafe und Ziegen finden in den Inselbergen reichlich Kräuter und anderes Futter, Kühe sind auf Kos allgegenwärtig. Rebgärten sind auf Kos und seinen Nachbarinseln zwar rar, aber das griechische Festland und Schwesterinseln wie Rhodos, Santorin und Kreta sorgen für ein umfangreiches Angebot an köstlichen Tropfen.

Was bieten die Inseln?

Viele Restaurants und Tavernen locken aber nicht nur mit guter, bodenständiger Küche, sondern vor allem auch mit einem phantastischen Ausblick. Am Hafen von Kos zu sitzen ist ebenso reizvoll wie das Erlebnis des Sonnenuntergangs von den Terrassen im Bergdorf Zía aus. Die Tavernen auf dem Dorfplatz von Mandráki auf Nísyros werden von mächtigen Ficus benjaminica beschattet, im Binnendorf Pýli genießt der Gast seine gebratenen Zucchini- und Auberginenscheiben direkt neben einem jahrhundertealten Brunnen. So mancher Tavernentisch steht wie in Lambí auf Pátmos direkt auf dem Strand, auf der gleichen Insel speist man aber auch exzellent auf dem Gelände einer immer noch gut mit Aufträgen versorgten Bootswerft. Für jeden Geldbeutel ist gesorgt. In einer Vielzahl kleiner Familientavernen und Grillstuben werden Hungrige schon für unter 10 Euro gut satt. In einigen Edelrestaurants mag man fein eingedeckte Tische und standesgemäß gekleidete Kellner finden. Ansonsten aber ist die Atmosphäre eher leger, setzt das Servicepersonal mehr auf herzliche Freundlichkeit als auf Livrée und Konventionen. In kleineren Tavernen und auf dem Lande arbeitet ohnehin häufig die ganze Familie mit, ist der Umgangston untereinander und mit den Gästen ganz locker. Fremdsprachen werden fast überall gesprochen, denn der Tourismus hat auf den Inseln eine lange Tradition.

Urlaubsfreundlich sind auch die **Öffnungszeiten**. Die meisten Tavernen sind mindestens von 12.00 Uhr mittags bis Mitternacht geöffnet und bieten durchgehend warme Küche. Nur besonders feine Restaurants und Lokale schließen manchmal zwischen etwa 16.00 und 18.00 Uhr. Dafür haben andere schon morgens ab 9.00 Uhr geöffnet und servieren dem, der es wünscht, auch schon zum Frühstück ein Kotelett.

Frühstück

In allen größeren Hotels bedient sich der Gast inzwischen an einem mehr oder minder üppigen Frühstücksbuffet. In allen Touristenorten

Immer lecker, ein frisches Moussaká

wird auch in Bars und Restaurants am Morgen eine breite Auswahl vom gesunden Müsli bis zum kräftigen englischen Frühstück samt Bacon and Eggs geboten. Gerade beim »English breakfast« liefern sich die Lokale in von Briten geprägten Urlaubsorten wie Kardaimena auf Kos einen heftigen Preiskampf, von dem der hungrige Gast profitiert.

Die meisten Griechen suchen am Morgen allerdings lieber eine Bäckerei auf und nehmen von dort eine der vielen gefüllten Blätterteigtaschen, **píttes** genannt, mit zur Arbeit. Die Füllungen können aus Spinat und Schafskäse, Schinken und Kuhmilchkäse, Wiener Würstchen und mancherlei Herzhaftem mehr bestehen. Eine süße Variante ist das **»bougátsa kréma«**, eine Strudelteigtasche mit einer Grießpuddingfüllung, die mit viel Puderzucker bestreut wird. Am besten schmecken sie in einer kleinen Bäckerei am Hauptplatz der Stadt Kos. Immer mehr Verbreitung finden auch süß gefüllte Croissants, die der Grieche **krouassán** nennt.

Mittag- und Abendessen

Für die Hauptmahlzeiten steht dem Reisenden eine Riesenauswahl von Speiselokalen offen. Klassische Typen sind die meist einfache Taverne und das Restaurant, wobei die Unterschiede zwischen beiden oft fließend sind. Daneben gibt es viele Grillstuben, **ovelistírio** genannt, und Lokale vom Typ des **Mezedopolío** oder der **Ouzerí**, in denen der Schwerpunkt auf einer großen Auswahl möglichst kleiner und oft besonders regionaltypischer Gerichte liegt.

Die Auswahl wird dem Gast leicht gemacht. Leider üblich gewordenen Aufstelltafeln mit Fotos der angebotenen Gerichte gegenüber sollte man eher misstrauisch sein, denn auf dem Teller sieht das Gericht oft anders aus als auf dem Bild. Verlässlicher ist da ein Blick in den Schautresen, über den viele Lokale verfügen. In ländlichen Regionen darf man zudem noch auf althergebrachte, von EU-Regeln aber missbilligte Weise einen Blick in die Kochtöpfe werfen. Mehrsprachige Speisekarten sind natürlich auch vorhanden. Auf der Speisekarte ist häufig auch ein Posten aufgezählt, der vielen Mitteleuropäern unerklärlich ist: der Preis fürs **couvert.** Das ist eine Art Grundgebühr, die jeder Gast bezahlen muss, ganz unabhängig davon, was er bestellt. Sie kann zwischen 0,30 und 3 Euro liegen.

Backofen und Holzkohlengrill gehören zur Grundausrüstung jedes griechischen Hauses und fast aller Tavernen. Im Backofen werden außer Brot und Zwieback vielerlei Aufläufe, überbackene Gemüse und mancherlei Fleischgerichte zubereitet, auf dem Grill liegen vor allem Fleisch, Geflügel und Fisch. An Festtagen und in großen Tavernen drehen sich auch ganze Lämmer, Hühner und Spanferkel am Spieß überm Holzkohlenfeuer, dazu große Fleischstücke, die als kondosoúvli angeboten werden, und vielleicht sogar in Darm gewickelte Innereien von Lamm oder Schwein, die als **kokorétsi** vor allem in der kühleren Jahreszeit begehrt sind.

Generell unterscheiden sich die echt griechischen **Speisegewohnheiten** von denen in Mitteleuropa stark. »Tellergerichte« mit Reis oder Kartoffeln, Gemüse und Salat als Beilagen bieten nur touristische Lokale an, traditionell sind sie völlig unbekannt. Auch Menü-Angebote mit Vorspeise, Hauptgang und Dessert (Set Menu) haben in griechischen Restaurants erst durch den Tourismus Einzug gehalten – vorher fand man sie bestenfalls in Edelrestaurants in den Metropolen.

Immer frisch: die Zutaten der Koer Küche

Mezedákia

Der normale Grieche hingegen schätzt seine **Mezedákia**. Dabei handelt es sich nicht um bestimmte Gerichte, sondern um die Art zu essen. Verschiedene Gerichte kommen auf kleinen und mittelgroßen Tellern auf den Tisch. Jeder nimmt sich, wovon er will, soviel er will. Nahezu immer gehören Salate dazu, von denen der berühmte **Bauernsalat choriátiki** mit Gurken, Tomaten, Zwiebeln, Oliven und Féta-Käse nur eine Variante ist. Bei Einheimischen mindestens ebenso beliebt sind der **Römersalat maroúli** und der ungesäuerte **Krautsalat láchanosaláta**. Eine festgelegte **Speisenabfolge** gibt es nicht. Alles wird serviert, wenn die Küche es fertig hat. Die vielen kleinen Mezedákia reichen in der Regel schon aus, um satt zu werden, zumal sich die Mahlzeit oft über Stunden hinzieht. Trotzdem bestellen Griechen fast immer auch noch gegrilltes Fleisch als Krönung der Tafel: Lamm- und Schweinekoteletts, Fleischspieße. Wer es sich leisten kann, lässt auch noch größere Fische kommen. Auch hier gibt es wieder keine individuellen Portionsteller; alles wird auf Platten serviert, von denen sich jeder nimmt, was er mag. Mezedákia kann man in vielen Tavernen und Restaurants genießen, sicher aber in den Lokaltypen **Ouzerí** und **Mezedopolío**.

Getränke

Zum Essen ist Wasser immer das Grundgetränk. Meist wird auch griechischer Wein angeboten. Eine Spezialität ist der **Retsína**, ein mit dem Harz der Aleppo-Kiefer versetzter Weißwein. Flaschenbier ist überall erhältlich, im Sommer häufig auch Bier vom Fass. Als Tischgetränk gilt in Hellas auch der Anisschnaps **Oúzo**, der sich beim Vermischen mit Wasser milchig färbt. Den Markt der Soft Drinks beherrschen die beiden Großkonzerne, die auch Cola produzieren. Frisch gepresste Fruchtsäfte werden seltener angeboten, als man das angesichts des Obstreichtums des Landes vermuten würde. Typisch v.a. für Nísyros ist die **soumáda** genannte Mandelmilch.

Typische Gerichte

Eher deftig sind die koischen Spezialitäten: Sie reichen von Revithókeftédes bis zum dem auch anderswo in Griechenland beliebten Moussaká, ein Auflauf aus Auberginen, Zucchini und Kartoffeln.

Revithókeftédes: In der Pfanne gebratene Frikadellen oder Bällchen aus Kichererbsen und Zwiebeln sind zwar in ganz Griechenland bekannt, werden auf Kos und seinen Nachbarinseln aber besonders häufig angeboten. Man isst sie als Zwischengericht oder als herzhaften Snack zu Wein und Ouzo.

Jemistés: Als »Gefüllte« kommen zumeist grüne, rote oder gelbe Paprikaschoten sowie große Gemüsetomaten warm auf den Tisch. Die gut sättigende Füllung besteht fast immer aus Reis und Kräutern. Manchmal ist auch etwas Hackfleisch beigemischt. Jemistés sind ein preisgünstiges Standardgericht, das es ganzjährig in fast jeder Taverne gibt und auch zu Hause häufig gegessen wird.

Juvétsi: Dieses typische Gericht der griechischen Küche besteht aus Gerstennudeln, die wie große Reiskörner aussehen, und einem knochenlosen Stück Lamm- oder Rindfleisch. Alles gemeinsam wird meist in portionsgroßen Keramikgefäßen im Backofen gegart.

Moussaká und Pastítsjo: Moussaká und Pastítsjo sind Aufläufe mit Bechamel-Sauce, die umso besser schmecken, je frischer sie aus dem Backofen kommen. Beim Moussaká überzieht die fest gewordene Bechamel-Sauce eine Mischung aus Auberginen-, Zucchini- und Kartoffelscheiben, über der eine Hackfleischschicht liegt, die traditionell aus Lammhack bestehen sollte. Das Pastítsjo ist ein Nudelauflauf mit Makkaroni und Hackfleisch.

Kaffee: Besonders traditionsreich ist der in kleinen Mokkatassen servierte Kafés ellinikós, der griechische Kaffee. Das Kaffeepulver kommt zusammen mit der gewünschten Zuckermenge ins warme Wasser, das dann zum Aufwallen gebracht wird. Milch kommt grundsätzlich nie in den griechischen Kaffee. Der Süßegrad muss schon bei der Bestellung angegeben werden. Die Grundformen sind: skétto (ohne Zucker), métrio (mit etwas Zucker) und glikó (mit viel Zucker).

Frisch aus dem Meer

In einem kleinen, bunten Boot aufs Meer hinauszufahren und zu fischen ist für viele griechische Männer, und auch so manche griechische Frau, ein Lebenstraum.

Zu fischen ist ein weit verbreitetes Hobby, häufig auch Nebenbeschäftigung mit kommerziellem Hintergrund. Ganz vom Fischfang leben wird jedoch immer schwieriger. Die Ägäis ist **stark überfischt**. Dass das Fischangebot trotzdem reichlich bleibt, ist vor allem ein Verdienst von über 500 Fischfarmen im Land, die ihre Fische häufig sogar exportieren.

Während es auf Kos und den meisten seiner Nachbarinseln nur noch wenige Berufsfischer gibt, leben auf Kálymnos noch etwa 1000 Familien von der Fischerei. Die Kalymnioten fahren weit aufs Mittelmeer hinaus, fangen im Winter Thun- und im Sommer Schwertfisch, exportieren ihre Fänge per Luftfracht bis in die Pariser Markthallen und nach Japan. Aber auch so manche Taverne auf Kálymnos, Kos und den kleineren Inseln kauft ab und zu einen ganzen Schwert- oder Thunfisch auf und präsentiert ihn stolz ihren Gästen.

Kleine Fische tummeln sich noch zuhauf in der Ägäis. Um größere Arten jedoch ist es schlechter bestellt. Generelle Überfischung, zum Teil auch mit Dynamit, ist der Hauptgrund dafür. Das Problem stellen dabei nicht die vielen kleinen griechischen Fischerboote da, sondern die großen Trawler, die zum Teil gar nicht aus den Mittelmeerländern stammen. So ist frischer Wildfisch bester Qualität sehr teuer geworden, kostet in Restaurants und Tavernen oft 40 – 60 Euro pro Kilogramm. Beim Auswiegen sollte der Gast besser dabei sein. So lassen sich eine später überraschende Rechnung und eine eventuelle Auseinandersetzung mit dem Wirt vermeiden.

Preiswerter ist meist der Fisch aus **Zuchtbetrieben**, von denen es in der Region um Kos auf Kálymnos besonders viele gibt. Geschmacklich wird kaum ein Gast den Unterschied bemerken. Da Zuchtfische meist identisch groß sind, ermöglichen sie es den Wirten auch, sie portionsweise zu einem festen Preis anzubieten, was insbesondere Touristen schätzen.

Von der Speisekarte

Schwert- und Thunfisch kommen zumeist in Form eines Steaks auf den Tisch. Außer einem klar erkennbaren Mittelknochen sind sie grätenfrei und damit die ideale Kost für all jene, die wegen der Gräten sonst vom Fischessen zurückschrecken.

In den meisten griechischen Haushalten kommen hingegen bevorzugt viel preiswertere, kleine Fische in die Pfanne, die Sardellen und Sardinen ähneln. Sind sie nicht mehr als fingerlang, isst man sie meist mit Kopf und Schwanz und meist auch mitsamt allen Gräten. **Gópes** und **Gávri** sind die am häufigsten servierten Arten. Sauer eingelegt sind auch **Anchovis** – vor allem als Happen zu Ouzo oder Wein – beliebt.

Zu den gängigsten Fischen der Ägäis gehören die rötlichen, besonders grätenreichen **Rotbarben** (barboúnja), die **Zahnbrasse** (fangrí), **Dorade** (tsipoúra) und die edle **Seezunge** (glóssa). Ein traditionsreiches Gericht, das besonders im Winter geschätzt wird, ist der **Stockfisch**, also an der Luft gedörrter Kabeljau. Er wird in der Regel aus Island importiert und zusammen mit **skordaljá** serviert, einem Püree aus viel Knoblauch und entweder Kartoffelpüree oder eingeweichtem Brot.

Eine nur in guten Fischtavernen und auf Vorbestellung servierte Köstlichkeit ist die **Fischsuppe** (kakaviá). Mit welchem Fisch sie zubereitet wird, entscheidet der Gast. Vor dem Servieren wird der Fisch aus der Suppe genommen und auf einem Extra-Teller serviert.

Tintenfisch bietet nahezu jede Taverne in der einen oder anderen Form. Da gibt es die **Kalamares** (kalamarákja), die hier anders als in Spanien oder in deutschen Tiefkühltruhen meist keine Ringform haben, und die ihnen ganz ähnlichen **Sepia** (soupjés). Eine dritte Variante ist die Krake, also der **Oktopus** (chtapódi). Er wird gegrillt, gekocht oder auch sauer eingelegt genossen. Sepia stammen zumeist noch aus der Ägäis, Kalamares und Oktopus werden häufig schon aus Ostasien oder Südamerika importiert.

Gleiches gilt nahezu immer für die beliebten **Scampi**. Garantiert aus der Region stammen hingegen die winzigen **Krabben** (simiakés garídes), die man allerdings nur selten auf Speisekarten findet.

Vor dem Grillen kommt der Oktopus zum Trocknen an die Sonne.

Feiertage und Events

Gelebter Glaube

Wie fast überall auf der Welt sind auch auf Kos die meisten Feiertage eng mit dem Glauben verbunden. Eine große Rolle spielen Kirchweihfeste und die Namenstage der Heiligen.

Kirchweih- und Patronatsfeste

Als Sommerurlauber erlebt man am ehesten die örtlichen **Kirchweihfeste** mit. Sie werden in jedem Dorf jeweils am Vorabend des Festtages des jeweiligen Kirchenpatrons begangen. Häufig sind sie mit Prozessionen und einem anschließenden Fest inklusive Musik und Tanz auf dem Kirch- oder Dorfplatz verbunden. Am nächsten Morgen findet dann immer noch ein zweiter, kleinerer Gottesdienst statt, in dessen Anschluss sich die Gemeinde häufig zu einem gemeinsamen kleinen Mahl oder Umtrunk niederlässt. Besonders viele Kirchweihfeste finden am 14./15. August statt, wenn Mariä Entschlafung gefeiert wird.

Ostern und Weihnachten

Die Karwoche und Ostern sind die festliche Zeit des Jahres (▸Baedeker Wissen S. 68). **Weihnachten** spielt eine weit geringere Rolle als bei uns. Geschenke bringt traditionell erst der Ágios Vassílios am Neujahrstag.

Kulturfestivals

Nahezu jede griechische Insel veranstaltet im Rahmen ihrer finanziellen Möglichkeiten im Sommer ein Kulturfestival mit viel Folklore, Konzerten verschiedenster Art, Kunst- oder Fotoausstellungen und manchmal auch Theateraufführungen. Die Ankündigung von Veranstaltungen erfolgt meist leider nur sehr kurzfristig und oft nur durch Plakatierung. Das größte Kulturfestival auf den Inseln des nördlichen Dodekanes sind die **»Hippokrateia«** auf Kos mit Veranstaltungen in der Kreuzritterburg am Hafen und im antiken Odeon. Auf Nísyros finden in manchen Jahren nächtliche Konzerte in der Caldera statt, Pátmos begeht alljährlich ein **»Festival der religiösen Musik«** und bietet an einigen Sommerabenden Inszenierung vor der Grotte der Apokalypse. Über Termine und Programme informiert frühestmöglich die Website des Autoren www.klaus-boetig.de.

Nationalfeiertage

An den beiden Nationalfeiertagen, dem 25. März und 28. Oktober, finden in den Hauptorten aller Inseln Paraden und Kranzniederlegungen statt, an denen der örtliche Klerus und die örtlichen Würdenträger ebenso teil wie Polizei, Feuerwehr, Pfadfinder und Schulkinder. Die Schüler tragen dabei oft schön anzusehende historische Trachten.

Auch Urlauber dürfen in Kirchen Kerzen anzünden.

Ein griechisches Osterfest

Glück hat, wer in der Osterzeit auf Kos oder einer der Nachbarinseln weilt. Die Karwoche und das darauffolgende Osterfest sind für die Griechen, was für Mitteleuropäer Advent und Weihnachten darstellen: die festlichste Zeit des Jahres.

Karfreitag

Vom Karfreitag an sind die Gottesdienste sehr gut besucht. In vielen Kirchen schmücken Mädchen und Frauen am Vormittag das symbolische Grab Christi, das mit einem Tuch, dem **Epitaph**, bedeckt ist, mit frischen Blumen. Während des Abendgottesdienstes, der meist gegen 19.00 Uhr beginnt, stehen die Gläubigen vor diesem Epitaph Schlange, um ihm Ehre zu erweisen. Manche kriechen mit der gleichen Motivation auch unter dem Holzgestell hindurch, das für das Grab steht. Zum Schluss des Gottesdienstes wird meist gegen 21.00 Uhr der Epitaph in feierlicher Prozession durchs Dorf oder den Pfarrbezirk der Stadt getragen. Mit dabei sind der gesamte Klerus, Militär und Polizei, Pfadfinder, Feuerwerk und alle Gläubigen.

Ostersamstag

Am Ostersamstag herrscht zunächst hektische weltliche Betriebsamkeit. Die letzten Einkäufe müssen getätigt, **Ostergebäck und Osterbraten** vorbereitet werden. Gegen 23.00 Uhr beginnt dann in allen Pfarrkirchen der **Auferstehungsgottesdienst.** Jeder kommt, ganz unabhängig von der Intensität seines Glaubens. Die Gotteshäuser sind brechend voll, die Messe wird per Lautsprecher auch auf den Kirchhof übertragen. Kurz vor Mitternacht verstummt die Liturgie, alle Lichter bis auf das Ewige Licht in der Kirche erlöschen. Spannung liegt – oft deutlich spürbar – in der Luft: Wird Jesus auch in diesem Jahr wieder auferstehen, sein Versprechen an die Menschheit erneuern? Alle warten auf die erlösenden Worte des Priesters: **»Christós anésti«**, »Christus ist auferstanden«. Die Gemeinde antwortet befreit mit einem **»Alithós anésti«**, »Wahrhaftig, er ist auferstanden«. Dieser kleine Dialog wird dann auch am Ostersonntag das Begrüßungsritual der Menschen untereinander sein und das sonst übliche »Kaliméra, ti kánis/kalá«, »Guten Morgen, wie geht's/gut« ersetzen. In der Kirche und auf dem Kirchhof entzünden die Menschen nun ihre mitgebrachten Kerzen am Ewigen Licht oder den Kerzen der Umstehenden.

Vielerorts werden Knallkörper entzündet, manchmal auch Feuerwerksraketen abgefeuert. Vor allem auf Kálymnos werden auch immer wieder selbst gebastelte Dynamitladungen gezündet. Der Priester zelebriert noch den Rest der Liturgie, doch die Menschen gehen zumeist schon vor Gottesdienstende nach Hause. Sie haben die **Gewissheit der Erlösung** erlangt und können nun im Kreis von Familie und Freunden feiern.

»Flaoúna« heißt das typische Ostergebäck

Traditionell kommt die leicht säuerliche, aus Öl, Zitrone, etwas Reis und den Innereien eines Zickleins oder Lamms zubereitete **Ostersuppe »margirítsa«** auf den Tisch.

Ostersonntag

Der Ostersonntag ist ganz dem Feiern vorbehalten. Zum Frühstück schlägt man **rot gefärbte Eier** aneinander. Das Rot steht für das Blut Jesu, das Ei für das ewige Leben. Die Hauptmahlzeit an diesem Tag sind Lamm oder Zicklein. Vielerorts drehen sich Dutzende von Tieren stundenlang am Spieß. Auf dem Dodekanes aber schätzt man auch eine andere Zubereitungsart, das **»kapamá«:** Mit Reis und Kräutern gefüllte Bratenstücke, die in Töpfen in Backöfen bei geringer Hitze die ganze Nacht über gegart worden sind und dadurch besonders zart und saftig bleiben.

Wein, Ouzo oder Whisky werden freigiebig ausgeschenkt, Musik ertönt aus vielen Lautsprechern – und wenn die Stimmung steigt, wird oft auch getanzt.

VERANSTALTUNGSKALENDER

GESETZLICHE

JANUAR

6. Januar

Der erste kirchliche Feiertag im Jahreskreislauf. Er ist in Griechenland nicht den heiligen drei Königen geweiht, sondern der Epiphanie, Jesu Taufe im Jordan. In allen Küstenorten zieht die Gemeinde nach dem morgendlichen Gottesdienst ans Meer. Der Priester wirft ein Kreuz hinein, die Jugend taucht danach. Wer es wieder an Land bringt, gilt als Glückspilz für das kommende Jahr.

FEBRUAR/MÄRZ

Karneval

Vor allem an den letzten beiden Faschingswochenenden sind manche Tavernen bunt geschmückt und vor allem Kinder kostümiert. Am Rosenmontag beginnt die Fastenzeit. Bei schönem Wetter zieht man in die Berge oder ans Meer und lässt Papierdrachen steigen.

NATIONALFEIERTAGE

25. März/28.Oktober

Beide werden als Nationalfeiertage zelebriert. Am 25. März 1821 rief Bischof Germanós von Patras auf dem Peloponnes die Griechen zum Kampf gegen die osmanische Fremdherrschaft auf, am 28. Oktober 1941 lehnte der griechische Diktator Ioánnis Metaxás ein italienisches Ultimatum ab, sich kampflos zu ergeben, woraufhin die Italiener in Griechenland einzumarschieren versuchten. Beide Tage werden mit Paraden und Kranzniederlegungen an Gefallenendenkmälern begangen. Bei den Paraden am 25. März tragen viele der teilnehmenden Schüler fotogene historische Trachten.

MAI

7./8. Mai

Große feierliche Gottesdienste auf Pátmos im Johanneskloster und im Kloster der Apokalypse:
7. Mai (19.00 bis 2.00 Uhr),
8. Mai (8.00 bis 10.00 Uhr)

AUGUST

5. August

Abends großes Kirchweihfest auf dem Dorfplatz und am Strand von Kámbos auf Pátmos

14. August

Große Prozession durch die Chóra von Pátmos unter Führung des Abtes des Johannesklosters

BEWEGLICHE FEIERTAGE

Ostern und die anderen beweglichen Feste fallen in Griechenland nur selten auf den gleichen Termin wie in der römisch-katholischen und protestantischen Kirche, da sie nach dem Julianischen Kalender und nicht nach dem Gregorianischen Kalender berechnet werden. Dadurch kann der Ostertermin bis zu 5 Wochen später liegen.

Rosenmontag 2013: am 18. März, 2014 am 3. März, 2015 am 23. Februar

Karfreitag 2013 am 3, Mai, 2014 am 18. April, 2015 am 10. April

Ostern 2013 am 5./6. Mai, 2014 am 20./21. April, 2015 am 12./13. April

Pfingsten 2013 am 23./24. Juni,

Höhepunkt des Koer Kulturfestivals Hippokrateia ist die feierliche Deklamation des Hippokratischen Eides.

2014 am 9./10. Juni, 2015 am 31. Mai/1. Juni

SONSTIGE GESETZLICHE FEIERTAGE

1. Januar

Neujahrstag

1. Mai

Tag der Arbeit

15. August

Mariä Entschlafung (nicht Himmelfahrt, weil die leibliche Himmelfahrt Mariens in der Orthodoxie kein Dogma ist)

25./26. Dezember

Weihnachten

KULTURFESTIVALS

Kos

Im August Kulturfestival Hippokrateia (Ippokratía): Mit Konzerten, Theater- und Folkloreaufführungen. Schauplätze sind u.a. die Johanniterburg am Hafen und das Odeon. Der Programmumfang wird in den nächsten Jahren wegen der Finanzkrise möglicherweise stark eingeschränkt.

Nísyros

In manchen Jahren findet Mitte August ein Konzert mit griechischer Musik in der Caldera statt. Die Ankündigung erfolgt meist sehr kurzfristig.

Pátmos

Ende Juli: An fünf Abenden religiöses Theater an der Grotte der Apokalyse. Aufgeführt wird eine szenische Bearbeitung der Offenbarung des Johannes durch den Abt des Klosters von Pátmos. Auf der Bühne stehen Laienschauspieler (www.techni-patmos.gr).

Mit Kindern unterwegs

Entdeckungen für Kinder

Dank seiner vielen sandigen Strände ist Kos eine ideale Insel für den Familienurlaub. Ein zusätzliches Plus der Region um die Inselhauptstadt ist der küstennahe Fahrradweg, auf dem auch Kinder fast gefahrlos radeln können.

Viele der großen Hotelanlagen bieten Kinderanimation und eigene Kinderclubs, Wassersportstationen Surfkurse schon für Kinder ab etwa 10 Jahren. Besondere Einrichtungen für Kinder wie Streichelzoos oder Luna Parks mit Karussells fehlen zwar, aber dafür bieten viele Tavernen spezielle, sonst in Griechenland kaum übliche Kinderteller an und in den meisten Lokalen stehen Hochstühle für die Kleinsten bereit.

Was Kinder vielleicht am meisten genießen werden, ist die Kinderfreundlichkeit der Hellenen. Kinder dürfen weitestgehend am Erwachsenenleben teilnehmen, sind ganz einfach fast immer dabei. Sie spielen noch um 22.00 Uhr abends auf Kirch- und Dorfplätzen und sitzen auch um Mitternacht noch in den Tavernen.

ATTRAKTIONEN FÜR KINDER

Spaßbad

Als Alternative zum Baden und Plantschen im 300 m nahen Meer bietet sich der Lido Water Park an. In seinem maximal 1,80 m tiefen Wellenbecken sind Wellen bis zu 1,50 m Höhe garantiert. Sechs offene und röhrenförmige Riesenrutschen mit Bahnlängen zwischen 75 und 255 m bieten rasante Abfahrtsmöglichkeiten, auf einem 280 m langen »Lazy River« kann man sich auf einer Art Schlauchboot dahin treiben lassen. Den maximal 3000 Besuchern werden auf 75 000 m² Fläche zudem konventionelle und elektronische Spiele geboten, ein Self-Service-Restaurant, eine Snack-Bar und reichlich Sonnenliegefläche.

Insel Kos, an der Straße zwischen Mastichári und Marmári
Tel. 22420 5 92 41
www.lidowaterpark.com
tgl. 10.00 – 19.00 Uhr
Tageskarte 17 €, Kinder (5 – 11 J.) 13 €.

Windsurfkurse für Junioren

Der Deutsche Holger Bründel, seine Partnerin Claudia und ihr internationales Team haben ein eigenes Konzept entwickelt, um bereits Kindern ab etwa 10 Jahren das Windsurfen beizubringen. Etwa 10 – 12 Unterrichtsstunden

Auch auf antiken Mauern lässt es sich gut spielen.

Immer aktiv:
Ein Strandbesuch macht Ferienlaune!

sind dafür notwendig, nach den Lektionen können die Kleinen kostenlos auf eigene Faust mit Boards und Riggs weiterüben. Ein Passbild ist mitzubringen.

Insel Kos, Caravia Beach (zwischen Mastichári und Marmári)
Tel. 22420 4 19 26
www.caravia-wassersport.de
Kursgebühr 125 €, Prüfungsgebühr 26 €.

Reitunterricht für Kinder

Peter und Christine Ehrenberg sind besonders stolz darauf, dass in ihrem Reitstall »Alfa Horse« Pferde und Ponies nach allen Regeln der Kunst gepflegt und umsorgt werden und dass ihre Gäste nach mitteleuropäischen Standards versichert sind. Bei ihnen reitet man nicht in zufällig zusammengewürfelten Gruppen, sondern individuell. Für kleinere Kinder haben sie 30- bis 60-minütige Ponyritte auf dem Programm, für sattelfeste Jugendliche und Erwachsene ein- bis dreistündige Ausritte ins Hinterland. Alle Touren werden von deutschsprachigen Reitlehrern begleitet, die Gäste dürfen ihr Tier gern selbst satteln und putzen, ihnen nach dem Ritt die Hufe säubern. Auch ein klassischer mehrtägiger Reitunterricht für Kinder ab 6 Jahren ist möglich. Den Hoteltransfer bietet Alfa Horse zum halben Taxitarif an.

Insel Kos, Amanioú/Pýli (an der Straße von Amanioú nach Lagoúdi)
Tel. 22420 4 19 08
www.alfa-horse.de

Ponyritt 30 €, Viererkarte Reitunterricht 100 €.

Bimmelbahn

Mini-Züge, von wie Oldtimer-Dampfloks aussehenden Diesellokomotiven gezogen, mit drei offenen Waggons auf Gummirädern, sind in ganz Griechenland als Touristenattraktion zu finden. In der Stadt Kos verkehren gleich zwei Linien: Die eine startet vom Hafen gegenüber dem Rathaus zu 20-minütigen Stadtrundfahrten, die andere verbindet die Stadt von der Mole unterhalb des Palazzo di Giustizia aus mit dem Asklipíon und ersetzt auf dieser Route den Linienbus.

Insel Kos, Stadtrundfahrten tgl. 10.00 – 17.00 Uhr, Fahrt zum Asklipion Di. – So. 8.00 – 14.00 Uhr, Ticket je Tour für Erwachsene 5 €, Kinder (3 – 11 J.) 2,50 €.

Kinderfreundliche Tavernen

Kinder sind in allen Tavernen höchst willkommen. Besonders wohl fühlen werden sich die Eltern und ihr Nachwuchs aber wohl dort, wo die Kinder nicht unbedingt die ganze Zeit über mit am Tisch sitzen müssen, sondern sich frei bewegen können.
deal dafür sind die Standtaverne »Tam Tam« bei Mastichári mit ihrer großen Rasenfläche und die Taverne »Traditional Greek House« in Mastichári, wo es sogar einen Spielplatz zwischen Restaurantterrasse und Strand gibt (lassen Sie sich aber nicht durch die hier nicht gemeinte, ganz nahe liegende Taverne »El Greco Traditional Greek House« abfangen!).

Gokarts für die Kleinen

Sehr viel umweltfreundlicher als die mit Benzin betriebenen Gokarts für Erwachsene sind die kleinen Elektro-Karts für Kinder, mit den Drei- bis Achtjährige bei Go Kart Chrístos östlich von Marmári ihre kurzen Runden drehen können.

An der Straße Marmári – Tigáki
Tel. 22420 6 81 84
Tgl. 9.30 – 23.00 Uhr, 5 € für 10 Minuten

Bahnfahrt durch Kos

Der Trenáki auf Kos sieht aus wie eine Spielzeugeisenbahn. Wer im ersten der offenen Waggons sitzt, kann dem Lokführer auf die Finger schauen, während dieser das lustige Gefährt auf Gummirädern durch die Straßen der Inselhauptstadt lenkt.

Zirkus spielen

Im antiken Odeon von Kos kann die Bühne den Kindern gehören... Vielleicht finden sie da ja außer ihren Eltern auch noch weitere begeisterte Zuschauer, wenn sie ihre Kunststücke vorführen.

Halb watend, halb schwimmend

Zum Felsinselchen Kastrí können Eltern mit ihren Kindern vom Ágios Stéfanos einen kleinen Abenteuer-Trip unternehmen. Meistens ist das Wasser zumindest für die Eltern zum Waten flach genug.
Ein paar Züge müssen die Kleinen aber auch schwimmen oder sich auf dem Rücken der Großen festklammern.

Shopping

SOUVENIR HAROULA
400 m² GREAT VARIETY OF
TRADITIONAL PRODUCTS
CERAMICS & CLOTHING
ZIA

Olivenöl, Schwämme & Co.

Die Shopping-Metropole des nördlichen Dodekanes ist unbestreitbar die Altstadt von Kos. In der kleinen, orientalisch verspielten Markthalle spielen frisches Obst und Gemüse nur noch eine Nebenrolle. Flüssige und feste kulinarische Souvenirs prägen das Angebot.

Nur ein paar Schritte weiter bilden die ineinander übergehenden, Fußgängern vorbehaltenen Gassen Odós Iféstou und Odós Apéllou die Hauptarterie für einkaufsfreudige Urlauber. Hier finden sich vor allem Schmuck und Strass, T-Shirts und luftige Sommerkleidchen, Sonnenbrillen und allerlei Kleinkram. Cafés und Bars sind eingestreut, so dass man seine Einkaufspläne immer wieder überdenken kann. Die Einheimischen kaufen lieber da, wo man auch parken kann: entlang der **Odós El. Venizélou** und in dem Viertel zwischen dieser Straße und der antiken Agorá. In den Badeorten von Kos und auf den übrigen Inseln ist das Shopping-Angebot nur rudimentär. Vieles, was hier angeboten wird, stammt aus Fabriken vom griechischen Festland oder gar aus China und anderen asiatischen Ländern. Schmuck und simple Souvenirs sind überall zu finden, ein ganz gutes Angebot an kleinen Mode-Boutiquen bietet am ehesten noch der Hafenort Skála auf Pátmos, wo auch einige Künstler ihre Werke ausstellen und verkaufen. Riesig ist hingegen das Souvenir- und Textilienangebot in jeder Preisklasse im türkischen **Bodrum** – doch bei Einkäufen sind die Zollvorschriften streng zu beachten. Die Händler dort sind jedoch darauf eingestellt, größere Gegenstände wie Teppiche direkt per Luftfracht an den Wohnort des Käufers zu liefern. Eins sollte man bei Einkäufen während eines Tagesausflugs aber bedenken: Reklamationen und Umtausch sind praktisch unmöglich.

Schmuck

Schmuckgeschäfte gibt es auf allen Inseln. Nur selten wird das Angebot im eigenen Atelier gefertigt, häufig stammt es jedoch zumindest von diversen griechischen Herstellern. Schmuckhändler laden interessiert wirkende Kunden gern zu einem Gläschen Ouzo oder Kir Royal ein. Die Einladung nimmt man vielleicht erst besser nach dem Kauf ein, um einen klaren Kopf zu behalten.

Keramik

Keramikwerkstätten gibt es nur auf Kos und Pátmos. Souvenirgeschäfte führen aber häufig eine Auswahl von Keramikobjekten befreundeter griechischer Künstler. Ähnlich verhält es sich mit anderen kunsthandwerklichen Produkten.

Olivenöl und Olivenholzschnitzereien sind gute Mitbringsel.

Ikonen und Kunst

Ein älterer Ikonenmaler lebt noch auf Kos, außerdem malen einige Nonnen in einem Kloster auf Pátmos Ikonen. Nach telefonischer Voranmeldung kann man **Panagiótis Katapódis** bei der Arbeit zusehen und natürlich Ikonen kaufen. Sein Atelier befindet sich ca. 1 km westlich von Kos-Zentrum bei Ágios Nektarios, hinter der Casa Romana (Kirche Ágios Stilianos, Tel. 22420 249 42; im Sommer Mo.–Sa 9.00–13.00, 16.00–21.00 Uhr geöffnet, ▸Abb. S. 4). Besonders groß ist die Auswahl an auch qualitativ hochwertigen, neuen Ikonen naturgemäß auf der »heiligen Insel« Pátmos.
In Pylí auf Kos leben drei zeitgenössische Künstler, die dort auch Galerien betreiben. Der Österreicher **Sol** malt modern, das aus den Niederlanden stammende Künstlerehepaar **Remko und Ria** zeichnet und aquarelliert. In Skála auf Pátmos malt **María Eftratioú** aus dem nordgriechischen Kavála mal expressiv, mal naiv. Wer sein eigenes Porträt gezeichnet oder gemalt mit nach Hause nehmen will, findet auf Kundschaft wartende Künstler auf Kos auf dem Platz um die Platane des Hippokrates und ein paar Schritte davon entfernt am Südrand der antiken Agorá. Ein exzellenter Fotograf ist **Artin Karakassianí** auf Nísyros: Seine auf der Insel geschossenen Fotos sind auch als Postkarten und auf DVD erhältlich.

Naturschwämme und Mineralien

Naturschwämme gibt es in den Schwammhandlungen auf Kálymnos in großer Auswahl (▸Baedeker Wissen S. 170). Manche sind auch so bizarr geformt, dass sie sich beispielsweise als Dekoration fürs Badezimmer eignen. Schwammhändler stehen aber auch an den Häfen der Stadt Kos und von Kardámaina. Auf Nísyros sind in einigen Geschäften sowie am Tresen der Kafetéria an der Mole von Mandráki Schwefel aus der Caldera und der vulkanische Glasfluss Obsidian von der benachbarten Bergbauinsel Gialí sehr preiswert erhältlich.

Kulinaria

Wer wirklich regionale Souvenirs sucht, wird am ehesten bei den Kulinaria fündig. Besonders groß ist das Angebot in der **Markthalle der Stadt Kos**. Da gibt es zahlreiche Kräuter und Gewürze bis hin zu echtem Safran aus Nordwestgriechenland, süß eingelegte Gemüse und Früchte wie Tomaten, Zwergauberginen, Quitten, Bergamotte, Kirschen, Orangen und Aprikosen. Von der Insel Chios stammt die Kaugummimarke Elma, die mit dem Harz des Mastixstrauchs versetzt ist. Aus Nísyros kommen die Mandelmilch soumáda und die Zimtlimonade kanelláda. Olivenöle und Weine aus vielen Anbaugebietendes Landes werden ebenso angeboten wie diverse Ouzo-Sorten. Als beste gelten die aus Plomári auf der Insel Lesbos: Barbayiánnis, Plomári und die europaweit überall erhältlichen Marken Mini und Ouzo 12.

Supermärkte

Zwei internationale Supermärkte – Lidl und Carrefour – sind die Marktführer in Griechenland und unterhalten auch je eine Filiale am

Stadtrand von Kos an der Straße Richtung Flughafen. Auf Kos gibt es zudem die regionale Supermarktkette Konstantínos, die große Läden an den landeinwärts führenden Stichstraßen in Tigáki, Marmári und Mastichári unterhält. Ein Blick in die Supermärkte lohnt sich auch für den, der dort nichts einkaufen will: Bei Preisvergleichen mit dem eigenen Heimatland ist leicht zu erkennen, dass die Griechen für viele Lebensmittel weit mehr zahlen als Mitteleuropäer.
Weitaus preiswerter als anderswo sind in Griechenland hingegen viele Medikamente wie rezeptfreie Schmerztabletten, Mittel gegen Herpes usw. In Apotheken findet man auch griechische kosmetische Naturprodukte, die zumeist auf der Basis von Olivenöl oder Mastixharz hergestellt werden.

Öffnungszeiten

Die Supermärkte auf Kos sind Mo.–Fr. 8.00–22.00, Sa 8.00–16.00 Uhr geöffnet. Andere Geschäfte für den Bedarf der Einheimischen sind meist Mo.–Sa. von ca. 9.00 oder 10.00–14.30 Uhr und Di., Do., Fr. wieder von ca. 17.00–20.30 Uhr geöffnet. Souvenirgeschäfte und Juweliere richten ihre Öffnungszeiten am saisonalen Bedarf aus, haben im Sommer meist täglich von ca. 10.00–22.00 Uhr geöffnet und sind im Winterhalbjahr geschlossen.

In schwerster Kleidung werden die leichten Schwämme geerntet.

Übernachten

Für jeden Geschmack etwas

Als eins der Top-Urlaubsziele Griechenlands wartet Kos mit den unterschiedlichsten Unterkünften auf: Vom actionreichen Clubhotel bis zur schlichten Pension, vom familiär geführten Strandhotel bis zur kleinen Apartmentanlage direkt am Meer reicht die Auswahl. Nur Campingplätze, Jugendherbergen und freistehende Ferienhäuser gibt es nicht.

Außer im August findet man auch ohne Vorausbuchung ein Quartier. Wer eine bestimmte Unterkunft im Auge hat, bucht freilich besser im Voraus. Buchungen über heimische Reiseveranstalter oder Internet-Portale können oft preisgünstiger sein als Buchungen direkt beim Vermieter. Unterkünfte sind auch auf allen Nachbarinseln von Kos verfügbar, fehlen selbst auf Inselzwergen wie Psérimos oder Télendos nicht. Mit First-Class-Hotels kann allerdings nur noch Pátmos dienen, gute Mittelklassehotels gibt es auf Nísyros, Kálymnos, Léros und Lípsi. Schlichte Zimmer und gute Studios können Télendos und Psérimos bieten. Auf Inselspringer ohne Vorausbuchung warten an den meisten Häfen einige Anbieter von Zimmern und Studios. Meist führen sie einen Prospekt oder eine Fotomappe ihres Hauses bei sich und nehmen potentielle Gäste gleich in ihrem Pkw oder Minibus mit zu ihrem Quartier. Dort angekommen, kann man natürlich immer noch »Nein« sagen.

Preise und Kategorien

Während der Hauptreisezeit im Juli und August liegen die Unterkunftspreise auf den Inseln meist nur wenig unter dem Niveau mitteleuropäischer Reiseziele, in der Vor- und Nachsaison dagegen meist wesentlich darunter. Preisvergleiche lohnen auf jeden Fall. Hotels sind in Griechenland offiziell in sechs Kategorien gegliedert. Die Skala reicht von Luxushotels (L) über komfortable Hotels (A) bis zu Mittelklassehotels (B, C) und einfachen Unterkünften (D und E). Diese Kategorien sagen zwar etwas über Zimmergröße und -ausstattung sowie Serviceeinrichtungen aus, aber nichts über die Freundlichkeit des Service oder das Alter und den Zustand von Mobiliar und Technik. Für Pensionen und Apartments gelten die Kategorien A bis C.

Ferienhäuser und -wohnungen

Ferienhäuser außerhalb von Hotelanlagen werden auf Kos und seinen Nachbarinseln fast gar nicht angeboten, Ferienwohnungen und kleine Apartments hingegen sind weit verbreitet. Bett-, Bad- und Tischwäsche werden immer gestellt, Gebühren für eine Endreinigung nicht erhoben.

Traumhaft: die Terrasse des Hotels »Kos Aktis«

Wo kann man hier übernachten?

Wer in zwei oder drei Wochen möglichst viele Inseln rund um Kos kennenlernen will, weiß kurze Wege zwischen Hafen und Unterkunft zu schätzen und sucht nicht unbedingt ein teures Strandhotel, sondern bevorzugt ein zentral gelegenes, preisgünstiges Quartier.

Nach der Ankunft auf Kos werden Inselspringer gern noch einmal alle aktuellen Schiffsfahrpläne checken. Die Reisebüros am Mandráki-Hafen von **Kos** bieten dazu die beste Möglichkeit. Wer ein Hotel in Hafennähe gebucht hat, kann am Abfahrtstag zu Fuß zur Fähre gehen. Den Kos-Aufenthalt selbst sollte man ohnehin besser ans Ende der Rundreise legen. So verpasst man sein Flugzeug nicht, falls die Fähren streiken oder Stürme deren Fahrplan durcheinander bringen. Ein angenehmes Hotel direkt am Hafenbecken, das auch von Einheimischen gern aufgesucht wird, ist das »Astron«. Bis zur Fähre geht man von hier ca. 6 – 8 Minuten immer am Wasser entlang.

Auf **Nísyros** legen alle Fähren am Kai von Mandráki an. Unmittelbar oberhalb des Kais stehen gleich drei kleine, einfache Hotels. Das Beste von ihnen, das »Three Brothers«, ist nur 50 – 100 m entfernt. Bis ins Dorfzentrum läuft man von hier etwa 10 Minuten.

Der Hafen von **Kálymnos** ist flächenmäßig der größte des nördlichen Dodekanes. Wendet man sich nach Verlassen der Fährmole nach rechts, erreicht man schon nach etwa 200 m das »Olympic«. Man bucht es am besten ohne Frühstück und geht morgens in eins der unmittelbar benachbarten Cafés.

Auf **Léros** laufen die Fähren meist den Hafen von Agía Marína an. Unmittelbar am Hafen steht hier leider kein Hotel. Am besten lässt man sich von einem Taxi ins nur 1 km entfernte Hotel »Crithoni's Paradise« bringen, das auch Mietwagen für seine Gäste bereit hält. Wer dorthin laufen will, folgt ganz einfach der Straße in Richtung Alínda.

Auf **Lípsi** stehen fast immer mehrere Zimmeranbieter direkt am Kai. Direkt am Kai werden zwar auch einige Zimmer und Studios vermietet, die jedoch sehr gefragt und daher nur selten frei sind. Eine gute Alternative bieten die Studios der »Pension Poseidon« zwischen Fähranleger und Zentrum. Hier kann man auch Mopeds mieten; zwischen November und April erhalten Hausgäste sie sogar kostenlos.

Auf **Pátmos** befinden sich im Umkreis des Fähranlegers mehrere Hotels und Pensionen. Ein ausgezeichnetes Preis-Leistungs-Verhältnis bietet das kleine »Galíni«, das aber leider etwas versteckt gelegen ist. Um hinzukommen, wendet man sich vom Fähranleger aus nach links und biegt dann nach rechts in die schmale Gasse unmittelbar vor der Abzweigung zur Chóra ein. Nach insgesamt etwa 200m steht man vor dem gastlichen Haus mit 11 Zimmern, die geräumige Bäder und kleine Balkons bieten.

FÜR INSELSPRINGER

Hotel Ástron auf Kos €€

Aktí Koundourióti 31
Tel. 22420 2 37 03
www.astron-hotel-kos.gr
Viele Zimmer mit Hafenblick, Pool, ganzjährig geöffnet.

Hotel Three Brothers auf Nísyros €

Mandráki, Tel. 22420 3 13 44
www.nisyros3brothers.de
Familiär von einem deutsch-griechischen Ehepaar geführt.

Olympic auf Kálymnos €€

Pothiá, Tel. 22430 5 17 10
www.kalymosolympic.gr
Bestes Hotel in der Stadt, ganzjährig geöffnet. Nachts Fenster schließen!

Krithoni's Paradise auf Léros €€-€€€

Krithóni, Tel. 22470 2 51 20
www.crithonisparadise.gr
Bestes Hotel der Insel, mit Pool und eigener Autovermietung.

Poseidon auf Lípsi €-€€

Lípsi, Tel. 22470 4 11 30
www.lipsi-poseidon.gr
5 moderne Studios, alle mit Balkon und Hafenblick, ganzjährig geöffnet

Galíni auf Pátmos €-€€

Skála, Tel. 22470 3 12 40
www.galinipatmos.gr
Klein, ruhig, heimelig

Von Kos-Stadt fahren täglich Ausflugsschiffe zu den Nachbarinseln.

Urlaub aktiv

Surfen und mehr

Wer auf Kos Sport treibt, hat fast immer das Meer vor Augen oder bewegt sich sogar in und auf ihm. Der Wassersport vom Windsurfen bis zum Kiten, vom Cat-Segeln bis zur simplen Tretbootfahrt steht eindeutig im Vordergrund aller Aktivitäten, aber auch viele Andere sind möglich.

Nicht nur Baden

Kaum eine andere griechische Insel ist besser auf Radfahrer eingestellt und dank vieler breiter Radwege auch für Familien mit Kindern erradelbar. Trotz all der vielen großen Hotels gibt es noch genügend nahezu unberührte Landstriche für ausgedehnte Wanderungen und Mountainbiketouren – und ein sehr gut geführter Reitstall ermöglicht auch professionell Ausritte im Bergland der Insel.
Andere Aktivitäten werden von mehreren großen Hotels und Clubanlagen abgedeckt, Magic Life und Robinson Club haben viele Stammgäste. Zur körperlichen Fitness tragen auch die Wellness-Zentren der Insel bei und – auf ganz schlichte Art – ein Geschenk der Natur: die warmen Quellen von Embrós Therme. Da entspannt der Urlauber im warmen Meerwasser und kommt vielleicht sogar mit einheimischen »Kurgästen« ins Gespräch, die das Thermalwasser der Insel wie einst die alten Griechen und Römer im berühmten Asklepieíon nutzen.

Tauchen und Klettern

Aber nicht nur Kos lockt sportliche Gäste an. Auf der Nachbarinsel Kálymnos sind die meisten griechischen Berufstaucher zu Hause: die Schwammfischer. Tauchschulen gibt es zwar auch auf Kos, doch auf Kálymnos umgibt sie das besondere historische Flair.
Recht neu ist eine andere sportliche Attraktion der Insel: Kálymnos ist zum **Dorado von Rock Climbern** im östlichen Mittelmeer geworden. Besonders im Frühjahr und Herbst, aber selbst im Winter strömen sie auf das felsige Eiland mit seinen weit über 1500 etablierten Kletterrouten.

Angebote für Segeltouren

Als **Segelparadies** ist das Revier zwischen Pátmos im Norden und Nísyros im Süden mindestens ebenso attraktiv wie die Kykladen, zumal auch die gegenüberliegende türkische Küste noch zahlreiche mögliche Anlaufhäfen bietet. Die Stadt Kos ist mit ihrer modernen Marina die bevorzugte Charterbasis, aber auch Kálymnos ist ein guter Ausgangspunkt für einen Chartertörn. Wer nicht selbst segeln mag, sondern einen Skipper bevorzugt, findet in der Marina von Kos und auf der Insel Pátmos entsprechende Angebote.

Hoby Cars zu segeln lässt sich leicht lernen.

WASSERSPORTSTATIONEN

Big Blue Surf Center

Kos, Psalídi,
vor dem Hotel Okeánis
Tel. 22420 2 95 64
www.bigblue-surfcenter.gr
Windsurfing, Hobie Cats, Tretboote, auch Mountainbike

Caravia Wassersport

Kos, östlich von Marmári vor dem Hotel Caravia Beach
Tel. 22420 4 19 26
od. 69 44 55 84 05
www.caravia-wassersport.de
Deutscher Inhaber, internationales Team. Windsurfing und Cat-Segeln

CAT Adventures

Kos, Kohilári Beach, Kéfalos
Tel. 69 70 71 94 98
www.catadventures.be
Flämische Inhaber, nur Juli –Sep., nur Cat-Segeln, auch Pension am Strand

Fun2Fun

Kos, Marmári, vor dem Grecotel Royal Park
Tel. 22420 4 22 06
www.fun2fun-kos.de
Wind- und Kitesurfen, Wasserski, Cat-Segeln

Kéfalos Windsurfing

Kos, Kochilári Beach
Kéfalos
Tel. 22420 7 17 27
www.kefalaoswindsurfing.com
Schweizer Inhaber, Wind- und Kitesurfen

Waterproof

Kos, 400 m westlich von Mastichári zwischen den Hotels Mastichári Bay und Eurovillage Achilléas
Tel. 69 73 35 41 98
www.water-proof.de
Deutsche Inhaber, Windsurfing, Cat-Segeln

TAUCHEN

Arian Diving Center

Kos, Kardámaina
Tauchschiffe »Arian« und »Kouros« im Hafen
Tel. 22420 9 24 65
www.arian-diving-centre.com
Tägliche Ausfahrten, auch Schnupperkurse für Anfänger

Kálymnos Diving Centre

Kálymnos, Panórmos, im Hotel Eliés
Tel. 69 38 68 36 53
www.hotelelies.gr/kalymnos-diving-centre
Kurse aller Art, Tauchgänge vom Ufer und vom Boot, Anfängerstunden im Hotel-Pool.

CHARTERYACHTEN

Istion

Kos Marina
Tel. 22420 2 21 95
www.istion.com

KalymnaYachting
Kálymnos, Platía 25 Martíou (am Hafen), Pothiá
Tel. 22430 2 40 84
www.kalymna-yachting.gr

FAHRRADVERMIETUNGEN

Kos Mountainbike

Kos, Kardamaina
Odós 7is Martíou (Parallelstraße zur Hafenpromenade)
Tel. 69 70 56 44 79
www.kosmountainbike.gr

Wer hier in der Wand hängt, scheint zwischen dem Blau des Himmels und der Ägäis zu schweben.

Verleih und mehrere geführte Touren unterschiedlichen Schwierigkeitsgrads, auch geführte Tour auf Nísyros

Moto Harley
Kos-Stadt, Odós Kanári 42
Tel. 22420 2 76 94,
www.moto-harley.nl
Niederländische Inhaber, Räder aller Art, auch für Kinder

REITSTÄLLE
Alfa Horse
Kos, Straße Pylí-Lagoúdi
Tel. 22420 4 19 08
www.alfa-horse.de
Deutsche Inhaber, Ausritte in den Bergen, auch Dressurreiten

Salt Lake Riding Centre
Kos, Am Westufer das Salzsees von Tigáki nördlich der Straße von Marmári nach Tigáki
Tel. 69 44 10 44 46
Ausritte in Meeresnähe, auch Ponyreiten für Kinder

WELLNESSZENTREN
Blue Lagoon Resort
Kos, Lambí, Tel. 22420 5 44 00,
www.bluelagoonresort.gr
Spa-Bereich mit Indoor-Pool, Zutritt zum Wellnessbereich erst ab 16 Jahre

Resort Neptune Hotels
Kos, östlich von Mastichári
Tel. 22420 4 14 80
www.neptune.gr
Spa-Bereich mit Indoor-Pool, Thermarien-Oase mit Kräutersauna und Eisbrunnen, Zutritt zum Indoor-Pool erst ab 16 Jahre

ROCK CLIMBING
Kalydna Island Hotel Climbing School
Kálymnos, Kantoúni
Tel. 22430 4 78 80
www.kalydnaislandhotel.gr
Professionelle Kletterschule, auch Anbieter geführter Climbs
Informationen im Internet
www.kalymnos-isl.gr/climb

Paradies für Surfer

Strahlender Sonnenschein, warme Wassertemperaturen und ein Meltemi von Mai bis September, nach dem man die Uhr stellen kann: Kos bietet sowohl für Kitesurfer, Windsurfer als auch für Cat-Segler wundervolle Bedingungen.

Das liegt nicht zuletzt daran, dass die griechische Insel beim Windranking im Juli den europäischen Bestwert von 85% Gleitwind erreicht. **Patrick Reiners**, der als Surflehrer auf Kos gearbeitet hat, hatdie verschiedenen Reviere für BAEDEKER getestet. Sein Fazit:

Nordküste: Marmári

Einer der Spots sowohl für Kiter als auch für Windsurfer. **Marmári** hat etwas Einmaliges zu bieten, was man auf ganz Kos kein zweites Mal findet. Durch die beiden vorgelagerten Inseln, Kálymnos und Psérimos, entsteht bei Nordwind (Onshore) ein Düseneffekt, der genau auf Marmári trifft. Dadurch kann es gut sein, dass dieser Spot 1–2 Bft mehr hat als die anderen Spots auf Kos. Wenn der Meltemi vorbei schaut, kann man mit 4–5 Bft am Vormittag und 6–8 Bft aus NW rechnen. Dieser Wind bringt allerdings auch eine Welle von etwa 1–2 Meter Höhe mit sich. Der bei schräg-auflandigem Wind entstehende Shorebreak ist relativ leicht zu überwinden. **Für Fortgeschrittene ist dieser Spot ein MUSS.** Doch auch Beginner kommen auf ihre Kosten. Durch die vorgelagerte Sandbank bietet der Spot ein Stehrevier von 40–50 Meter. Dreht der Wind nun auf West, entsteht hier ein perfekter Flatspot, in dem Beginner wie Pro´s richtig Spaß haben können.

Häufigste Windrichtung: N,NW, W
Spotart: Welle
Strömung: Nein
Felsen / Untiefen: Nein
Könnerstufe: Einsteiger bis Profi
Material-Verleih: Ja, an den Surfstationen! Sogar ein Kite-Shop im Ort selber.

Westküste: Kéfalos

Der **Kochilári Beach** liegt ganz im Westen und ist Bestandteil der etwa 2 km breiten Bucht von Kéfalos. In dieser Bucht gibt es eine örtliche Thermik, die dafür sorgt, dass hier die Windstärke immer etwas höher ist als im allgemeinen Forecast für die Region. Kochilári Beach ist die Anlaufstation für Freerider und Racer. Wenn der Meltemi aktiv ist, hat man überwiegend Offshore-Bedingungen mit leichter Kappelwelle. Im Uferbereich muss man auch mit Windstille durch Häuserabdeckung, rechnen. Die Surfstationen, mit Lagermöglichkeit für das eigene Equipment und die nahe Lage **zum »besten« Wellenspot auf Kos**, Theologos, machen Kéfalos gerade für Surf-Reise-Anbieter interessant. Bester Einstieg ist neben dem ehemaligen Hotel Club Med gegenüber dem vorgelagerten Inselchen Kastrí.

Häufigste Windrichtung: N, NW
Spotart: Flachwasser (leichte Kappelwelle)

Strömung: Gering
Felsen / Untiefen: Nein
Könnerstufe: Fortgeschritten- Pro's
Material-Verleih: Ja, Mehrere Surfstationen

Westküste: Theológos

Hookipa in Griechenland? Naja so ähnlich. Zumindest die Bedingungen stimmen überein. Theológos ist der **Top-Spot in Sachen Welle**. Mit einem Sideshore von Rechts und Welle können sich Kiter und Windsurfer mal so richtig in den Wasserwänden austoben. Der Einstieg kann etwas steinig werden, dafür hat man dann allerdings saubere Wellen, die auch sauber brechen. Die Anreise nach Theológos lohnt allerdings nur, wenn der Meltemi auf Hochtouren ist. Mindestens 5 Bft braucht der Spot, um zu funktionieren.
Häufigste Windrichtung: NW
Spotart: Welle
Strömung: Ja
Felsen / Untiefen: Im Uferbereich
Könnerstufe:Fortgeschritten- Pro's
Material-Verleih: Nein

Nord-Ostküste: Psalídi

Nur 15 km vor der türkischen Küste liegt der Spot Psalídi. Durch den häufigen Nordwest-Wind bietet dieser Spot überwiegend Side/ Sideoffshore Bedingungen. Wieder beweist Kos einmal, dass Kiter und Windsurfer aller Könnerstufen gemeinsam im nassen Element den Wind einfangen können. Der Spot bietet eine ca. 40 Meter lange Windabdeckung im Uferbereich, durch die Beginner auch bei starkem Wind optimale Windbedingungen zum üben und lernen haben. Am gesamten Spot findet man keinen Shorebreak und kann seine Kräfte für Freeriden und Freestylen aufbewahren. Nach etwa 5 – 10 m im Wasser endet bereits das Stehrevier. Auch in Psalídi nimmt die Windstärke im Laufe des Tages zu. Wenn der Wind richtig auf Hochtouren ist, ca.6 Bft und mehr, entsteht weiter draußen eine Windwelle, die eine Höhe von ca. 1 Meter erreichen kann.
Häufigste Windrichtung: N, NW
Spotart: Flat
Strömung: Gering
Felsen / Untiefen: Nein
Könnerstufe: Beginner bis Profi
Material-Verleih: Surfstation Big Blue Surf Center

! BAEDEKER TIPP

Strandperlen auf Kos

- Für Aktive: Die stete Brise vor den Sandstränden von Kamari begeistert Surfer und Segler.
- Für Party-People: Am Lambi Beach und den Stadtstränden von Kardamaina tobt das Leben.
- Für Familien mit Kindern: An der Südküste fallen die breiten Sandstrände flach ins Meer ab.
- Für Abenteurer: Idyllisch, aber nicht leicht zugänglich sind die einsamen Buchten der Westküste.
- Für Wellness-Fans: gesunde Wechselbäder am Kap Ágios Fokas – erst in der warmen Embros-Therme baden, dann ins kühle Meer springen und wieder zurück.
- Für Schnorchler: Am Camel-Beach (Kap Tigani) tummeln sich Fischschwärme und Seeanemonen.

TOUREN

Strandperlen genießen oder lieber offroad durch die Berge? Am Kloster picknicken oder zum Sonnenuntergang in urigen Tavernen schlemmen? Wir verraten, wo Kos am schönsten ist!

Touren durch Kos

Zugegeben, die schönen Strände verführen zum Faulenzen. Doch dann verpassen Sie, was Kos so einzigartig macht: antike Heiligtümer, frühchristliche Basiliken, weitläufige Burgen, ursprüngliche Bergdörfer, urige Tavernen und viele weitere Traumstrände.

Unterwegs auf Kos

Der Zauber des Morgens

In Kos-Stadt, am Flughafen und in den Ferienorten lassen sich überall Autos, Motorroller, Vespas und Fahrräder mieten. Allerdings öffnen die Stationen erst recht spät – wer frühmorgens starten will, sollte sein Vehikel schon am Vorabend ausleihen. Ein **früher Start** bietet auch die Gelegenheit, etwas vom Koer Landleben zu sehen:

Tour 1
Das antike Kos

Die bekanntesten Sehenswürdigkeiten und die schönsten Strände der Mittelmeerinsel.

Seite 95

Tour 2
Auf den Spuren des Christentums

Gemütliche Rundfahrt durch den Norden der Insel, die vor allem landschaftliche Schönheiten erschließt.

Seite 98

Tour 3
Mountainbiken durch den wilden Westen

Die bergige Kéfalos-Halbinsel ist wilder und unverfälschter als das restliche Kos. Vergessen Sie nicht Ihre Badesachen!

▸ Seite 101

Frauen kommen vom Ziegenmelken zurück, Bauern ziehen mit Eseln oder alten Traktoren auf ihre Felder, und das tiefe Licht der Sonne taucht die Landschaft in ein warmes Gold. In diesen frühen Morgenstunden strahlen auch die frühchristlichen Basiliken, die jederzeit frei zugänglich sind, einen ganz besonderen Zauber aus. Und: Noch herrscht kaum Verkehr auf den Hauptverbindungsstrecken der Insel.

! BAEDEKER TIPP

Insel-Hüpfen

Kos und die Inseln des Dodekanes sind von Mai bis September ein herrliches Segelrevier.
Wer nicht auf eigene Faust mit dem eigenen oder gecharterten Boot die Inselwelt erkunden möchte, kann auf Fahrten rund um Kos oder durch den Dodekanes und die Kykladen bis an die türkische Küste mitsegeln.
Eine Übersicht über Törns und Anbieter listen unter anderem das Europäische Segelinformationssystem (www.esys.org) und das Portal Easy Yachting (www.easy-yachting.de) auf.

Achtung walten lassen sollte man auf den **Nebenstrecken**: Sie sind oft schmal, kurvenreich und weder durch Katzenaugen noch Mittelstreifen gesichert. Statt Seitenstreifen gibt es häufig tiefe Gräben, die überwuchert sind. Das hindert die Einheimischen jedoch nicht an einem mitunter rasanten Fahrstil. Gefährlich kann es auch werden, wenn der Asphalt durch die Hitze weich geworden ist – dann droht besonders in Kurven eine Rutschpartie.
Kos lässt sich auch gut mit den zuverlässigen und preiswerten **KTEL-Überlandbussen** erkunden, die in der Hauptsaison allerdings recht voll werden können. Flexibler, komfortabler – und besser geeignet für abgelegene Ziele – sind **Taxifahrten**. Teuer wird es allerdings, wenn das Taxameter läuft – einigen Sie sich daher vorher mit dem Fahrer auf eine Pauschale für den gesamten Tag.

Picknick oder Kaffeepause?

Da Kos lang gestreckt und schmal ist, ist es nie weit zur Küste – packen Sie also bei allen Ausflügen auch **Badesachen** und Sonnenschutz ein! Wer sich auf die Spuren der Vergangenheit begibt, sollte feste Schuhe und lange Hosen tragen, denn viele historische Ruinen hat bereits die dornenreiche Macchia erobert. Planen Sie bei allen Touren auch ausreichend Zeit für eine kleine Pause im **Kafenion** ein und bedenken Sie, dass die Tavernen – anders als die Hotels – das Mittagessen erst recht spät servieren.
Nehmen Sie sich einen **Picknickkorb** mit den Köstlichkeiten der Insel mit: frischen Ziegenkäse, Oliven, Tomaten, Brot und Wein aus der einzigen Kellerei der Insel. Und kehren Sie erst am Abend in eine Taverne ein – zum Beispiel in Zía, wo Sie auf dem **Sunset Balcony** bei landestypischer Küche den Sonnenuntergang besonders schön genießen können.

Das antike Kos

Tour 1

Länge der Tour: 95 km
Dauer: 1 Tag

Erst ein Prozent aller antiken Stätten Griechenlands ist heute freigelegt – doch was die Archäologen bislang auf der Mittelmeerinsel Kos entdeckt haben, auf der vor 2400 Jahren rund 150 000 Menschen lebten, beeindruckt – vor allem das Asklepieion als wahrhaft göttliches Krankenhaus.

Quer über die gesamte Insel führt die Entdeckungsreise zu den antiken Zeugnissen der Insel. Sie beginnt ganz im Südwesten in ❶ ***Kéfalos** auf der gleichnamigen **Halbinsel**. Von der Straße gen Süden zweigt nach knapp 2 km Richtung Westen ein Weg zur Muttergottes-Kirche ❷ **Panagía i Palatianí** ab, die vermutlich auf den Fundamenten eines antiken Dionysos-Tempels errichtet wurde.

Tafelfreuden neben antiken Ruinen verspricht die Nafklirou an der Agora von Kos-Stadt

Hinter der Kapelle fand man außerdem Reste eines Demeter-Tempels und die – leider kopflose – Statue der Muse Klio. Ausgeschildert ist auch die unweit südöstlich gelegene antike Inselhauptstadt ❸ **Astipalaía**, in der 460 v. Chr. der berühmteste Arzt der Antike geboren wurde: Hippokrates. Auf die Reste des romantisch in einem Kiefernwäldchen gelegenen Theaters aus dem 2. Jh. v. Chr. macht ein verblichenes Schild aufmerksam. Die nahe **Höhle Aspri Petra** am Berg Zini diente bereits den Menschen der Jungsteinzeit als Wohnstätte; später verehrten hier die Hellenen ihre Schutzgötter der Landwirtschaft. Genießen Sie auch den prächtigen Panoramablick über die Bucht von Kéfalos, ehe Sie die Halbinsel Richtung Antimácheia verlassen – falls Sie nicht noch einen Badestopp an den leicht zugänglichen Traumstränden ❹ ** **Paradise Beach**, Camel Beach oder Markos Beach einlegen möchten.

Macchia und Meerblick

Vier Kilometer vor Antimácheia biegt hinter einer Kaserne eine Sand-Schotter-Piste nach Süden ab und erschließt eine zerklüftete Landschaft, geprägt vom unnachahmlichen Geruch der Macchia. Einst bedeckten Olivenhaine dieses Tal – wie der Beiname der kleinen Kirche **Ágia Maria en Eläouini**, Heilige Maria im Olivenhain, verrät. Nach weiteren sechs staubigen Kilometern wird die Uferstraße nach Kardamaina erreicht. Am westlichen Ortsrand steht vor der Taverne Christópoulos ein braun-weißer Wegweiser zum ❺ **Alásarna Archaeological Site**, der hinter der Umfriedung die spärlichen Reste eines hellenistischen Theaters und eines antiken Apollon-Tempels birgt. Alasarna muss einst eine große, recht wohlhabende Stadt gewesen sein – heute sind ihre Fundamente unter den Ferienanlagen des turbulenten Badeortes Kardamaina verborgen. Auf kurvenreicher Straße geht es über die Berge ins 13 km entfernte **Pylí**. Hier haben Archäologen das 6 **Grab des Harmylos** freigelegt. In dem umzäunten Gewölbe aus dem 4. Jh. v. Chr. soll Harmylos, Stammvater der Harmyliden und Begründer der ersten Königsdynastie von Kos, zusammen mit seiner Familie begraben sein. Über dem Grab sind Mauerreste eines Mausoleums oder Tempels zu erkennen, die später in dem Bau der nahen byzantinischen Kapelle verwendet wurden. Ebenfalls integriert wurde eine antike Steinplatte, die heute am Eingang der Kapelle auf Altgriechisch verrät, dass die Kultstätte den »olympischen Göttern« und dem »Helden Harmylos« geweiht war.

Krankenhaus und Kultstätte

Weiter geht es auf einer landschaftlich reizvollen und aussichtsreichen Strecke an den Hängen des Dikaios-Gebirges nach 7 ***Zía**, das sich für die Touristen herausgeputzt hat und wie geschaffen ist, um erst nach Souvenirs zu stöbern – und dann in einer der Tavernen bei einem rustikalen Mahl und griechischem Wein die fantastische Aussicht zu genießen.
So gestärkt sind Sie gut gerüstet für den Besuch des 8 ****Asklepieíons**. der berühmtesten antiken Sehenswürdigkeit. Für die Besichtigung der Kultstätte zu Ehren des Heilgottes Asklepios, in der auch die Kranken medizinisch versorgt wurden, sollten Sie mindestens anderthalb Stunden einplanen. Kommen Sie während der Hippokrateia-Kulturwochen im Juli und August, legen Sie die Tour auf einen Sonnabend – dann wird allwöchentlich die Deklamation des Hippokratischen Eides aufgeführt und die Eidesformel der Ärzte im Originaltext von einem altgriechisch gekleideten Jüngling, den die beiden Göttinnen Hygieia und Panakeia umgeben, im antiken Heiligtum gesprochen.

Lebendige Archäologie

Danach geht die Fahrt weiter zur Inselhauptstadt 9 ****Kos-Stadt**. Jeder Stein ist hier Geschichte, scheinbar überall entführen Ausgrabungsstätten in die Vergangenheit. Zum Pflichtprogramm gehören auf jeden Fall das Hafenviertel mit dem **Kastell** und der antiken **Agora**, die **westliche Ausgrabungsstätte** an der Grigoriou-Straße mit dem Gymnasion, Nymphäon und »Haus der Europa« sowie die **Casa Romana** mit den Thermen und dem nahen Altar des Dionysos sowie das Odeon. Die schönsten Fundstätten der Koer Ausgrabungsstätten präsentiert das **Archäologische Museum** mit 130 Exponaten aus der griechischen und römischen Antike. Die Spurensuche in der Antike endet schließlich an einem »der hübschesten Plätze der Stadt«, so der Reiseschriftsteller Erhart Kästner (1904 – 1974). Die **Platane des Hippokrates** gegenüber vom Eingang des Kastells soll Hippokrates selbst vor 2400 Jahren gepflanzt haben – tatsächlich ist der Baum »nur« rund 500 Jahre alt.

Tour 2 Auf den Spuren des Christentums

Länge der Tour: 110 km
Dauer: 1 Tag – am schönsten sonntags!

Als das Christentum 381 n. Chr. Staatsreligion im Heiligen Römischen Reich wurde, huldigten die Hellenen trotzdem weiter ihren antiken Göttern – auch, als Kaiser Theodosius elf Jahre später sämtliche heidnischen Kulte verbot. Heute hingegen sind die Koer »bekehrt« – rund 97 % von ihnen gehören der griechisch-orthodoxen Staatskirche an.

Versteckte Gotteshäuser

Start ist an der 1932/33 erbauten Bischofskirche **Ágía Paraskeví** von ❶ ****Kos-Stadt**, die sich weithin sichtbar auf einer Terrasse über die Markthalle erhebt. Ihr Inneres wurde 1984 – 1989 im traditionell byzantinischen Stil ausgeschmückt – mit Spenden von Koer Familien, deren Namen im Bild verewigt sind. Im Tonnengewölbe sollten Sie einen Blick auf die Höllenfahrt Christi werfen. Nach seinem Tod am Kreuz steigt Jesus in die Unterwelt, besiegt Hades im gewaltsamen Kampf und zieht das Urpaar aller Menschen, Adam und Eva, aus der Verdammnis. In einem Wäldchen westlich von Kos-Stadt versteckt sich zwischen Nadel- und Eukalyptusbäumen die 1920 errichtete Kirche **Panagía Tsoukalaria**. Werkstags wirkt der komplett betonverschalte Bau kalt und abstoßend – an Sonn- und Feiertagen hingegen können Sie hier griechisches Leben live erleben, wenn Koer Familien private Grillfeste veranstalten. Ganz in der Nähe führt ein 30m langer, unterirdischer Gang zur Quelle Vourina, die seit der Antike Kos-Stadt mit Trinkwasser versorgt.
Danach geht es auf dem Insel Highway rund 9 km Richtung **Zipari**, bis links eine EKO-Tankstelle am Fahrbahnrand auftaucht. Rechts leitet ein Wegweiser mit der Aufschrift St. John zur rund 400 m entfernten Kirche ❷ **Ágios Ioánnis**, die über einem antiken Grab erbaut wurde – steigen Sie hinab! Die Friedhofskirche wurde – wie viele andere Kirchen auf der Insel – dem heiligen Johannes geweiht, da er zusammen mit Maria am Tag des Jüngsten Gerichts Christus um Gnade für die Seelen der Verstorbenen bittet.
Zu einer weiteren frühchristlichen Basilika führt 1 km westlich von Zipari ein Ziegenpfad: ❸ **Ágios Pávlos**, einst mehr als 21 m lang und 15 m breit. Erhalten sind vor allem noch Reste der bis zu 5 m hohen Mauern des Baptisteriums, in dem Erwachsene getauft wurden. Das Taufbecken wurde kreuzförmig in den Boden eingelassen – Taufbecken auf Säulen gibt es erst seit dem Mittelalter. Ebenfalls aus der Frühzeit des Christentums auf Kos stammt die kleinere **Basilika von**

Capama am nördlichen Ortsrand von Zipari. Das Bodenmosaik ist zum Schutz mit einer Kiesschicht versehen – bitte legen Sie es nicht frei!

Basiliken in den Bergen

Mitten im Ort Zipari beginnt eine landschaftlich sehr reizvolle Strecke, die sich in vielen Kehren die Hänge des Dikaios-Gebirges nach 4 **Evangelístria** hinaufwindet.

Wuchtig dominiert die **Evangelismostis-Theodokou-Kirche** das Dorf. Das 1910 erbaute Gotteshaus, das erst 27 Jahre später seinen Glockenturm erhielt, wurde ab 1987 mit Fresken im traditionell byzantinischen Stil ausgeschmückt. Beachten Sie die Frauenempore direkt über dem Eingang – auf ihr mussten noch in der ersten Hälfte des 20. Jh.s die Mädchen sitzen, die am Gottesdienst teilnehmen wollten. Ein kleiner Gebirgsbach bildet die Grenze zum Nachbardorf **Asomatos** mit der Kirche des Erzengels Taxiarches aus dem 18. Jh. – alljährlich am 8. November feiert die Gemeinde sein Patronatsfest. Am Nordrand von Lagoudi thront die Marienkirche **Zoodóchos Pigís**, zu Deutsch »Leben spendender Quell« – ein großes Fresko zeigt im Innern Maria an einem Brunnen, dessen Wasser einen Lahmen, einen Mann an Krücken und einen Blinden heilt. Auf der Bergstraße geht es nun weiter bis Amaniou, wo vor der Kirche eine Asphaltstraße hinauf zur Geisterstadt ❺ ***Paléo Pylí** führt. Zwischen seinen weitgehend zerfallenen Häusern ragen auf einem imposanten Fels die Mauern einer byzantinischen **Festung** mit eindrucksvollem, unterirdischem Tunnelsystem empor – hinauf windet sich ein Fußweg. Auf halbem Weg lohnt die Kapelle Asomate Taxiarches einen Besuch, wenngleich ihre Fresken leider zum Großteil zerstört sind. Noch gewaltiger ist das ❻ ***Kastell von Antimácheia** oberhalb der Bucht von Kardamaina. Innerhalb der meterdicken Grundmauern des Kastells sind zwei Kirchen erhalten: In der Kirche Ágios Nikolaus sind Reste eines Freskos mit dem heiligen Christophorus zu sehen; die Kirche **Ágios Paraskeví** birgt 16 Ikonen der heiligen Paraskeví. Der zypriotischen Märtyrerin wurden im 3. Jh. von ihren Verfolgern die Augen ausgestochen und der Kopf abgeschlagen. Meist trägt sie ihn – wie auch hier – in einer Schale vor sich her. Paraskeví wird seitdem als Schutzheilige der Augenkranken verehrt.

Sakralerbe am Strand

Die schönste – und von allen Ruinen frühchristlicher Sakralbauten am besten erhaltene Basilika – steht rund 20 km südlich von Antimácheia leicht erhöht über dem Strand der Küstenebene von **Kéfalos** mit Blick auf das Felseninselchen Kastri: ❼ ***Ágios Stéfanos**, zwischen 496 und 554 ursprünglich als Doppelbasilika mit zwei dreischiffigen Kirchen und einer gemeinsamen Taufkapelle am Kopf erbaut. 1932 hatte der italienische Archäologe Luciano Lorenzi das Gotteshaus freigelegt und vier seiner Säulen wieder aufgerichtet – sie sind zum Großteil längst wieder umgefallen. Ihren besonderen Reiz gewinnt die Ruine durch ihre Nähe zum Meer: Jetzt ist eine **Badepause** angesagt! Die Rückfahrt nach Kos-Stadt folgt der Nordküste, wo statt idyllischer Buchten endlos lange Sandstrände locken.
Kurz hinter dem Tropical Beach folgt der nächste Kirchenstopp: Auch die Ruinen der 20 x 15 m großen Basilika ❽ **Ágios Ioánnis** aus dem 5. Jh. kurz vor **Mastichári** stehen auf einer Anhöhe unmittelbar am Strand. Die Grundmauern des einst dreischiffigen Sakralbaus sind unter Gräsern und Disteln versteckt. Zum Taufbecken im Boden der einstigen Taufkapelle führen zwei Stufen – wie noch heute in der orthodoxen Kirche üblich, mussten die frühen Christen bei der Taufe bis über den Kopf ins Wasser eintauchen.
Rund 4 km außerhalb von Mastichári Richtung Kos-Stadt empfängt uns das letzte Gotteshaus der Tour. Für den Bau der kleinen, weißen Kapelle ❾ **Ágios Geórgios Loízos** zu Ehren des heiligen Georg, fotogen inmitten von Rebgärten und Olivenhainen gelegen, wurden im Mittelalter Steinblöcke und Säulenstümpfe aus der Antike verwendet. Bei Ausgrabungen wurde auch eine marmorne Weihinschrift für den Hirtengott Pan entdeckt.

Mountain-Biken durch den Wilden Westen

Tour 3

Länge der Tour: 40 km
Dauer: 1 Tag

Ursprünglich, vielfältig und kontrastreich präsentiert sich die Kéfalos-Halbinsel im Westen von Kos: Weite Ebenen treffen auf schroffe Felsen, ruhige Badebuchten und lange Sandstrände liegen an der zerklüfteten Küste, und mitten im Kiefernwald versteckt sich die erste Hauptstadt der Insel: Astipalaia. Da viele Wege ungeteert sind, hält sich der Verkehr in Grenzen – Kéfalos ist daher ein ideales Terrain für Mountainbike-Touren. Wer's bequemer möchte, mietet sich ein Moped, Funcar oder Quad.

Kirchen mit Panoramablick

Die Tour beginnt in ❶**Kamari** in der Küstenebene von Kéfalos, wo gleich die erste sportliche Herausforderung lockt: Hinauf zum Bergdorf ❷***Kéfalos** überwindet die nur einen Kilometer lange Strecke Steigungen von bis zu 15 Prozent. Oben angekommen, warten in engen Gassen authentische Kafenions mit starkem griechischen Mokka und süßen Leckereien wie »Kourambiedes«, einem Mandelgebäck, das mit Gewürznelken und Rosenwasser aromatisiert ist. So gestärkt, geht es auf der Hauptstrecke nach Süden, wo nach zirka einem Kilometer ein kurzer Stichweg zur ausgeschilderten, weithin sichtbaren Kirche ❸**Panagía i Palatianí** mit weiß gekalkten Wänden und blauem Tonnengewölbedach aus dem Jahr 1988 führt. Die benachbarte alte Marienkirche, heute Ruine, wurde aus Quadern eines antiken Dionysostempels erbaut. Große Eidechsen sonnen sich auf den Steinen. 700 m weiter weist ein Schild mit der Aufschrift ❹**Palatía** den Weg zu den spärlichen Resten eines hellenistischen The-

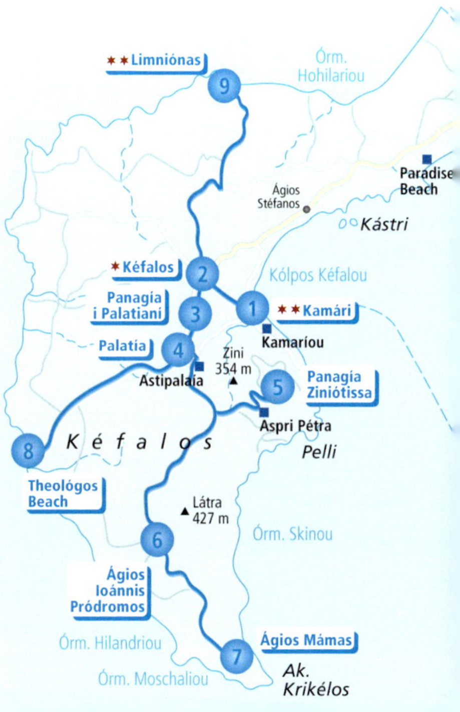

aters aus dem 2. Jh. v. Chr. in einem duftenden Kiefernwäldchen am Abgrund einer Schlucht. Erhalten sind einzig zwei Sitzreihen und Bruchstücke des Bühnenraums. Das Theater gehört zur nahen Stadt **Astipalaia**, der ersten Hauptstadt von Kos. Hier hatte auch um 460 v. Chr. Hippokrates, der wohl berühmteste Arzt der Antike, das Licht der Welt erblickt. Ebenfalls noch erhalten sind Reste eines Tempels aus dem 2. Jh. v. Chr., der der Muttergöttin Demeter geweiht war. Ihre – kopflose – Statue ist, wie eine Büste von Herakles, heute im Archäologischen Museum von Kos-Stadt ausgestellt. Zurück an der Asphaltstraße, folgen Sie am nächsten Wegweiser auf der linken Straßenseite einem Feldweg, der nach 2 km die hoch über der Bucht von Kéfalos gelegene Kapelle ❺ **Panagía Ziniótissa** erreicht – ein idyllischer Ort für eine **Picknickpause mit Panoramablick**. Eine Alternative lockt knapp 3 km weiter: das verlassene Kloster ❻ **Ágios Ioánnis Prodrómos**, auch Ágios Ióannis Thymianos genannt, das alljährlich am 28. / 29. August ein großes Kirchweihfest feiert. Die restliche Zeit sind die Steintische unter der ausladenden Platane verwaist. 130 m zurück, zweigt scharf rechts ein unbefestigter Höhenweg ab, der nach 3 km an der modernen Kapelle ❼ **Ágios Mámas** endet – ebenfalls mit Panoramablick, diesmal jedoch auf die Südspitze der Halbinsel mit dem Kap Krikello.

Durch eine Brandungsmauer geschützt: der Naturhafen von Limniónas

Offroad zum Sunset

Von der Kirche aus geht es rund einen Kilometer weit auf der Stichstraße zurück, ehe links eine Sand-Schotterpiste zur Westküste abzweigt. Ein ständiger Begleiter ist die nach Harz und ätherischen Ölen duftende Dornbuschwildnis der Macchia. Immer wieder umgrenzen Steinwälle kleine Felder mit halb zerfallenen Häuschen, die einst als Ziegenställe genutzt wurden. Je dichter Sie sich der Küste nähern, desto karger wird die Vegetation, bis schließlich eine unfruchtbare Heidelandschaft mit krüppeligem Wacholder und tiefgrünen Zedern die Landschaft dominiert. Nach etwa 4 km stößt die Offroad-Route auf die Hauptstraße von Kéfalos zum 8 ***Theologos Beach**, dessen südliche Fortsetzung mit dem Namen **Sunset Wave Beach** seine beiden Qualitäten verrät: Der schmale, einsame Sandstrand ist ein hervorragender Surf-Spot – und der richtige Ort für einen romantischen Sonnenuntergang, den man sehr gut im einzigen Strandlokal genießen kann; das Essen ist ausgezeichnet. Kulturhistorisch bedeutungslos, für Besucher aber immer geöffnet und recht fotogen ist die kleine Strandkapelle **Ágios Ioánnis Theológos**.

Fischgenuss direkt am Hafen

Auf dem Rückweg nach **Kéfalos** können Sie links zu einem weiteren einsamen Naturstrand mit dem Namen **Kata Beach** abbiegen – oder von Kéfalos auch noch knapp 4 km zum kleinen Fischereischutzhafen 9 ****Limniónas** weiterradeln, der in den 1980er-Jahren angelegt wurde. Direkt am Hafen mit kleinem Kiesstand gibt es das wohl **beste Fischlokal der Insel**: das Restaurant Limniónas (▸Baedeker-Wissen S. 113), in dem Jánnis Bézas köstliche Vorspeisen und Meeresfrüchte serviert – ganz frisch zubereitet aus dem Fang der drei Kutter, die tagtäglich exklusiv für den Wirt rausfahren.

REISEZIELE VON A BIS Z

Antike Heiligtümer und frühchristliche Basiliken, eine lebensfrohe Hauptstadt und Bergdörfer mit schöner Aussicht, Thermen, Badebuchten und herrliche Sandstrände – es gibt viel zu entdecken auf der Mittelmeerinsel Kos.

Kos

Antimácheia

C 2

Griechisch: Αντιμάχεια
Einwohner: 1600

Nahezu jeder Feriengast der Insel kommt auf dem Weg zu seinem Urlaubsdomizil an Antimácheia vorbei: Das recht ursprüngliche Inseldorf mit engen Gassen, weißen Häusern und blumenreichen Gärten liegt rund 1 km nordwestlich des Flughafens 150 m ü. d. Meer auf einem Hochplateau.

Traditionelles Bauerndorf

1933 richtete ein Erdbeben schwere Zerstörungen in dem um das Jahr 1820 gegründeten Ort an. Nach der Naturkatastrophe zogen einige Familien Antimácheias an die Nordküste und gründeten den Weiler ▸Mastichári, doch die meisten Einwohner bauen bis heute auf den Feldern um das Dorf Oliven, Getreide, Sesam und Gemüse an.

SEHENSWERTES IN ANTIMÁCHEIA

***»Mühle des Priesters«**

Obwohl die meisten Urlauber Antimácheia auf ihrem Weg vom Flughafen zur Unterkunft links liegen lassen, ist ein Besuch des Dorfes durchaus lohnenswert. An der nach Kéfalos führenden Straße steht in Richtung Ortsausgang die letzte erhaltene, restaurierte und betriebsbereite **Windmühle** von Kos. Noch Anfang des 20. Jh.s drehten sich in und um Antimácheia die segeltuchbespannten Flügel von mehr als 100 Windmühlen. Übrig geblieben ist dieses 250 Jahre alte Bauwerk, mit dessen drehbarem Dach die Flügel auf die jeweilige Windrichtung ausgerichtet werden konnten. Je nach Windstärke wurde die Mühle »unter volle Segel gesetzt« oder vom Müller die Bespannung auf die notwendige Breite zusammengefaltet.
Die »Mühle des Priesters« – so genannt nach ihrem letzten Besitzer – kann nur sporadisch besichtigt werden. Im winzigen »Müllerzimmer« im Erdgeschoss stehen ein schmales Sofa und ein Drehständer mit Ansichtskarten. Eine enge, steile und bedenklich knarrende Holztreppe führt hinauf ins Dachgeschoss. Dort kann man das sich ständig drehende Mahlwerk aus der Nähe ansehen und durch eine Dachluke einen weiten **Ausblick** auf Antimácheias Umgebung genießen – begleitet vom Ächzen des Gebälks und steten Knirschen der Mühlsteine.

***»Traditional House«**

Gegenüber der »Mühle des Priesters« steht das »Traditional House« von Antimácheia, ein 1990 errichteter Nachbau eines inseltypischen

Sie gilt als schönste Bucht der Insel: die weite Kamari-Bucht

Antimácheia erleben

ANREISE

Der internationale Flughafen von Kos liegt knapp 2 km südwestlich. Auf dem Weg nach ▸Kéfalos und ▸Kardamaina fahren mehrmals täglich Busse von ▸Kos-Stadt nach Antimácheia.

BESTER BLÜTENHONIG

Ein schönes Mitbringsel ist der Thymian-Honig aus Antimácheia. Typisch griechisch genießen Sie ihn mit Joghurt und gehackten Nüssen. Sehr lecker!

Bauernhauses. Noch bis Mitte des 20. Jh.s wohnten in solchen Häusern oftmals drei Generationen einer Familie. Gezeigt werden in den drei liebevoll dekorierten Räumen – einer Wohnstube, einem kleinen Schlafzimmer und einem Arbeitsraum mit Webstuhl und Backofen – Möbel, Haushaltsgegenstände, Werkzeug und landwirtschaftliches Arbeitsgerät. Bilder und Fotos lassen erahnen, wie beschwerlich das Leben für den Großteil der Koer noch vor wenigen Jahrzehnten war.

❶ tgl. 8.00 – 16.00 Uhr, Eintritt 1,50 €

Pláka Forest Etwas außerhalb von Antimácheia liegt im kleinen Pláka-Wäldchen der beliebteste Picknickplatz der einheimischen Bevölkerung unter Pinien und Kiefern. Pfauen spazieren umher und schlagen ihre Räder, die Luft ist selbst im Hochsommer angenehm frisch. Man grillt und nimmt an langen Tischen und Bänken Platz, die locker im Gelände verstreut sind. Um hinzukommen, fahren Sie am Flughafen entlang in Richtung Kéfalos und biegen an einer weißen, dem hl. Nikolaus geweihten Kapelle mit blauem Dach nach rechts ab. Nach 2 km sind Sie am Ziel. Gelegentlich nutzt das griechische Militär allerdings den Wald für Übungen – dann verzichtet man besser aufs Picknick.

* KÁSTRO VON ANTIMÁCHEIA

Johanniter-Kastell Rund einen Kilometer hinter dem Kreisverkehr in Richtung ▸Kos-Stadt zweigt eine asphaltierte Straße zum Johanniter-Kastell von Antimácheia ab. Bei der Abzweigung führt eine mit »Castle« beschriftete Straße nach 2,5 km direkt auf die wuchtige Festungsanlage zu, die auf einem Bergvorsprung über der Bucht von Kardamaina thront. Vor den erstaunlich gut erhaltenen Außenmauern der Festung, die zum Teil noch von Zinnen gekrönt sind, findet sich ausreichend Platz zum Parken.

Wie das Hafenkastell von ▸Kos-Stadt wurde auch die Burg von Antimácheia im 13. Jh. von den Venezianern zum Schutz der Bevölkerung vor den häufigen **Piratenüberfällen** angelegt. Im 14. und 15. Jh.

bauten die Johanniter das Kastell als Bastion gegen die immer bedrohlicher werdenden **Türken** aus. Als 1523 Süleiman der Prächtige die Herrschaft auf Kos übernahm, diente die Festung den Türken zur Sicherung und Verteidigung ihres Herrschaftsbereiches.

Man betritt die jederzeit frei zugängliche Festung durch ein Doppeltor und gelangt über eine Steintreppe in den Innenbereich. Über dem inneren Eingangstor ist das Wappen des Johanniter-Großmeisters **Pierre d'Aubusson** mit der Jahreszahl 1494 zu erkennen.

Das Innere der Burg ist von Steinen und Gebäuderesten übersät. Schmale Pfade schlängeln sich an den stark überwucherten Grundmauern der einstigen Festung vorbei. Neben wenigen Zisternen sind lediglich zwei Kapellen erhalten geblieben, die meist geschlossen sind.

Noch als Ruine imposant: das Kastell von Antimácheia

Nahe dem Eingang zum Burggelände steht das dem hl. Nikolaus geweihte Kirchlein **Ágios Nikólaos**. In die Außenwand der Kapelle sind drei Wappen von Ordensrittern eingelassen, darunter steht die Jahreszahl 1520; vermutlich das Baujahr des Gotteshauses. Im Kirchenraum sind Fragmente von Wandmalereien erhalten, die u. a. den hl. Christophorus zeigen. Die zweite Kapelle ist der hl. Paraskeví geweiht, der Schutzheiligen der Augenkranken. Ihr **Patronatsfest** wird hier alljährlich am 26. Juli mit einem Gottesdienst gefeiert.

Am südlichen Burgrand lockt dann der Höhepunkt des Festungsbesuchs: der herrlich ****weite Ausblick** auf die Küstenebene von ▸Kardamaina und die Insel ▸Nísyros. Doch wie im Kastell von ▸Kos-Stadt gilt auch hier: Bitte nicht zu nahe an den Mauerrand treten! Die Festungsmauern sind in keiner Weise gesichert, und auch auf die Holzgeländer an den Aussichtspunkten sollte man sich besser nicht verlassen.

Kardamaina

C 2

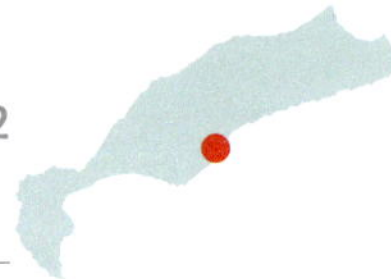

Griechisch: Καρδάμαινα
Einwohner: 1200

Das einstige Fischerdorf an der Südküste ist heute ein lebhafter Touristenort, der fest in der Hand britischer – und zunehmend auch deutscher – Pauschalurlauber ist, die sich am langen Sandstrand sonnen und den Trubel rund um die Uhr genießen.

Kardamaina erleben

SHOPPING

Entlang der Strandpromenade und der parallel verlaufenden Gassen reihen sich neben Cafés, Pubs, Bars, Restaurants und Tavernen Geschäfte, Boutiquen, Supermärkte und Souvenirshops, die bis spät abends geöffnet haben.
Sie bilden einen bunten Jahrmarkt mit dem nach ▸Kos-Stadt breitesten Warenangebot der Insel.

AUSGEHEN

Angesagte Szenetreffs sind der Flamingo Club östlich der Platía, die Stone Roses Bar am Elefterías-Platz und das Jolly Rogers mit Blick aufs Meer.
Im Starlight am nördlichen Ortsrand dröhnen die Sommerhits über eine Tanzfläche im Freien. Die großen Hotels veranstalten regelmäßig griechische Abende mit Livemusik.

ESSEN

Dímitris €€
200 m westlich des Hafens an der Uferpromenade
Tel. 22420 9 14 07
Man sitzt auf einer von Sonnenschirmen beschatteten Terrasse direkt am Wasser und genießt köstlich zubereitete Meeresfrüchte.

Avli €€
Hauptplatz am Hafen
Tel. 22420 9 21 00
www.avlirestaurant.gr
Das namhafteste Restaurant des Ortes bietet Tische in einem über 100 Jahre alten Haus und dessen windgeschützten Innenhof. Zu griechischen und internationalen Gerichten werden über 40 verschiedene Weine aus Griechenland und aller Welt serviert. Reservierung empfehlenswert; erst ab 17.00 Uhr geöffnet

Camelot €
28 Oktovrion
Tel. 22420 9 26 36
Griechische Küche zu reellen Preisen in rustikalem Ambiente

Ta Adélfia €
An der Hauptstraße nahe dem westlichen Ortsrand
Tel. 22420 9 14 60
Das einfache Restaurant ist bei Briten schon fürs englische Frühstück begehrt.

»English Village«

Bis in die 1970er-Jahre lebten die Bewohner des lang gestreckten Küstendorfes 27 km von ▸Kos-Stadt und 5 km vom Flughafen entfernt vom Fischfang und dem Anbau von Getreide, Oliven und Feigen. Doch dann wurde Kardámaina mit seinem langen Sandstrand als Urlaubsort entdeckt. Bis heute entstehen im touristischen Zentrum von Kos noch immer **große Hotel- und Apartmentanlagen**. Der kleine Hafen verkraftet kaum den Andrang der Ausflügler, die zur gegenüberliegenden Insel ▸**Nísyros** fahren wollen. Überaus beliebt ist der Ort bei englischen Urlaubern. Wie sehr die Briten Kardamaina in ein »English Village« verwandelt haben, zeigt ein Bummel durch seine Sträßchen und Gassen: In großen Lettern preisen die Cafés und Restaurants ihr reichhaltiges »English Breakfast« an. Die-

Hits auf der Speisekarte sind das Lammfleisch in Minzsauce und der Souvláki-Teller mit Fleischspießchen von Huhn, Lamm, Schwein und Rind (geöffnet: tgl. 9.00 – 15.00 und ab 17.00 Uhr)

ÜBERNACHTEN

Lagas Aegean Village €€€€

Knapp 2 km westlich von Kardamaina
Tel. 22420 9 14 01,
Fax 22420 6 83 54 56
www.aegeanvillage.com

Wie ein Amphitheater zieht sich die noble Hotelanlage den Hang vom Strand hinauf – als ägäisches Feriendorf mit 330 geräumigen Bungalow-Zimmern mit Meerblick, Geschäften, Restaurants, Bars und großem Sportangebot, darunter zwei Pools, Fitness Center mit Sauna, Wasserski, Kanu, Jetski und Tennisplätze mit Flutlicht.

Akti Beach Club Hotel €€€

4,5 km östlich von Kardamaina
Tel. 22420 9 23 16-8, Fax 22420 9 23 19
www.aktibeachclub.gr

335 Z. Nach griechischen Göttern sind die Häuschen der weitläufigen All inclusive-Anlage für Familienferien benannt. 3 Pools, 4 Kinderschwimmbecken, Miniclub, Tennis, Volleyball und jede Menge Angebote für Wassersport am Hotelstrand.

Carda Beach Hotel €€

1 km östlich von Kardamaina
Tel. 22420 9 12 21
Fax 22420 9 13 30
www.cardabeachhotel.gr

Nur 50 m trennen die Bungalowanlage vom Sandstrand. Das Hotel verfügt über einen großen Meerwasserpool, Restaurant, Snackbar und Kinderspielplatz. Alle 70 Zimmer haben Meerblick, Terrasse oder Balkon, Klimaanlage und Kühlschrank.

! BAEDEKER TIPP

Abwechslung vom Strandleben

Ziehen Sie einmal statt Badeschlappen feste Schuhe an und wandern Sie in drei, vier Stunden durch eine raue, zerklüftete Landschaft zu den Ruinen der mittelalterlichen Johanniterfestung von ▸Antimácheia.
Die etwa 10 km lange, nur spärlich ausgeschilderte Strecke bietet immer wieder herrliche Ausblicke auf die Küstenebene Kardamainas. Achtung: Ausreichend Getränke mitnehmen nicht vergessen!

An den Sandstränden von Kardamaina herrscht Trubel bis spät in die Nacht.

Tavernen nennen sich »Pub« und locken ihre Gäste mit Guinness und Lager-Bier vom Fass.

Badefreuden Breit, hell und feinsandig zieht sich der Strand beiderseits des Ortes jeweils über 5 km weit hin. Das Meer hier ist sehr sauber und klar. Gesäumt wird der Strand von zum Teil riesigen Ferienanlagen für bis zu 1000 Gäste. Im Ortsbereich geht es am Strand sehr lebhaft und umtriebig zu; lautstark werden die vielfältigsten Wassersportmöglichkeiten – vom Windsurfen über Jetski und Wasserski bis zum Parasailing – angepriesen. Liegestuhlreihen und Sonnenschirmwälder lassen den Weg ins Wasser zum Hindernislauf werden. Doch schon wenige Gehminuten vom Zentrum finden sich einsamere, ruhigere Badeplätze.

** Kéfalos-Halbinsel

A 2/3

Griechisch: ΚέΦαλος

Kéfalos gehört zu den schönsten Ecken von Kos: Die Halbinsel mit dem gleichnamigen Ort, wegen ihrer Form auch »Schafskopf« genannt, präsentiert sich vielfältig und gegensätzlich: Einsame Buchten und lange Sandstrände, quirlige Ferienorte und geruhsame Bergdörfer vereinen sich hier zu einem Idyll mit antikem Erbe.

*Dorf auf dem Schafskopf

Auf einem 100 m hoch gelegenen Plateau beherrscht das 2000-Seelen-Dorf **Kéfalos** die Bucht von Kéfalos vor der gleichnamigen Halbinsel, die ein 2 km breiter Isthmus vom Rest der Insel trennt. Mit einer Steigung von bis zu 15 % windet sich die Inselhauptstraße in engen Serpentinen hinauf zu dem nach ▸Kos-Stadt größten Ort der Insel.

Seine Ursprünglichkeit, gepaart mit unvergleichlich schönen Ausblicken über die weite Bucht von Kéfalos, sorgen dafür, dass – vor allem in der Hochsaison – täglich zahlreiche Ausflugsbusse das beschauliche Dorf anfahren. Dennoch leben Kéfalos' Einwohner nicht nur vom Tourismus, sondern auch vom Fischfang, dem Anbau von Getreide und Gemüse, vom Verkauf von Thymianhonig und vom Perlit-Abbau am nahen Berg Zíni. Der Reiz des Bergdorfes erschließt sich erst bei einem Spaziergang durch seine verwinkelten, manchmal recht steilen Gassen, gesäumt von weißen Häusern und urwüchsigen Kafenions.

! BAEDEKER TIPP

Frische Fische

Für die Einheimischen steht fest: Oberhalb des kleinen Naturhafens von Limniónas gibt es den besten Fisch der Insel! Probieren Sie den gegrillten Meerwolf und zur Vorspeise das selbst gebackene Pizzabrot mit Tsaziki.

SEHENSWERTES IN KÉFALOS

Johanniter-Kastell

Etwa 50 m oberhalb des Parkplatzes am östlichen Ortseingang befand sich einst die kleine Festung von Kéfalos, die im 14. Jh. Ritter des Johanniterordens errichteten und zwei Jahrhunderte später Türken unter Sultan Süleiman ausbauten. Von ihrer Turmruine, umgeben von spärlichen Mauerresten, bietet sich ein herrlicher **Ausblick** auf den Inselwesten.

Traditional House

Am Nordrand des Dorfes veranschaulicht ein kleines volkskundliches Museum in einem Bauernhaus das **Leben der Landbevölkerung** vor 100 Jahren. Besonders bemerkenswert sind die alten Schwarzweißfotos an den Wänden.

Auf der benachbarten Anhöhe steht die mittlerweile flügellose **Windmühle** »Papavasili«, die noch in den 1970er-Jahren regelmäßig in Betrieb war.

Traditional House: nur sporadisch geöffnet

Höhlen

Am nordwestlichen Ortsrand sind jene Höhlen zu sehen, in die die Einwohner von Kéfalos nach dem verheerenden **Erdbeben** im Jahr 1933 geflüchtet waren. Aus Angst vor weiteren Beben harrten viele Familien monate-, manche sogar jahrelang dort aus. Heute werden einige Höhlen noch als Lager genutzt.

Kéfalos und Kamári erleben

AUSGEHEN IN KAMÁRI

Die Time Out Bar beim Supermarkt hat eine bemerkenswerte Cocktailkarte, in Popeye's Nightclub hinter dem Trust Car Rental gibt es jede Woche Karaoke.

ESSEN

Taverne Fáros €

Kamári, direkt am Hafen

Setzen Sie sich auf die Terrasse mit Blick auf Fischerboote und den kleinen Sandstrand. Sympathische Bedienung und fangfrische Meeresfrüchte, relativ preiswert die Languste. Wirt Manólis hat zehn Jahre lang in Bayreuth gelebt und spricht gut Deutsch.

Ágios Theológos Restaurant €€

Theológos Beach

Etwa 6 km südwestlich von Kéfalos an der Gabelung hinter Astypalaia rechts halten

Die einzige, erstaunlich gute Taverne am Theológos Beach, einem zerklüfteten und schmalen, dafür bislang noch wunderbar ungestörten Strand.

Taverne Kástri €

Kámari, neben dem Hotel Kórdistos

Hier speist man gut und günstig griechische Gerichte mit Blick auf das abends beleuchtete Inselchen Kastrí – sehr nette Bedienung!

ÜBERNACHTEN

Sacallis Inn €€

Kamári, im Ortszentrum, direkt am Strand

Tel. 22420 7 10 10 Fax 22420 7 10 52

www.sacallis-inn.com

Das Haus der Familie Sacállis blickt auf das Inselchen Kastrí. Es gibt einen Pool, Wassersportstationen sind ganz in der Nähe. Zum Abendessen im Restaurant

DIE KÉFALOS-HALBINSEL UND KAMARI

****Bucht von Limniónas**

Verlässt man Kéfalos gen Norden, führt eine knapp 4 km lange, schmale Asphaltstraße zu einer der landschaftlich schönsten Regionen von Kos: der Bucht von Limniónas. Ein idyllischer, windgeschützter Naturhafen (▸Abb. S. 102), in dem ein paar Fischer- und Segelboote festgemacht sind, liegt eingebettet in eine zerklüftete, **wildromantische Küstenlandschaft**. Wellen schlagen gegen die Brandungsmauer, auf der Angler ihr Glück versuchen. In der starken Brise reiten Windsurfer auf den Wellen. Beiderseits von Limniónas laden einsame Buchten zum Bad.

Panagía i Palatianí

Vom südlichen Ortsausgang von Kéfalos, vorbei an der Abzweigung hinunter nach Kamari, führt die Straße ins Bergland der Halbinsel. Nach etwa 1,5 km weist ein Schild auf die Kapelle Panagía i Palatianí hin. Die verfallene Kapelle der **Heiligen Muttergottes der Paläste** wurde am Standort und mit den Steinen eines antiken Dionysos-Tempels aus dem 5. Jh. v. Chr. errichtet. Neben dem alten Kirchlein erhebt sich eine neue Kapelle aus den späten 1980er-Jahren.

Am Pool des Kórdistos Hotel

Antonio werden auf der Terrasse mit Meerblick die Fackeln angezündet.

Kórdistos Hotel €€
am Strand von Kamári gegenüber der kleinen Insel Kastri
Tel. 22420 7 12 51, Fax 22420 7 12 06
www.kordistoshotel.com
In dem familienfreundlichen Haus (38 nette Balkonzimmer) sollte man ein Zimmer mit »Front Sea View« buchen. Nebenan im Wassersportzentrum gibt es die Möglichkeit, Segelboote und Surfbretter zu mieten.

Panórama Studios €
Etwa 500 m vor Kéfalos auf einer Anhöhe von der Inselhauptstraße links abbiegen (ausgeschildert).
Tel. 22420 7 19 24, Fax 22420 7 15 24
www.panorama-kefalos.gr
Hoch über der Stéfanos-Bucht betreibt Familie Diamántis ein gepflegtes Haus mit 17 Apartments für 2 – 4 Personen. Bis zum kleinen Strand braucht man zu Fuß gute 10 Minuten. Einzigartig: die traumhafte Aussicht über die Inselwelt.

Palátia (Theater von Astipalaia)

Etwa 500 m nach der Abzweigung zur Kapelle Panagía i Palatianí befindet sich linker Hand des Bergsträßchens ein kleiner Parkplatz, von wo ein mit »Palátia« beschriftetes Schild zu den Überresten eines Theaters aus dem 2. Jh. v. Chr. im nahen Kiefernwäldchen weist. Außer einigen Mauerresten, Teilen zweier Sitzreihen sowie Resten des Fundaments eines dorischen Demeter-Tempels ist hier nichts zu entdecken.
Theater und Tempel gehörten zu **Astipalaia** (▸Geschichte, S. 32), der bis 366 v. Chr. bestehenden antiken Hauptstadt von Kos, die sich vermutlich bei Kamari befand. Eine Statue der Muse Klio und der Göttin Demeter sowie der Kopf einer Herakles-Statue wurden hier ebenfalls gefunden; die beiden Letzteren können im Archäologischen Museum von ▸Kos-Stadt bestaunt werden.

Höhle Áspri Pétra

Als der italienische Archäologe **Doro Levi** in einer Höhle am Berg Zini Tonscherben, Mühlsteine und Speerspitzen entdeckte, kam das einer kleinen Sensation gleich. Denn Levi konnte anhand seiner Funde den Nachweis erbringen, dass bereits in der **Jungsteinzeit** Menschen auf Kos siedelten.

In der Bronzezeit wurde die Höhle noch bewohnt; während der Herrschaft der Römer diente sie als **Kultstätte**. Heute ist die Höhle leer.

Ágios Ioánnis Pródromos

Am Ende des Bergsträßchens, 7 km südlich von Kéfalos, liegt das aufgelassene Kloster Ágios Ioánnis Pródromos. Genießen Sie im Schatten der mächtigen Platane vor der kleinen Kirche des Klosters, das wegen der hier wachsenden Thymiansträucher auch **Ágios Ioánnis Thymianós** genannt wird, ein Picknick und die Aussicht auf den Südwesten der Insel. Lebhaft geht es am 29. August zu, wenn am Tag der Enthauptung von Johannes dem Täufer das **Patronatsfest** gefeiert wird.

Ágios Ioánnis Theológos

****Theológos Beach**

Es ist weniger das Kapellchen, das an die Westküste von Kos lockt – ein kurzes Stück hinter den ausgegrabenen Resten des antiken Theaters von Astipalaia zweigt rechts eine 4 km lange Stichstraße zur Küste ab –, sondern vielmehr der abseits jeglichen Touristentrubels gelegene, von Dünen gesäumte **Sand-Kies-Strand** mit kleinen, einsamen Buchten und einer Brandung, die Surfer begeistert. Oberhalb des Strandes sorgt die Taverne Theológos für gute Verpflegung.

****Kamári (Καμάρι)**

Am Westrand der malerischen Bucht von Kéfalos liegt der Hafenort Kamári, der heute fast die gesamte Bucht umschließt. An der breiten Uferstraße, die sich bis ans westliche Ende der Bucht zieht, stehen

Rot, blau und grün: Die Fischerboote im Hafen von Kamári sind liebevoll gepflegte Schmuckstücke.

hübsche kleine Hotels und Pensionen neben Tavernen, Restaurants, Cafés, Supermärkten und Souvenirläden. Vor der **Promenade** erstreckt sich der breite, flach abfallende Sandstrand der Kéfalos-Bucht, die wegen der ablandigen Winde als **Dorado für Segler und Surfer** gilt. Entsprechend groß ist das Wassersportangebot mit Surfboardverleih, Segelkursen und Katamaranfahrten, Jetski und Tretbooten. Doch trotz »High Wind Area« und kristallklarem Wasser ist die Kéfalos-Bucht fast ein **Geheimtipp** geblieben. Selbst in der Hochsaison geht es in Kamári, immerhin das Urlaubszentrum der Halbinsel Kéfalos, recht gemächlich zu – nicht zu vergleichen mit dem Touristentrubel in ▸Kardamaina, ▸Marmári, ▸Tigáki oder ▸Kos-Stadt. Das Schönste an Kamári ist sein **alter Hafen** am Ende der Uferpromenade: Im Hafenbecken dümpeln Fischerboote und Segeljachten, ein paar Fischer flicken ihre Netze, am Ende der Mole sucht ein Angler mit dem Käscher nach Köderfischen. Außerdem lädt ein kleiner Sandstrand zum Baden ein.

***Basilika Ágios Stefanos**

Es sind zwar nicht die »ergiebigsten« antiken Altertümer auf Kos, die der italienische Archäologe **Luciano Lorenzi** 1932 am östlichen Rand der Kéfalos-Bucht entdeckt hat, doch dafür liegen die Ruinen der frühchristlichen Basilika traumhaft schön am Strand. Noch gut zu erkennen sind die Umrisse der zwischen 496 und 554 n. Chr. errichteten **Doppelbasilika**. Neben Mauerresten und Säulenfragmenten wurde auch ein in den Boden eingelassenes Taufbecken freigelegt. Zum Schutz vor Wind und Wetter bedeckt eine Kiesschicht die erhaltenen Mosaikböden; von vier wieder aufgerichteten Säulen, die unversehrt geblieben waren, steht mittlerweile nur noch eine. Zu den jederzeit frei zugänglichen Ruinen führt eine schmale Stichstraße.

Insel Kastri (Καστρι)

Gegenüber den Ruinen der Basilika Ágios Stéfanos erhebt sich aus dem Wasser das **Felseninselchen** Kastrí, das abends hübsch erleuchtet ist. Wer einmal die Perspektive wechseln möchte, schwimmt und watet hinüber und schaut im Schatten der stets verschlossenen **Nikólaos-Kapelle** den Seglern und Surfern in der Kéfalos-Bucht zu.

Östlich der Kéfalos-Bucht erstrecken sich die **schönsten Strände der Insel**. Entlang der Südküste ziehen sich über 10 km weit die breiten, feinsandigen Strandabschnitte, die von den Koer Tourismusmanagern mit mehr oder weniger fantasievollen »Marketing-Namen« belegt wurden.
Etwa 10 km nach ▸Antimácheia machen blaue Hinweisschilder auf den

BAEDEKER WISSEN ?

Bubble Beach

Woher kommt nur dieser Name? Weil es an diesem Abschnitt des Strandes tatsächlich blubbert. Man kann den Bläschen sogar zusehen, wie sie aus dem Sand kommen. Sie entstehen durch Gase, die aus einem erloschenen Vulkan am Meeresgrund aufsteigen.

****Paradise Beach**

Magic Beach, **Sunny Beach**, **Markos Beach**, **Banana Beach**, **Paradise Beach** und **Camel Beach** aufmerksam. Schmale Straßen und staubige Schotterpisten führen in engen Serpentinen von der Inselhauptstraße hinunter zu den unverbauten Traumstränden. Eine Snackbar, ein Kiosk oder eine Taverne, Sonnenschirme und Liegestühle sind auch hier zu finden. Zum Glück dürfen die herrlichen Strände auch in Zukunft nicht von Hotelanlagen oder Feriendörfern zugebaut werden.

Sonne, Sand und mehr ...

Das **Wassersportangebot** an den Stränden der Kéfalos-Bucht lässt wirklich keine Wünsche offen: All denjenigen, die schon immer einmal mit einem schwimmfähigen Moped übers Wasser knattern wollten, bieten allein am Paradise Beach, dem größten und bekanntesten dieser Vorzeigestrände, drei Wassersportstationen Jetskis an. Selbstverständlich kann man auch surfen, schnorcheln oder Wasserski, Banane, Ringo und Tretboot fahren. Ganz Mutige lassen sich, am Fallschirm hängend, von einem Motorboot durch die Lüfte ziehen. Seit man sich mit dem **Inselbus** von ▸Kos-Stadt und Kamári aus bis zur Taverne des Paradise Beach bringen lassen kann, ist der 600 m lange Strand während der Feriensaison allerdings ziemlich bevölkert. Doch dafür kann man an anderen Strandabschnitten wie dem Camel oder dem Magic Beach, fern jeglichen Action- und Fun-Getöses, noch ungestört schwimmen und sonnenbaden.

Traumstrand für Sonnenanbeter und Wassersportfans: Paradise Beach

Kos-Stadt

E 1

Griechisch: Κως
Einwohner: 14 700

Ein Bummel durch die lebendige Inselhauptstadt mit ihrem quirligen Hafen gleicht dem Besuch eines Freilichtmuseums: Ruinen der griechischen und römischen Antike erheben sich neben Bauten aus byzantinischer Zeit, der Festung der Johanniter und den Moscheen osmanischer Herrschaft.

Kos-Stadt

Essen
1. Aígli
2. Ambavris
3. Kouros
4. La Prima
5. Nick The Fisherman
6. Petrino

Übernachten
1. Kos Aktis Hotel
2. Astron Hotel
3. Kosta Palace
4. Palm Beach Hotel
5. Hotel Afendoúlis
6. Koala Hotel
7. Poseidon Hotel

Ausgehen
1. Galatéa
2. X-Club
3. Hamám Club
4. Orféas Cinema

Erbe der Großmeister des Johanniterordens: Der Blick vom mittelalterlichen Hafenkastell reicht bis zur türkischen Küste.

Grüne Hauptstadt der Insel

Die Inselhauptstadt liegt in einer weit geschwungenen Bucht an der Nordostküste. Nachdem die frühere Hauptstadt Astipalaia bei einem schweren **Erdbeben** zerstört worden war, wurde Kos-Stadt 366 v. Chr. in der Nähe des Asklepieíons gegründet. Hier fanden die Koer einen **geschützten Hafen**, den sie zu einem blühenden Wirtschafts- und Handelszentrum ausbauten.

Eine **grüne Hügellandschaft**, die sanft zum bewaldeten Dikaíos-Gebirge hin ansteigt, umgibt die auch im Inneren grüne Stadt. Nach dem verheerenden Erdbeben vom 23. April 1933, das fast die gesamte Inselhauptstadt dem Erdboden gleichmachte, ließen die italienischen Besatzer beim Wiederaufbau der Stadt viel Raum für Gärten, Rasenflächen, Parks und Palmenalleen. Ebenso prägt der **Architekturmix** aus modernen Hotelbauten, neogotischen Gebäuden und noch aus der Zeit der türkischen Besatzung stammenden Moscheen das Bild der Stadt.

Heute präsentiert sich Kos-Stadt als pulsierendes Touristenzentrum mit allem, was sich Urlauber wünschen: Die schönen **Badestrände** mit vielfältigem Wassersportangebot beginnen bereits im Stadtgebiet. Zeugnisse aus Antike und Mittelalter gewähren einen Blick in die mehr als **2000-jährige Vergangenheit** der Stadt. Scharen von Souvenirjägern lassen sich durch das Gewirr der Altstadtgassen treiben; Restaurants und Tavernen sorgen mit griechischer und internationaler Küche für **Kulinarisches in jeder Preisklasse**. Und Nachtschwärmer finden in den Bars und Discos der Stadt Vergnügen und Unterhaltung bis zum Morgengrauen. **Touristenzentrum**

SEHENSWERTES IN KOS-STADT

***Mandráki-Hafen**

Der Mandráki-Hafen ist einer der beliebtesten und belebtesten Plätze der Stadt. Mehr als 2000 Jahre lang war die kleine, birnenförmig ins Land einschneidende Hafenbucht das **wirtschaftliche Zentrum** der Stadt, und betriebsam geht es noch heute hier zu: Über die breite, palmenbestandene Uferpromenade **Aktí Koundourióti** schlängeln sich Motorroller und Mopeds laut knatternd zwischen Bussen und Taxis hindurch. Touristen strömen zu den Anlegestellen der **Ausflugsschiffe**, die sie zu einem Tagestrip nach ▸Kálymnos und ▸Nísyros bringen. Segel- und Motorjachten machen an der östlichen Kaimauer fest, während auf der gegenüberliegenden Hafenseite Fischer ihren Fang aus den Booten hieven. **Hotels, Restaurants, Tavernen und Straßencafés** säumen die Uferpromenade, und manch ein Kellner preist die Vorzüge seines Lokals.

***Kastell**

1314 übernahm der Johanniterorden die Herrschaft über Kos und baute die Insel zum Stützpunkt aus. Zum Schutz des Hafens vor den häufigen Piratenüberfällen und dem vordringenden Osmanischen Reich bauten die Johanniter den von den **Venezianern** im 13. Jh. auf den Fundamenten einer frühbyzantinischen Burg angelegten inneren Mauerring zur Festung aus. 1503 entstand der zweite, äußere Mauerring, 1514 war die Erweiterung der Festung abgeschlossen. Doch bereits 1523 nahm **Süleiman der Prächtige** (1494 – 1566) nach seinem Sieg über Rhodos die Bastion ein, vertrieb die Johanniter und begründete die über 350 Jahre währende Herrschaft der Türken. Noch zu Beginn des 20. Jahrhunderts nutzten die Türken das Kastell als Kaserne. Vom Platz mit der Hippokrates-Platane führt eine schmale Brücke über den 1933 in eine **Palmenallee** umgewandelten Wassergraben ins Innere des Kastells. Seit bei dem Erdbeben von 1933 die letzten erhaltenen Gebäude der Festung zerstört wurden, sind nur noch die Grundmauern der Wehranlagen und Türme gut zu erkennen. Reste der Mauer schmücken **Wappen von Großmeistern** des Johanniterordens, die hier einst residierten. Zwischen den mit-

Kos-Stadt erleben

AUSKUNFT

Municipal Tourist Organization
Aktí Koundouriótou 7 (am Mandráki-Hafen), Tel. 22420 2 84 20
www.kos.gr

ANREISE

Der Flughafen liegt rund 26 km westlich bei ▸Antimácheia. Flughafenbusse in die Stadt verkehren nur nach Ankunft einiger Maschinen aus Athen. Der Busbahnhof für die Inselbusse (»Intercitybus«), die alle wichtigen Orte auf Kos mehrmals täglich anfahren, befindet sich in der Kleopatra 7; zentraler Haltepunkt der City-Busse (DEAS) ist der Platz vor der kleinen Mole zwischen Palazzo di Giustizia und Albergo Gelsomino.
Hier fahren auch die beiden Sightseeing-Touren mit dem Touristenbähnchen »Mini Train« ab (Altstadtrundfahrt und Fahrt zum Asklepieíon). An dieser Mole legen die Tragflügelboote zu anderen Inseln ab. Die Katamarane und alle Autofähren sowie alle Boote in die Türkei starten an der Mole an der Spitze der Halbinsel, die die Festung trägt. Ausflugsdampfer fahren direkt vom Mandráki-Hafen ab.

EVENTS

Ende Juni bis Ende August feiert Kos das Festival Hippokrateia mit Musik, Theater, Tanz; Höhepunkt ist die szenische Darstellung des hippokratischen Eides im Asklepieíon.

SHOPPING

In den Gassen der Altstadt drängen sich die Läden und Souvenirshops, die Schwämme und Schmuck, Wandteller und Lederwaren anbieten. Ein großes kulinarisches Souvenirangebot und frisches Obst bietet die klimatisierte Markthalle an der Platía Eleftherías. Edlen Gold- und Platinschmuck gibt es beim deutsch-griechischen Ehepaar Gatzakis in der Pasanikolaki 1 in der Altstadt. Modernes Schmuck- und Uhrendesign aus aller Welt findet man preisgünstig und in großer Auswahl bei Alfa Gold beim Mandráki-Hafens in der Riga Ferraiou 9.

AUSGEHEN

1 ***Galatéa***
Odós Nafklírou (an der antiken Agorá)
In dieser Bar erklingt fast nur moderne griechische Musik von Rock und Pop bis hin zu Míkis Theodorákis.
Aktuelle Charts und Abtanzen bis in die frühen Morgenstunden. Spezialität des Hauses ist der »Blues Brothers Cocktail« – sehr zu empfehlen!

2 ***X- Club***
Odós Kanári 2
Tel. 22420 2 25 92
Im größten Tanzpalast der Stadt werden die gängigen Hits gespielt.

3 ***Hamám Club***
Odós Nafklírou, direkt neben dem Taxistand beim Mandraki-Hafen
Tel. 22420 2 49 38
Originellste Diskothek in einem ehemaligen türkischen Bad. Zwischen 22.00 und 1.00 Uhr wird zu Live-Musik im Freien getanzt, danach geht es innen weiter.

4 ***Orféas Cinema***
Odós Vas. Georgiou 10
Tel. 22420 2 57 13
Freilichtkino in einem Oleandergarten

mit Bar beim Stadion. Die Filme werden im Original, meist englisch, gezeigt. Vorstellungen: tgl. 20.00 u. 22.00 Uhr

ESSEN

1 *Aígli* €€

Platía Eleftherías, Tel. 22420 2 96 40

Das von sieben Frauen gemeinsam betriebene Café-Restaurant hat sich der traditionellen griechischen Hausmannskost verpflichtet und verwendet wo immer möglich nur regionale Produkte. Bis 13.00 Uhr gibt es ein großes Frühstücksangebot, auch die Auswahl an Kuchen und Torten kann sich sehen lassen.

2 *Ambavris* €

Im gleichnamigen Vorort Ambavris, 1,5 km südlich vom Stadtzentrum in der Nähe der Casa Romana
Tel. 22420 2 56 96

Im Schatten uralter Maulbeerbäume speist man in der schönen Freilufttaverne »Pligouri«, ein mit Olivenöl und Zwiebeln gewürztes Kichererbsenpüree, oder »Anthous«, mit Reis gefüllte Zucchiniblüten.

3 *Kouros* €€

G. Papandreou, Tel. 22420 2 52 81

Das alteingesessene Lokal mit freundlichem Service serviert auf seiner Gartenterrasse leckere griechische Spezialitäten. Ein Gedicht: der Tintenfischsalat.

4 *La Prima* €€

Platía Diágoras, Tel. 22420 2 52 20
www.laprima-kos.com

Zwei Paares aus dem nordgriechischen Dráma betreiben die Taverne und bringen u.a. ein ausgezeichnetes kléftiko und sehr leckere kleine, mit Hackfleisch gefüllte Kohlrouladen (lachanodolmádes) auf den Tisch.

5 *Nick The Fisherman* €€€

Averof 21
Tel. 22420 2 30 98

In der Taverne des Sohns eines Fischers werden ausschließlich Fisch und Meeresfrüchte serviert. Unbedingt probieren: die mit dreierlei Käse gefüllten Kalamares.

6 *Petrino* €€€

Platia Ionnou Theologou
Tel. 22420 2 72 51

Hübscher Garten und abwechslungsreiche griechische Küche – beginnen Sie mit den geschmorten Auberginen und dem warmen Knoblauchbrot, danach gibt es gefüllten Tintenfisch.

ÜBERNACHTEN

1 *Kos Aktis Hotel* €€€€

Odos Vas. Georgiou 7
Tel. 22420 4 72 00
Fax 22420 4 72 10
www.kosaktis.gr

Das moderne Designerhotel steht ohne trennende Straße unmittelbar am Meer. Alle 42 Zimmer bieten frontalen Meerblick und Balkon. Der vorgelagerte Grobsand-Kiesstrand ist zwar nur 2 m breit, ermöglicht aber das Baden. Auch die Terrasse des Hotelrestaurants H20, beliebter Treffpunkt gut situierter Einheimischer, ist nur 2 m von der meist sanft plätschernden Brandung entfernt. Bis zur Altstadt geht man nur zwei Minuten.

2 *Astron Hotel* €€

Akti Kountouriotou 31
Tel. 22420 2 37 03
Fax 22420 2 37 04
www.astron-hotel-kos.gr

Gepflegtes Dreisternehotel am Hafen mit 68 Balkonzimmern, Pool, Jacuzzi und nettem Restaurant.

3 *Kósta Palace Hotel* €€
Aktí Koundourióti
Tel. 22420 2 28 55, Fax 22420 2 28 56
www.kosta-palace.com
Hotel (165 Z.) an der palmengesäumten Hafenpromenade. Von der Dachterrasse mit Pool blickt man auf die Johanniterburg.

4 *Palm Beach Hotel* €€€
Àgios Gavriíl
Tel. 22420 2 17 71, Fax 22422 26 73
www.palmbeach.gr
40 nette Balkonzimmer, 300 m vom Jachthafen und 50 m von einer kleinen, sandigen Bucht entfernt. Exotische Badelandschaft mit Kinderbecken, Restaurant und Cocktail-Bar am Pool.

5 *Afendoúlis* €
Evripílou 1, Tel. 22420 2 53 21
www.afendoulishotel.com, 23 Z.
Das kleine, sehr familiär geführte Hotel liegt nur 150 m vom Meer und einem schmalen Strand sowie etwa 500 m von der Altstadt entfernt. Die Hotellobby ist so etwas wie das Wohnzimmer der sehr gastfreundlichen Inhaberfamilie. Zum Frühstück werden Bio-Eier und von der Wirtin selbst gemachte Marmeladen serviert. Auf Wunsch werden Gäste kostenlos vom Hafen abgeholt.

6 *Koala Hotel* €€
Harmiloú 21
Tel. 22420 2 28 97, Fax 22420 2 33 88
www.koalahotel.gr
Das Hotel der Familie Pátakos liegt 100 m vom Jachthafen entfernt. Entspannen Sie sich bei einem Drink am Pool auf der Dachterrasse.

7 *Poseidon Hotel* €€
Makrygiánni 54
Tel. 22420 2 33 65, Fax 22420 2 35 33
www.poseidonhotel.gr
35 Balkonzimmer und 21 Apartments, Pool mit Plantschbecken und Cocktailbar

Tavernen von einfach bis edel machen die palmenbestandene Uferpromenade am Mandráki-Hafen zur Schlemmermeile.

telalterlichen Mauern liegt antikes Erbe: mit steinernen Girlanden und Stierköpfen verzierte hellenistische Grabaltäre, Fragmente von Kapitellen und Säulen-Stümpfe.
Der Besuch der weitläufigen Verteidigungsanlage lohnt vor allem wegen des **fantastischen Blicks**, der sich über Hafen und Stadt bis zur türkischen Küste bietet. Die Ruinen des mittelalterlichen Hafenkastells sind aber keineswegs nur ein Sammelplatz antiker Marmorreste. Im Rahmen des Sommerfestivals »**Hippokrateia**« (▸Abb. S. 71) dient die Festung als Bühne und Kulisse bei Konzerten und Theateraufführungen.
❶ Mai – Okt. Mo. 13.30 – 20.00, Di. – So. 8.00 – 20.00, sonst Di. – So. 8.30 bis 15.00; Eintritt 3 €

***Hippokrates-Platane**

Mitten auf dem gepflasterten Platz **Platía Platanoú** steht der wohl berühmteste Baum Europas: die Platane des Hippokrates (▸Baedeker Wissen S. 137). Vor fast 2500 Jahren, so die Legende, soll **Hippokrates** die Platane gepflanzt und im Schatten ihrer weit ausladenden Äste seine neue Lehre unterrichtet haben. Es heißt auch, dass der **Apostel Paulus** hier einmal gepredigt haben soll. Biologen indes haben festgestellt, dass der mittlerweile hohle, 12 m umfassende Stamm »nur« rund 500 Jahre alt ist.
Auf dem Platz rund um die Hippokrates-Platane sowie unter den Arkaden der Hadji-Hassan-Moschee herrscht **kunterbunte Geschäftigkeit**: hier bieten schnelle Porträtisten ihre Künste an, verzieren Henna-Tattoo-Maler die Arme und Beine von Touristen, und in den Souvenirshops gibt es den »Eid des Hippokrates« in hübschen Lettern und in allen Weltsprachen auf pergament-ähnlichem Papier gedruckt.

! BAEDEKER TIPP

Café Plátanos

Von diesem Restaurant an der Platía Platanoú haben die Gäste einen ausgezeichneten Blick auf die Platane des Hippokrates und die Agorá. Dezente klassische Musik sorgt für eine entspannte Atmosphäre (Tel. 22420 2 89 91).

Hadji-Hassan-Moschee

Der islamische **Reinigungsbrunnen** neben der Hippokrates-Platane, dessen Kuppel korinthische Säulen stützen, gehört zur Hadji-Hassan-Moschee oder »**Loggien-Moschee**«, die unter dem türkischen Gouverneur Hassan Pascha in den Jahren 1782 bis 1786 erbaut wurde.

***Agorá**

Südlich des Platanen-Platzes, eingefasst von den Straßen Nafkliroú, Aktí Miaoúli und Ippokrátous sowie der Ostseite des Freiheitsplatzes Platia Eleftherías, befindet sich das **größte innerstädtische Ausgrabungsgebiet**. Wo bis zum Erdbeben ein von einer mittelalterlichen Stadtmauer umgebenes Wohnviertel stand, entdeckten italienische Archäologen 1933 das **Zentrum der antiken Stadt** Kos. Die Wissen-

schaftler legten u. a. eine Säulenhalle (Stoa) aus dem 4. Jh. v. Chr. mit wieder aufgerichteten Säulen frei, die Überreste einer **frühchristlichen Basilika** (5. / 6. Jh.) mit einer Grundfläche von 72 x 24 m sowie einen Herakles- und einen Aphrodite-Tempel, die beide aus dem 3. Jh. v. Chr. stammen.
Unter einer Palme in der Nähe des Aphrodite-Tempels verbirgt sich unter einer Schutzschicht aus Kies und Sand ein gut erhaltenes **Bodenmosaik** mit Tierdarstellungen. Die Reste einer hellenistischen Stadtmauer durchziehen in westöstlicher Richtung das ganze Gelände. Im Südwesten kennzeichnen zwei wieder aufgerichtete Säulen, verbunden mit dem ursprünglichen Mauergebälk, die im 4. Jh. v. Chr. angelegte, 160 m lange und 80 m breite **Agora**, Markt- und Versammlungsplatz der antiken Stadt und Namensgeberin des Geländes, das sich heute als **Ruinengarten** präsentiert: eine ruhige, grüne Oase mit antikem Erbe mitten im Trubel der Stadt. An der Ostseite des Freiheitsplatzes steht das »Tor der Steuern« (**Pórta tou Fórou)**, das zur mittelalterlichen Stadtmauer gehörte und **Zugang zur Agora** gewährt. An diesem Tor mussten einst die auswärtigen Händler Zölle und Steuern entrichten, bevor sie ihre Waren in der Stadt verkaufen durften. Über dem von prächtig blühenden Bougainvilleen überwucherten Torbogen ist noch deutlich eine **Pechnase** zu sehen, aus der mittelalterliche Stadtregenten heißes Öl und andere äußerst unangenehme Flüssigkeiten auf ihre Feinde herabregnen ließen.

Defterdar-Moschee

An der Ostseite der Platía Eleftherías steht die kleine Defterdar-Moschee aus dem Jahr 1725 – heute sind in ihr ein paar Geschäfte und das **Café Aenaos** untergebracht (▸Abb. S. 48).

Markthalle

Die Südseite des Freiheitsplatzes nimmt die 1934 von den Italienern erbaute Markthalle ein. Hinter der Fassade im arabischen Stil ist das Angebot der Händler ganz auf Touristen eingestellt. Neben Obst und Gemüse werden **kulinarische Souvenirs** verkauft; gezahlt wird an einer zentralen Kasse.

Mo. – Sa. 7.00 bis 23.00, So. 10.00 – 14.00, 18.30 – 23.00 Uhr

Agía Paraskeví

Hinter der Markthalle erhebt sich auf einem terrassierten Platz die Bischofskirche Agía Paraskeví. Das Gotteshaus wurde 1932 / 1933 erbaut und in den Jahren 1984 – 1989 im traditionellen byzantinischen Stil ausgemalt. Alle **Wandmalereien** sind Stiftungen von Koer Familien, deren Namen im jeweiligen Bild aufgeführt sind.

tgl. 7.00 – 13.00, 17.00 – 20.00 Uhr

***Archäologisches Museum**

Das 1936 von den Italienern gegenüber der Markthalle errichtete Archäologische Museum stellt die **bedeutendsten Funde der Koer Ausgrabungsstätten** aus, zumeist Statuen und Skulpturenfragmente aus hellenistisch-römischer Zeit – das Gros der Mosaike wurde

nach Rhodos in den Großmeisterpalast gebracht. Der Grundriss des Baus ist einer römischen Villa nachempfunden: Um einen Innenhof gruppieren sich eine Vorhalle und drei Ausstellungsräume.
Glanzstück des Museums ist ein farbiges Bodenmosaik aus dem 2. oder 3. Jh. n. Chr. im Innenhof, das die **Ankunft des Asklepios auf Kos** darstellt: Vom Ufer aus begrüßt ein Bauer den Heilgott, der aus seinem Boot steigt. Hippokrates sitzt hinter einem Felsen und wartet mit zum Gruß erhobener Hand, dass Asklepios die Insel betritt.
Zu den Schätzen des Museums gehören auch einige **schöne, ausdrucksstarke Statuen**. Die in einer Ecke des Innenhofes platzierte Figurengruppe aus dem 2. Jh. n. Chr. zeigt den betrunkenen **Weingott Dionysos** in Gesellschaft von Pan, Eros und einem Satyr – ein eindrucksvolles Abbild spätantiker Lebenslust. Auch fehlen nicht die

Eindrucksvolles Zeugnis der Römerzeit:
die westliche Ausgrabungsstätte

Abbilder jener Götter, die Schutz vor Krankheit versprachen. Neben einer – kopflosen – **Statue des Asklepios** aus dem 2. Jh. (▸Abb. S. 24) steht eine grazil gearbeitete **Skulptur der Hygieia**, ebenfalls aus dem 2. Jh., die die Tochter des Heilgottes und Göttin der Gesundheit mit der »heiligen Asklepios-Schlange« und dem Liebesgott Eros darstellt. Fast lebendig wirkt die Figur der **Göttin Artemis** aus dem 2. Jh. – die Göttin der Jagd ist gerade dabei, einen Pfeil aus dem Köcher zu nehmen, während zu ihren Füßen ihr Hund darauf wartet, die Beute aufzuspüren.
Im östlichen Ausstellungsraum gönnt sich der **Götterbote Hermes** eine Ruhepause. Im größten Ausstellungsraum steht der besondere Stolz des Museums: eine **Statue des Hippokrates** aus dem 4. Jh. v. Chr. – eingehüllt in sein faltiges Gewand, blickt der Arzt nachdenklich in die Ferne (▸Abb. S. 137).

❶ Mo. 13.30 – 20.00, Di.–So. 8.00 – 20.00, sonst Di.–So. 8.30 – 15.00 Uhr, Eintritt 3 €

✶ WESTLICHE AUSGRABUNGSSTÄTTE

Archäologie-park

Wo sich die Grigoríou- und die Theokrítou-Straße kreuzen, erstreckt sich das 200 x 300 m große, L-förmige Gelände der »Westlichen Ausgrabungsstätte«, fast 2 m unter Straßenniveau. In den Archäologiepark mit relativ gut erhaltenen, teilweise rekonstruierten Gebäuden zumeist aus der **Römerzeit** führt eine Treppe.
Da man sich auf dem Gelände frei bewegen kann, liegen die meisten freigelegten **Bodenmosaike** unter einer mit einem Drahtgitter fixierten Schutzschicht aus Kies und Sand. Die schönsten Mosaike aber sind eingezäunt und von einem schützenden Dach bedeckt und können bewundert werden. Eines davon zeigt am Nordrand des Geländes figurenreich das »**Urteil des Paris**«: Hera, Athene und Aphrodite stritten sich, wer von ihnen denn nun die schönste aller Göttinnen sei. Als Richter war Paris ausersehen, der sich zu Gunsten Aphrodites entschied.

Via Cardo

Eine freigelegte **römische Hauptstraße** durchzieht das antike Stadtviertel und stößt im rechten Winkel auf die römische Via Decumana, die parallel zur Grigoriou-Straße verläuft. Die tief in die Via Cardo eingegrabenen **Wagenspuren** lassen erahnen, dass hier einst ein reges Treiben herrschte.
In der Mitte der Via Cardo steht das vollständig rekonstruierte »**Nymphaion**«, ein Badehaus mit Toilettenanlage aus dem 3. Jh. v. Chr., das nicht besichtigt werden kann. Im »**Gymnasion**« bereiteten sich die Koer Athleten auf olympische Wettkämpfe vor. 17 der ursprünglich 81 Säulen einer Wandelhalle aus dem 2. Jh. v. Chr. stehen wieder an ihrem alten Platz; direkt daneben liegt die einst überdach-

te, etwa 150 m lange Laufbahn. Von einer inmitten der ehemaligen Sportstätte errichteten **frühchristlichen Basilika** wurde das Eingangstor rekonstruiert.

Via Decumana

In der Nähe des Sportgeländes haben wohlhabende Koer wunderschöne **Mosaikböden** hinterlassen. Links der Via Decumana stehen teilrekonstruierte und mit einem Schutzdach versehene römische Villen, in denen farbenprächtige Kunstwerke freigelegt wurden – das bedeutendste im »**Haus der Europa**«. Das Mosaik zeigt Göttervater Zeus in Stiergestalt – geführt von einem fackeltragenden Eros und begleitet von einem Delfin –, der mit seiner von ihm entführten Geliebten Europa, der Tochter des phönizischen Königs Agenor, nach Kreta flieht. An einigen Wänden der Häuser sind schwach Malereien zu erkennen.

Dionysos-Altar

Auf dem jederzeit zugänglichen Ausgrabungsgelände des Dionysos-Heiligtums aus dem 3. Jh. v. Chr. an der Grigoriou-Straße erkennt man heute nur noch die **Reste der Grundmauern** des Dionysos-Tempels und die Stelle, an der einst der Altar des Weingottes stand.

***Casa Romana (z.Zt. wegen Restaurierung geschlossen)**

Wie verschwenderisch die betuchte Koer Oberschicht der Spätantike wohnte, veranschaulicht die zum Teil rekonstruierte, zum Teil nachgebaute Casa Romana sehr schön. Die aus dem 2. / 3. Jh. n. Chr. stammende Villa liegt vis-à-vis dem Dionysos-Heiligtum an der Grigoriou-Straße.
Die **zweistöckige Villa** wurde 1932 / 1933 von italienischen Archäologen freigelegt und 1940 rekonstruiert; zugänglich ist nur das Erdgeschoss. Die Villa verfügt über **drei Innenhöfe**, um die sich zahl-

Casa Romana

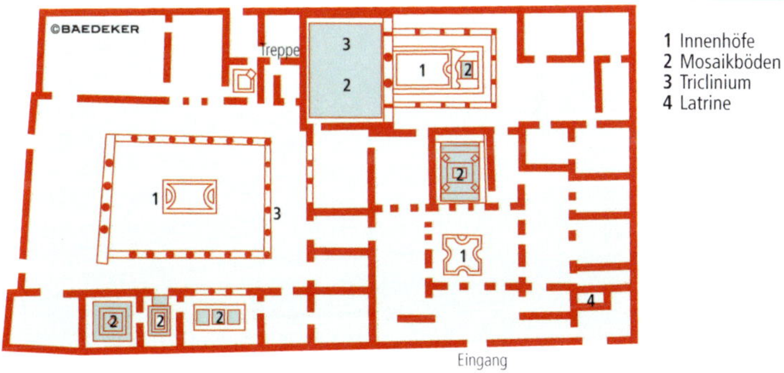

reiche, teilweise mit Mosaiken, Marmorböden und Wandmalereien ausgestattete Räume gruppierten. Der größte der Innenhöfe, gesäumt von einer doppelstöckigen Kolonnade aus korinthischen und ionischen Säulen, vermittelt eindrucksvoll den Luxus, mit dem sich der ehemalige Hausherr umgab. Umliegende Räume zeigen mit **farbigen Mosaiken** eine üppige Fauna mit Löwen, Panthern, Tigern, Leoparden, Hirschen und Antilopen inmitten einer blühenden Flora. Der ebenfalls mit Mosaiken ausgeschmückte, **Triclinium** genannte Speiseraum der Familie besaß eine schöne Marmortäfelung, von der Fragmente erhalten sind. Und auch für die ganz profanen Bedürfnisse war in der Villa gesorgt: Die Toiletten befanden sich rechts des Eingangs. Die großflächigen **Roten Kreuze** auf der Fassade wurden während des Zweiten Weltkriegs zum Schutz vor Fliegerangriffen angebracht.

Zentralthermen

Neben der Casa Romana gleichen die Überreste der römischen Zentralthermen Trümmern – sieht man aber genauer hin, entdeckt man Bruchstücke von Wasserleitungen und Fragmente von Ziegelpfeilern, Überbleibsel einer antiken **Fußbodenheizung**. Das Ausgrabungsgelände ist während der Öffnungszeiten der Casa Romana kostenlos zugänglich.

❶ Di. – So. 8.30 – 15.00 Uhr, Eintritt frei

Odeon

Wenige Schritte stadtauswärts von der Casa Romana führt von der Grigoriou-Straße eine schmale Zypressenallee durch einen Park zu einem **Odeon** aus dem 2. Jh. n. Christus. Das ursprünglich überdachte Theater wurde in der Antike hauptsächlich als **Konzertsaal** genutzt. Die sehr stimmungsvollen Katakomben des Theaters, in denen unter anderem die im Archäologischen Museum ausgestellte Hippokrates-Statue entdeckt wurde, beherbergen jetzt eine interessante Ausstellung zur Geschichte des antiken Theaterbaus im Mittelmeerraum.

UMGEBUNG VON KOS-STADT

***Lámbi (Λάμπι)**

Im nordwestlich anschließenden Vorort Lámbi machen vornehmlich **junge Leute** Urlaub – mit Strandleben, Shopping und Party rund um die Uhr. Auf dem breiten Sandstrand **Lámbi Beach** stehen die Liegestühle so dicht wie nirgendwo sonst auf Kos, und die Möglichkeiten, Wassersport zu treiben – Surfen, Jetski oder Parasailing – garantieren Spaß und Action den ganzen Tag. Richtig los geht es in Lámbi aber erst abends, wenn sich die unzähligen Bars und Discos füllen, die Musik, Tanz und **Highlife bis in den Morgen** bieten (▸S. 131).

Lámbi und Psalidi erleben

AUSGEHEN

Heaven Disco
Odós Zouroúdi 5
Lámbi Beach, direkt am Strand
Tel. 22420 2 38 74
Die Open-Air-Disco an der Uferstraße ist im Sommer der angesagte Szenetreff.

Pétrinos Mýlos
Lámbi Beach, direkt am Strand
Romantische Atmosphäre und laute Musik in einer alten Mühle mit Open-Air-Bar und leckeren Snacks.

ESSEN UND ÜBERNACHTEN

Grecotel Kos Imperial Thalasso €€€€
Am Strand von Psalídi
Tel. 22420 5 80 00
Fax 22420 2 51 92
www.grecotel.gr
Wohlfühlurlaub im Wasserpalast mit eleganten Zimmern, Lagunenpools und Candle-Light-Dinner – Topadresse für Wellness-Liebhaber und gestresste Großstadtseelen.

Oceanis Beach Resort €€€€
Am Strand von Psalídi
Tel. 22420 2 46 41
Fax 22420 2 37 28
www.oceanis-hotel.gr
Ferienanlage der Superlative mit 359 schicken Gästezimmern. Ein subtropischer Garten umgibt die Badelandschaft mit Beach Bars, mediterranem Restaurant und griechischer Taverne, Kids Club, Tennisplätzen, Windsurfen und Thalasso Wellness Center.

Hotel Platanista €€€€
Am Strand von Psalídi
Tel. 22420 2 24 00, Fax 22420 2 50 29
www.platanista.gr
Etwas abseits der Uferstraße liegt diese preisgekrönte, herrschaftliche Ferienanlage, die venezianische und mediterrane Elemente vereint.

Kipriotis Village Resort €€€
Am Strand von Psalídi
Tel. 22420 2 76 40, Fax 22420 2 35 90
www.kipriotis.gr
Große Badelandschaft, Tauchzentrum, Tennisplätze, Fitnesstraining, Segelkurse und Mountainbiketouren. 280 Doppelzimmer, 179 Familienapartments und über 100 Suiten. Gespeist wird im schicken Macedonia, im offenen Atrium oder im chinesischen Restaurant.

Pelagos €€€
Lámbi Beach, direkt am Strand
Tel. 22420 3 00 11, Fax 22420 3 00 12
www.pelagoshotel.com
Elegante Apartmentanlage. Relaxen Sie im Pool, am Strand oder im Fitnesscenter, schlemmen Sie im Restaurant oder auf der Gartenterrasse.

BAEDEKER TIPP !

Kuren bei Vollmond

Besuchen Sie die in den Sommermonaten tagsüber meist überfüllten Thermen doch am Abend. Besonders schön ist ein Bad in der Kühle der Nacht, wenn der Sternenhimmel funkelt und der Mond das Becken beleuchtet.

Im sich östlich an Kos-Stadt anschließenden, locker bebauten Vorort Psalídi mit seinen zahlreichen Tavernen und schmalem, oft kiesigem Strand garantieren die Pools und Freizeitanlagen der prächtigen Hotelanlagen Badespaß für die ganze Familie. Ganz in der Nähe liegt das **Psalídi Wetland** (www.biotoposkos.gr), im Winter ein Refugium für Vögel und Kleintiere. Von den Beobachtungstürmen beim Infozentrum lassen sich dann mit Glück auch Reiher und **Flamingos** beobachten.

***Embrós Thermá**

Zwar sind die großen Zeiten der Insel als weithin berühmtes Gesundheitszentrum seit der Zerstörung des Asklepieíons vor rund 1500 Jahren lange vorbei, doch noch heute kommen manche Griechen nach Kos, um in dem schwefelhaltigen Wasser der Embros-Thermen beim **Kap Ágios Fókas**, 13 km südöstlich von Kos-Stadt, zu kuren. Vom Parkplatz oberhalb der Thermen führt eine steile, schmale Schotterpiste hinunter zu einem kleinen, **dunklen Kiesstrand**. Ein Kiosk versorgt die Strandgäste mit Liegestühlen, Sonnenschirmen, Getränken und Snacks. Die Schotterpiste verengt sich zu einem Pfad, der durch eine enge Schlucht und unter Felsüberhängen entlang in ein paar Gehminuten zu der jederzeit frei zugänglichen Thermal-Quelle führt. Am Quellhäuschen informiert eine Tafel die »Kurgäste«, dass das vom **Institut für Wasserchemie der TU München** untersuchte Thermalwasser Haut-, Augen-, Muskel- und Atemwegserkrankungen lindert. Das **schwefelhaltige Wasser** fließt in einen Naturpool am Ufer, wo sich das 45 °C heiße Thermalwasser, mit Meerwasser vermischt, auf etwa 35 °C abkühlt. Die schlichte **Taverne Thermá** im ehemaligen Badehaus aus den 1920er-Jahren bietet neben griechischer Hausmannskost auch Fischgerichte.

***Schlemmen in Platáni**

Auf dem Weg zum Asklepieíon sollte man 2 km südwestlich von Kos-Stadt im **»türkischen Dorf«** Platáni Halt machen. Die meisten Einwohner sind Nachfahren jener Besatzer, die bis 1912 auf Kos herrschten, und haben neben der Religion ihrer Vorfahren auch deren Esskultur beibehalten. Am Dorfplatz servieren die **Tavernen Arap, Ali und Serif** unter weit ausladenden Platanen leckere türkische und türkisch beeinflusste griechische Spezialitäten. Bestellen Sie eine gemischte Vorspeisenplatte und fragen Sie die freundlichen Kellner nach dem Tagesgericht. Auf dem **moslemischen Friedhof** beim Ortseingang stehen im Schatten alter Olivenbäume und Zypressen Hunderte, teilweise sehr alte und reich ornamentierte Grabstelen, manche auch mit arabischen Inschriften (▸ Abb. S. 36).

** ASKLEPIEÍON

Anfahrt

Das antike Heiligtum liegt 2 km südwestlich des Dorfes Platáni. Der weiträumig gut ausgeschilderte Weg zum **Asklepios-Heiligtum** endet bei der Ausgrabungsstätte auf einem Großparkplatz mit schattigen Stellplätzen unter Olivenbäumen. Zu erreichen ist das Asklepieíon auch mit dem Mini-Bähnchen, das während der Einlasszeiten stündlich zwischen ▸Kos-Stadt und dem Parkplatz verkehrt. Sehr schön ist aber auch ein Spaziergang hierher. Das Asklepieíon ist die bedeutendste, größte und aufgrund ihrer **herrlichen Lage** auch schönste Sehenswürdigkeit der Insel. In drei Terrassen am Fuße des Dikaíos-Gebirges angelegt – die obere, dritte Terrasse ist heute von einem lichten Kiefernwäldchen begrenzt – bietet sich von den Ruinen des Heiligtums ein **grandioser Blick** auf Kos-Stadt und die Küstenebene, die Meerenge und das nahe türkische Festland.

Dem Vater von Asklepios ist der Apollon-Tempel geweiht, für den man balsaltartigen Tuff, harten Kalkstein und Marmor verwendete.

** Asklepieíon (Rekonstruktion)

Das berühmte Heiligtum und Krankenhaus der Antike ist die bedeutendste Sehenswürdigkeit auf Kos. In dem herrlich gelegenen Sanatorium mit Bädern, Untersuchungsräumen und Tempeln wurde nicht nur der Gott der Heilkunst, Äskulap, verehrt, sondern auch handfeste Heilkunst nach den Lehren des Koer Arztes Hippokrates praktiziert.

❶ Mai – Okt. Mo. 8.00 – 15.00, Di. – So. 8.00 – 20.00, sonst Di. – So. 8.30 – 15.00 Uhr, Eintritt 4 €

1 Propylon
Eine große Freitreppe mit 24 Stufen führt zur ersten Terrasse.

2 Stoa
In den Säulenhallen lagen Behandlungsräume und Krankensäle. Patienten mit Lepra oder Geschlechtskrankheiten wohnten unterirdisch.

3 Römische Bäder
Hier wurden kalte und warme Wasserbehandlungen durchgeführt.

4 Pan-Brunnen
In der dritten Bogennische der Mauer sprudelte einst der Brunnen des Pan - heute ist die Quelle versiegt.

5 Altar des Xenophon
Caius Sterninius Xenophon aus Kos, Leibarzt des römischen Kaisers Claudius (10 v.Chr. - 54 n.Chr.), hat den Altar sowie einen kleinen Tempel gestiftet.

6 Zweite Terrasse
Das religiöse Zentrum der Anlage mit dem Asklepios-Altar, dem Apollon-Tempel (li.) und dem Asklepion-Tempel (re.) lag auf der zweiten Terrasse.

7 Asklepios-Tempel
104 Säulen umgaben den größten Tempel auf der dritten Terrasse. Die Kultstätte wurde in frühbyzantinischer Zeit als Kirche genutzt, der Altar mit den Insignien IC XC »christianisiert«.

Asklepieíon

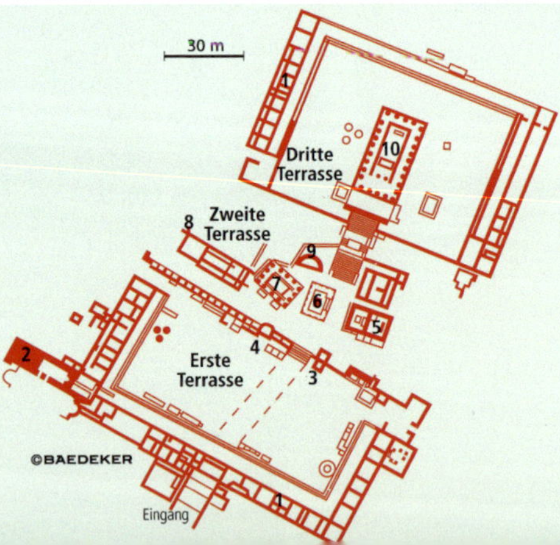

1 Säulenhalle
2 Thermen
3 Altar des Xenophon
4 Pan-Brunnen
5 Asklepios-Tempel (3. Jh. v. Chr.)
6 Asklepios-Altar
7 Apollon-Tempel
8 Lesche
9 Exedra
10 Asklepios-Tempel (2. Jh. v. Chr.)

den Nischen der ersten Terrasse
anden Statuen, die von Gläubigen
stiftet worden waren.

Sieben Säulen zeugen
vom korinthischen
Apollon-Tempel.

Auf dem Asklepios-
Altar wurden Weih-
gaben und Opfer für
den Gott der Heilkunst
dargebracht.

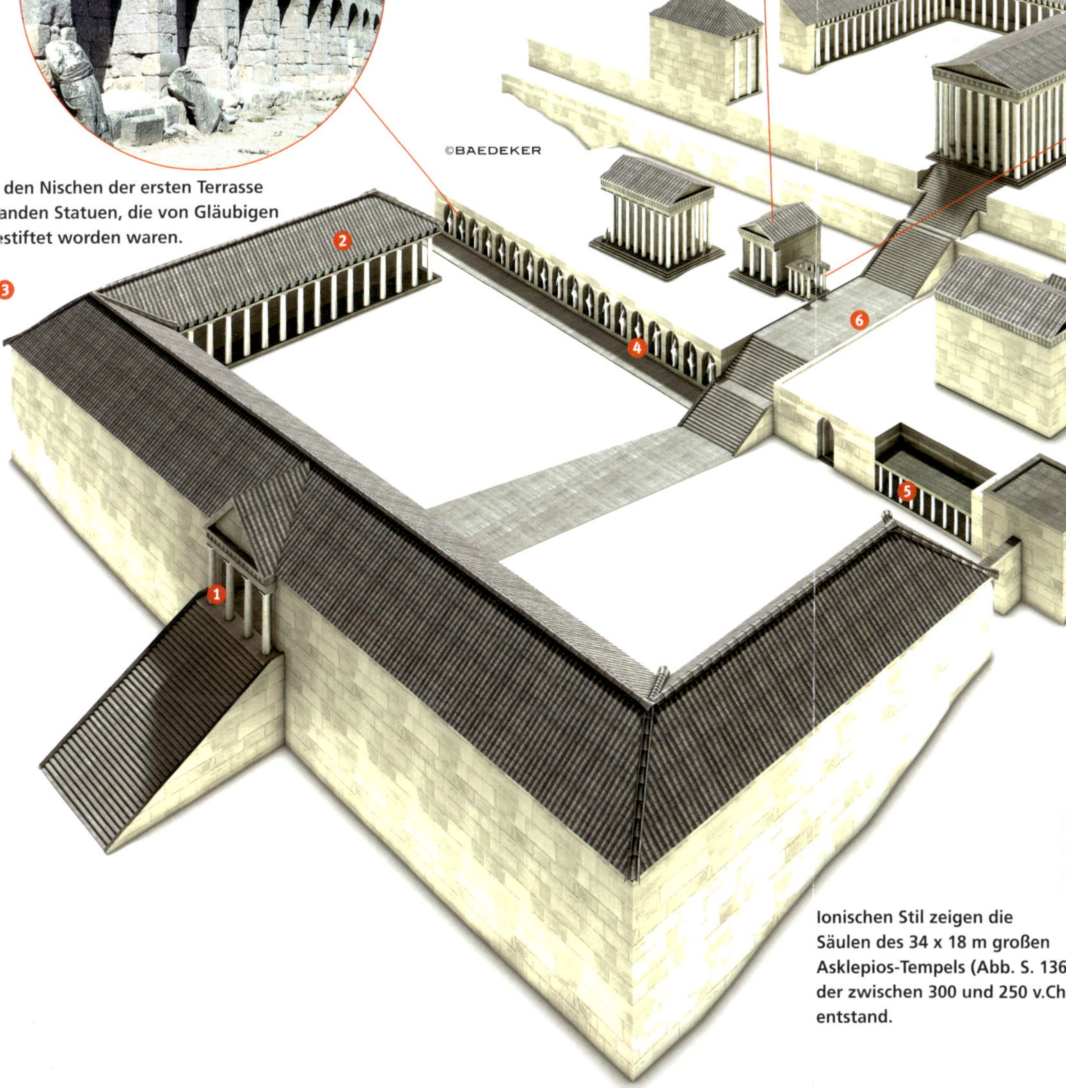

Ionischen Stil zeigen die
Säulen des 34 x 18 m großen
Asklepios-Tempels (Abb. S. 136),
der zwischen 300 und 250 v.Chr.
entstand.

Sanatorien der Antike

Die Asklepien genannten Tempelanlagen der griechischen und römischen Antike wurden als Kultstätte zur Verehrung von Asklepios, dem Gott der Heilkunst, errichtet. Von den rund **300 Asklepios-Heiligtümern** der griechischen Antike war das Asklepieíon von Kos eines der bedeutendsten. Weitere Hauptzentren des Asklepios-Kultes, der sich ab dem 5. Jh. v. Chr. im griechischen Raum und ab dem 3. Jh. v. Chr. im Römischen Reich ausbreitete, lagen in Epidauros, wo auch Asklepios' Tochter Hygieia als Göttin der Gesundheit verehrt wurde, in Athen und im kleinasiatischen Pergamon.
Meist an klimatisch günstigen Orten in der Nähe einer Quelle erbaut, entwickelten sich die Asklepien von **Wallfahrtsstätten für Kranke** zunehmend zu Orten, an denen die Menschen auch medizinische Hilfe erhielten. Es entstanden Bäder, Behandlungsräume und Krankenzimmer, geschultes Personal behandelte und pflegte die Patienten. Für Entspannung und das geistige Wohl sorgten Theater und Bibliotheken. Unheilbar Kranken und Schwangeren jedoch wurde der Zutritt zum Asklepieíon verwehrt, da sie als unrein galten.

Asklepios

Asklepios – die Römer nannten ihn **Äskulap** – war der **Sohn des Apollon** und einer Sterblichen namens Koronis, die sich, bereits schwanger, auch noch mit einem Sterblichen eingelassen hatte – und daher von Apollon erschlagen wurde. Hermes rettete das Kind aus dem Leib der Toten während der Leichenverbrennung. Er brachte Asklepios zum heilkundigen **Kentauren Chiron**, der das Kind aufzog. Bald war Asklepios ein berühmter Arzt.
Als er aber damit begann, auch Tote wieder zum Leben zu erwecken, zog er den Zorn des Zeus auf sich. Zeus fürchtete um das Götterprivileg der Unsterblichkeit und erschlug Asklepios mit einem Donnerkeil. Das wiederum hatte Apollons Rache zur Folge, der alle Kyklopen, die Zeus' Waffen schmiedeten, tötete. Asklepios aber, den Homer einen »unvergleichlichen Arzt« nannte, stieg zum Gott der Heilkunst auf – wie einst sein Vater Apollon. Bis heute ist der von einer Schlange umwundene »**Äskulapstab**« – Schlangen galten Asklepios als heilige Tiere – das Symbol der Heilberufe.

Geschichte

Das Asklepios-Heiligtum ist untrennbar verbunden mit dem Namen **Hippokrates**, dem »Vater der modernen Medizin« (▸ Baedeker Wissen S. 137), der um 460 v. Chr. auf Kos geboren wurde. Zu Lebzeiten des »berühmtesten Arztes der Weltgeschichte« standen an der Stelle des Asklepieíons lediglich ein kleiner Apollon-Tempel und ein Asklepios-Altar.
Erst nach Hippokrates' Tod um 370 v. Chr. begann man ihm zu Ehren mit der Errichtung der weitläufigen Tempelanlage, die vom 2. Jh. v. Chr. bis zum 2. Jh. n. Chr. stark erweitert wurde. Im Jahr 391 verbot **Kaiser Theodosius** alle heidnischen Kulte – auch die Olympi-

Der berühmteste Arzt der Antike

Hippokrates gilt als Begründer der wissenschaftlichen Medizin. Gesicherte Fakten über sein Leben und Werk jedoch gibt es kaum. Nicht eine einzige überlieferte Schrift kann ihm eindeutig zugewiesen werden.

Hingegen ranken sich viele Legenden um ihn. So soll der Mediziner den makedonischen König **Perdikkas II.** geheilt haben, den auf unerklärliche Weise Kopfschmerzen und Appetitlosigkeit plagten. Er fand heraus, dass der Monarch ein nicht standesgemäßes Liebesverhältnis zu einer hübschen Bediensteten unterhielt. Nachdem der König diese Beziehung beendet hatte, fühlte er sich wieder gesund und verspürte zudem wieder Lust auf die eigene Gemahlin. Auch in wissenschaftlicher Hinsicht wurde Hippokrates einiges angedichtet. Unter seinem Namen sind 130 Schriften aus 600 Jahren erhalten. Rund die Hälfte davon sind Fälschungen, 58 von ihnen bilden das **»Corpus Hippocraticum«**, die wohl berühmteste Schriftensammlung in der Medizin. Doch nicht eine einzige Schrift kann mit Sicherheit Hippokrates als Verfasser zugewiesen werden. Niedergeschrieben wurden die Aufzeichnun-gen in der Zeit vom 5. Jh. v. Chr. bis ins 1. nachchristliche Jahrhundert. Die Sammlung behandelt Chirurgie, Diätetik, Epidemiologie, Pharmakologie, Prognostik, Therapeutik und Ethik.

Hippokrates-Platane in Kos-Stadt

Ärztliche Praxis

Die operative Chirurgie spielte bei den Hippokratikern eine untergeordnete Rolle; in der Mehrzahl nahm man nur knochenchirurgische Eingriffe vor. Die Therapie beschränkte sich im Wesentlichen auf Diätverordnungen und Medikamente in Form pflanzlicher Drogen. Den zeitgenössischen Wettkampfsport mit seiner »Zwangsernährung«, wie es damals hieß, bei der die Athleten, um Höchstleistungen zu erzielen, nicht selten wie Schlachtvieh gemästet wurden, soll Hippokrates als »Schule des Betrugs« gemaßregelt haben. Dafür hebt heutzutage die Weinbranche gerne hervor, dass der Arzt aus Kos den Rebensaft angeblich zur »Kräftigung von Rekonvaleszenten, als Beruhigungs- und Schlafmittel, bei Kopfweh und Verstimmung, sogar bei Augenkrankheiten nutzte.

Hippokrates von Kos

Der Mann, der »die Krankheit entzauberte«, wurde um 460 v. Chr. in der damaligen Koer Hauptstadt Astipalaia geboren und entstammte einer alten Ärztefamilie, die ihren Stammbaum auf den Heilgott Asklepios zurückführte. Hippokrates wurde schon zu Lebzeiten hochverehrt und gilt als »Vater der modernen Medizin«, als Begründer der Medizin als Wissenschaft, die auf Beobachtung und Beschreibung der Krankheitssymptome beruht, in Abgrenzung zu der bis dahin üblichen Auffassung, dass Krankheiten als gottgesandt galten.

▶ **Von der Vier-Säfte-Lehre zur Temperamentenlehre**

Die Vier-Säfte-Lehre (Humoralpathologie) war ein Konzept zur Erklärung von Krankheiten. Sie beruht im wesentlichen auf der Verteilung der vier Säfte Gelbe Galle, Schwarze Galle, Blut und Schleim. Galen entwickelte sie fast 600 Jahre nach Hippokrates zur Temperamentenlehre weiter, indem er jedem Temperament einen der vier Körpersäfte zuordnete. Je nachdem welcher Saft der vorherrschende ist, bildet sich das dazu passende Temperament am stärksten aus. Dieses Konzept sollte die Vorstellung von Krankheit bis ins 19. Jh. hinein prägen.

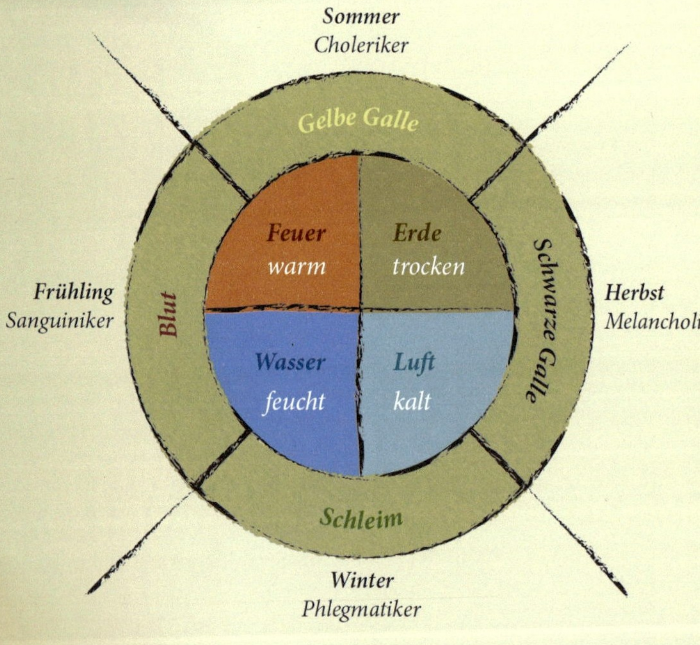

▶ **Herausragende Personen der Medizingeschichte**
In der Geschichte der Medizin setzten einige Persönlichkeiten besonders wichtige Meilensteine. Eine Auswahl:

um 460 – um 370 v. Chr. Hippokrates

Begründete die Medizin als Wissenschaft.

um 129 – um 199 n. Chr. Galen

Schuf ein umfassendes System der Medizin, das für Jahrhunderte die Heilkunde bestimmt.

980 – 1037 Avicenna

Sein Hauptwerk »Kanon der Medizin« half, die Klostermedizin durch wissenschaftliche Methodik zu ersetzen.

1578 – 1657 William Harvey

Entdeckte den Blutkreislauf und die Funktion des Herzens.

1845 – 1923 Wilhelm C. Röntgen

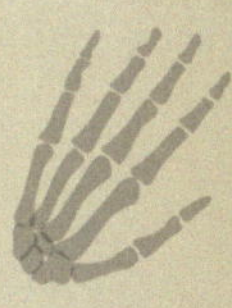

Machte die Röntgenstrahlen nutzbar und revolutionierte so die medizinische Diagnostik.

▶ **Der Hippokratische Eid**
Dieser berühmte Eid wurde auch Asklepiadenschwur genannt. Er formulierte unumstößliche ethische Grundsätze für die Ausübung des Arztberufs. Der heutige Eid trägt zwar noch diesen Namen, wurde inhaltlich aber abgelöst durch eine zeitgemäßere Variante: der Genfer Deklaration des Weltärztebundes. Darauf basiert auch der Eid, den die Bundesärztekammer bis heute vorschlägt.

Genfer Deklaration des Weltärztebundes
www.bundesaerztekammer.de/downloads/Genf.pdf

schen Spiele fanden 394 zum letzten Mal statt –, doch der »Kurbetrieb« des Asklepieíons wurde weitergeführt. Im Jahr 554 n. Chr. zerstörte ein schweres Erdbeben große Teile des Asklepieíons, das in den folgenden Jahrhunderten als **Steinbruch** für Kos-Stadt günstiges Material beim Bau von Wohnhäusern, Moscheen und der Hafen-Festung lieferte, ehe das völlig überwucherte Gelände in Vergessenheit geriet. Erst Ende des 19. Jh.s wurden die Überreste des Heiligtums von dem Koer Historiker Iákovos Zaráftis wieder entdeckt und von 1902 bis 1904 von dem deutschen Archäologen **Rudolf Herzog** freigelegt. In den 1930er-Jahren führten italienische Archäologen weitere Ausgrabungen durch, wodurch große Teile der Anlage rekonstruiert werden konnten.

BAEDEKER WISSEN ?

Erstaunlich

Laut Legende hatte der Apollon geweihte, heilige Pinien- und Zypressen-Wald oberhalb der dritten Terrasse wundersame Kräfte: Denn den dort lebenden Frauen soll er die Unsterblichkeit verliehen und verhindert haben, dass sie Kinder bekamen.

Vom Parkplatz führt ein schattiger, mit Steinplatten belegter Weg zum **Eingang** mit der breiten Marmortreppe hinauf zur ersten Terrasse. Wenige Meter vor der Freitreppe verkauft ein Kiosk Souvenirs, Snacks und kalte Getränke – probieren Sie den frisch gepressten Orangensaft! Marmorbänke, die entlang des Gangs aufgestellt sind, bieten Platz für eine Pause oder ein Picknick.

Erste Terrasse

Steigt man die Stufen der breiten Eingangsfreitreppe hinauf, öffnet sich das beeindruckend weitläufige Terrassengelände des Heiligtums. Auf der ersten Terrasse mit einer Fläche von etwa 90 x 45 m sind noch die Grundmauern und Säulenfragmente einer **Säulenhalle** aus dem 2. Jh. v. Chr. zu sehen, die die Anlage im Norden, Westen und Osten begrenzte. Die gut erhaltenen hohen Mauern in der nordöstlichen Ecke der Terrasse gehören zu einer **Thermenanlage**, die in römischer Zeit angefügt wurde. Innerhalb der Mauerreste sind noch einige Wasserbecken sichtbar. Nach dem verheerenden Erdbeben von 554 entstand hier das Kloster »**Panagia tu alsus**«, »Heiliger Hain«, in Erinnerung an das einstige Gesundheitszentrum.
Im Süden schließt die mit Arkaden und Nischen versehene Stützmauer der zweiten Terrasse den Platz ab. Links der Freitreppe zur zweiten Terrasse befindet sich in der dritten Mauernische der **Pan-Brunnen**. Namensgeber des Brunnens ist der auf einem kleinen Relief, das über dem Wasserauslauf angebracht wurde, abgebildete Hirtengott. In der Nische rechts der Treppe steht der **Altar des Xenophon**.

Zweite Terrasse

Die zweite, schmalere Terrasse ist der älteste Teil der Kultstätte. Wenige Meter rechts des Aufgangs befand sich der **Tempel des Askle-**

pios aus dem 3. Jh. v. Chr., zu dem eine kleine Treppe führte. Zwei seiner ionischen Säulen wurden wieder aufgerichtet. Neben dem Tempel steht der dazugehörige, mit einem Seil eingezäunte **Asklepios-Altar**, auf dem Tieropfer dargebracht wurden. Südlich des Asklepios-Tempels sind die Grundmauern eines Gebäudes zu erkennen, in dem sich wahrscheinlich die Wohnungen der Priester befanden. Links des Asklepios-Altars zeugen sieben korinthische Säulen von einem **Apollon-Tempel** aus dem 2. / 3. Jh. n. Chr.
Östlich des Tempels lag die **Lesche**, der Versammlungsraum der Priester; wenig weiter eine Exedra, ein halbkreisförmiger, nach einer Seite offener Raum mit Nischen und Sitzbänken.

Dritte Terrasse

Die 60 Stufen der längsten Freitreppe führen zur dritten Terrasse mit den Überresten des einstmals **größten Tempels der Anlage**, der ebenfalls dem Heilgott Asklepios geweiht war. In byzantinischer Zeit dienten die Ruinen des Tempels als Kirche. Erhalten blieb der **frühchristliche Altar**, der aus einem Säulenstumpf, einem Kapitell und einer Steinplatte aufgeschichtet wurde. Noch gut zu erkennen sind die in das Kapitell gemeißelten Buchstaben IC XC – das Namenskürzel für Jesus Christus. Man genießt eine herrliche Aussicht auf die Ebene mit der Stadt Kos, das ägäische Meer und das türkische Festland.

Brunnenhaus

Wandert man rund 45 Minuten von der dritten Terrasse weiter bergauf, stößt man auf die »**Burinna**«. Das Brunnenhaus, das einst dem Asklepios-Heiligtum sowie der antiken Stadt Kos Wasser lieferte, dient noch heute als Wasserreservoir der Inselhauptstadt.

Hippokrateia-Festival

Im Rahmen des jährlich von Ende Juni bis Ende August veranstalteten Kulturfestivals »Hippokrateia« (Auskunft: Municipal Tourist Organization, S. 122) wird vor dem Asklepios-Altar der »**Hippokratische Eid**« feierlich deklamiert, untermalt durch Flötenmusik. Dem altgriechisch gekleideten Deklamator stehen zwei Mädchen zur Seite, die Asklepios' Töchter Hygieia, die Göttin der Gesundheit, und Panakeia, die »Allesheilerin«, darstellen (▸Abb. S. 71).

International Hippocratic Foundation

Zirka in der Mitte der Zufahrtsstraße von Platáni zu den Ruinen des Asklepios-Heiligtums zweigt links eine schmale Straße zu dem 240 000 m^2 umfassenden Gelände der »**Internationalen Hippokratischen Stiftung von Kos**« ab. Die im Jahr 1960 auf Initiative des Chirurgen Spyridon Economou gegründete Stiftung untersucht Leben und Werk des Hippokrates (▸ Baedeker Wissen S. 137f.), unterstützt Forschungen auf dem Gebiet der **ganzheitlichen Medizin** und dient Ärzten aus aller Welt als Diskussionsforum.
Außerdem veranstaltet die Hippokrates-Stiftung jährlich Konferenzen, Tagungen und Symposien zu medizinischen Themen.

Marmári

Griechisch: Μαρμάρι
Einwohner: 200

Ähnlich wie ▸Tigáki im Osten und ▸Mastichári im Westen war auch Marmári noch vor 15 Jahren ein verschlafenes Stranddorf – heute dagegen begeistert der boomende Ferienort vor allem deutsche Pauschalurlauber, die besonders den kinderfreundlichen Sandstrand und die guten Surfbedingungen schätzen.

Marmári erleben

URLAUB FÜR AKTIVE

Bei Nordwind entsteht zwischen den Inseln Psérimos und ▸Kálymnos eine Düse, die genau auf Marmári trifft – und den Küstenstreifen zum Top-Spot für Surfer macht. Kurse im Windsurfing und Katamaransegeln, bieten die Wassersportzentren Caravia Beach, Marmári Windsurfing und Fun 2 Fun, ferner Aqua-Jogging-Unterricht, Tennisplatz-Verleih und Mountainbike-Touren. Hoch zu Ross geht es vom Salt Lake Riding am Strand entlang.

SHOPPING

Art Gallery

An der Uferstraße westlich des Rondells

In der einzigen Galerie moderner Kunst auf der Insel präsentiert der Österreicher Kurt Havlacek, der sich als Maler »Sol« nennt, seine Werke und bietet darüber hinaus eine kleine Auswahl an günstigem Silberschmuck und Keramikobjekten.

AUSGEHEN

Music Café Insel

Direkt an der Hauptstraße

Die Open-Air-Bar ist der abendliche Treffpunkt vieler Windsurfer und v.a.

jüngerer Urlauber. Der lange Tresen fördert die Kommunikation.

ESSEN

Apostólis ●

Direkt an der Hauptstraße
Tel. 22420 4 14 03

Gucken Sie nicht in die Speisekarte, sondern in die Töpfe – und suchen Sie sich in der traditionellen Taverne Ihr Wunschessen aus. Sehr freundlicher Service.

Dímitris ●

An der Hauptstraße bei der Abzweigung nach Tigáki
Tel. 22420 4 11 22

Spezialitäten in Dimitris uriger Taverne sind gegrilltes Zicklein und Kichererbsen-

Von ▸Kos-Stadt fahren mehrmals täglich Busse die 15 km nach Marmári, neben ▸Mastichári und ▸Tigáki die dritte Touristenhochburg an der Koer Nordküste. Der frühere Bootsplatz der Fischer von ▸Pylí ist heute eine lockere Ansammlung von zum Teil vereinzelt stehenden Hotels, Apartmenthäusern, Tavernen und Bars; dazwischen liegen Äcker, Felder, Weiden und weitere **Bauplätze**. Und obgleich schon heute kaum noch die Grenze zwischen Marmári und Tigáki festzustellen ist, wird weiter gebaut.

Touristenhochburg

Die letzten 500 bis 600 m der Stichstraße, die von der Inselhauptstraße durch Marmári zum Strand führt, haben sich als »Ortskern« etabliert. Eine Seite der Straße besitzt sogar einen Bürgersteig mit Rad-

Ortszentrum

pfannkuchen, die auf der schattigen Gartenterrasse serviert werden.

Karéla €€

An der Straße Richtung Tigáki
Tel. 22420 4 14 02

Üppige Sträucher und ausladende Bäume beschatten das Gartenlokal, das für leckere Grillspezialitäten und fangfrischen Fisch bekannt ist.

ÜBERNACHTEN

Marmári Beach Hotel €€€

50 m vom Ortsstrand
Tel. 22420 4 12 19, Fax 22420 4 10 56
www.marmaribeach.gr

Attraktive Hotelanlage im Stil eines griechischen Dorfes mit 320 Zimmern, großzügiger Poollandschaft mit drei Kinderbecken, Beach Bar und Gourmetrestaurant mit Meerblick

Giakális €€

In der »Kanalstraße«, 500 m vom Strand entfernt
Tel. 22420 4 16 86, Fax 22420 4 16 98
www.giakalishotel.blogspot.com

Freundliche Apartmentanlage mit 57 Zimmern, gepflegtem Garten, großem Pool mit separatem Kinderbecken, Tennisplatz, Fahrradverleih und Minimarkt

Hotel Stella Maris €

Am Ortsstrand, Tel. 22420 4 10 03

Ideal für einen entspannten Strandurlaub: 63 komfortable Zimmer mit Balkon oder Terrasse, 3 ha großer Garten, Süßwasserpool mit Plantschbecken, Spielplatz, Restaurant und Poolbar.

Hotel Blue Jay Beach €€

Zentral in einer Seitenstraße, 30 m vom Sandstrand
Tel. 22420 4 15 33, Fax 22420 4 17 43
www.bluejaybeach.com

Familiäre Hotelanlage mit 54 Zimmern, Restaurant und Bar. Der Swimmingpool mit separatem Kinderbecken und Sonnenterrasse liegt in einem hübschen Garten. Buchen Sie ein Zimmer mit Meerblick.

Cavo d'Oro €€

400 m östlich des Ortszentrums
Tel. 22420 4 18 00, Fax 22420 4 10 47
www.cavodorohotel.gr

Zur familienfreundlichen Hotelanlage gehören 21 Apartments. Der schöne Garten mit Palmen und Spielplatz reicht bis an den Strand heran, wo auch Wassersportmöglichkeiten angeboten werden. Im Hauptgebäude gibt es ein Restaurant, eine Bar und eine Internet-Ecke.

weg – die **Flaniermeile** Marmáris, die erst am Abend zum Leben erwacht. Es gibt einige Reisebüros und Souvenirgeschäfte, Cafés und Tavernen – insgesamt leidet der Ort wie die anderen reinen Badeorte an der Nordküste aber stark unter den alles örtliche Leben verhindernden All-inclusive-Anlagen.

***Sandstrand** Im Ortsbereich ist der kilometerlange, von Dünen begrenzte und teilweise mit Tamarisken bestandene Sandstrand etwa 25 m breit und **fällt flach ins Meer** ab. Hier tummeln sich zwischen langen Reihen von Liegestühlen und Sonnenschirmen meist die Gäste der großen Hotelanlagen. Wassersportstationen bieten – auch deutschsprachige **Wasserski- und Surfkurse** an, Strandkioske sorgen für Snacks und kühle Getränke. Etwas ruhiger geht es auf den östlich und westlich des »Ortskerns« gelegenen Stränden zu, die zwar schmaler und weniger »organisiert«, doch ebenso sauber und feinsandig sind. An einigen Abschnitten können ebenfalls Liegestühle und Sonnenschirme ausgeliehen werden, und zum nächsten »Minimarkt« ist es nie weit.

Ausflug zum Salzsee Wer vom Dikaíos-Gebirge auf die Küstenebene sieht, erblickt zwischen Marmári und ▸Tigáki eine glitzernde Fläche am Ufer: den 1,5 km langen und 600 m breiten Salzsee **Alykés**, der bis in die 1930er-Jahre als Saline genutzt wurde. Heute ist der flache See ein **Naturschutzgebiet**, in dem auch Flamingos überwintern. Hinkommen: Von Marmári Richtung Tigáki fahren und bei »Christos Gokarts« auf die schmale Stichstraße zum Salzsee abbiegen.

Mastichári

B 1

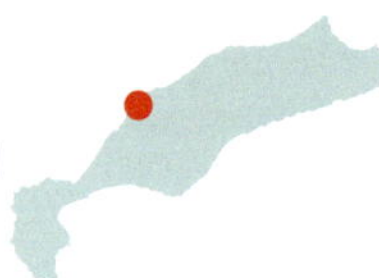

Griechisch: Μαστιχάρι
Einwohner: 200

Neben feinem Sandstrand, schroffen Felsen und Disteln auf den Dünen lockt Mastichári als westlichster Ferienort der Nordküste mit einer winzigen Fußgängerzone, einem Fischereihafen und Fährverbindungen hinüber nach Kálymnos und Psérimos.

Vom Fischerdörfchen zum Urlaubszentrum Nach dem starken **Erdbeben** im Jahr 1933 zog ein Teil der Einwohner von ▸Antimácheia aus dem verwüsteten Dorf hinunter an die Nordküste der Insel. Das neu gegründete, 32 km von der Inselhauptstadt entfernte Dörfchen Mastichári war umgeben von den fruchtbaren Böden der Küstenebene und ausgestattet mit einem kleinen Hafen, und so bildeten Fischerei und Landwirtschaft für Jahrzehnte die Lebensgrundlage der Bevölkerung. Anfang der 1980er-Jahre ent-

Mastichári erleben

ANREISE UND FÄHREN

Mehrmals täglich fahren Busse von und nach ▸Kos-Stadt. Fähren stellen das ganze Jahr mehrmals täglich die Verbindung nach ▸Kálymnos her – Überfahrt je nach Bootstyp 20–45 Minuten. Eine halbe Stunde brauchen die Fähren nach Psérimos.

AUSGEHEN

Auf der Terrasse der Number One Bar im Zentrum kann man unter Weinranken den Tag ausklingen lassen.

SHOPPING

Pia & Ira

Die Inhaberinnen des kleinen Schmuck- und Souvenirladens im Ortszentrum engagieren sich stark im Tierschutz auf der Insel. Sie nehmen gern Futterspenden für Hunde und Katzen an und helfen auch bei der Adoption von Hunden durch Urlauber.

ESSEN

Kalí Kardiá €

Direkt am Fährhafen

Das älteste Restaurant am Ort, 1925 von Vasílis und Vagélio eröffnet, serviert als leckeren Preishit eine ganze Zahnbrasse mit Salzkartoffeln und Gemüse. Auch der offene Wein ist hier ein Genuss!

Traditional Greek House €

Am Strand südlich des Hafens Richtung Hotel Euro

Die von einer Bauernfamilie sehr engagiert geführte Strandtaverne

bietet mit seinen sechs Tagesgerichten authentische koische Hausmannskost wie z.B. Schweinefleisch mit Kürbisgemüse oder das einem Ratatouille ähnliche briám. Kinder können abseits allen Verkehrs im Garten und am Strand spielen.

Tam Tam €€

Etwa 3 km östlich von Mastichári

Das von einem deutsch-griechischen Paar betriebene Open-air-Restaurant auf einer grünen Düne mit Blick auf Strand und Meer ist eine freundliche Oase abseits aller Ortschaften. Kinder können auf der grünen Wiese spielen, eine kleine Boutique bietet Kunst aus Treibholz und flotte Mode der griechischen Designerin María Triandáfilou an. Frischer Fisch steht ebenso auf der Karte wie eine gute Auswahl an Pasta und Pizza. Hinzu kommt ein die Kommunikation fördernder Bartresen.

ÜBERNACHTEN

Marmári Palace €€€€

4 km außerhalb von Mastichári, am Strand

Tel. 22420 592 30

Fax 22420 591 28

www.marmaripalace.gr

Luxusanlage mit 232 Zimmern, attraktiver Poollandschaft, Fitnesscenter mit Sauna, Jacuzzi und Hammam, vier Tennisplätzen, Beach Bars, griechischer Taverne und vollem Animationsprogramm.

Neptune Resort & Spa €€€€

5 km außerhalb von Mastichári direkt am Strand
Tel. 22420 4 14 80
Fax 22420 4 15 74
www.neptune.gr

15 ha-Ferienkomplex der Superlative mit 570 Balkonzimmern, vier Süßwasserpools, Tennisplätzen, Mountainbikeverleih, Windsurfen und Segeln.
Es gibt ein Gourmetrestaurant, ein italienisches Lokal und eine griechische Taverne, acht Bars sowie Boutiquen, Diskothek und Animation. Für Wellness sorgt ein SPA mit Fitnesscenter, Dampfbad und Thalasso-Anwendungen.

Mastichári Bay €€€

Am Strand, 300 m östlich vom Ortskern
Tel. 22420 5 93 00
Fax 22420 5 93 07
www.masticharibayhotel.com

Die im Village-Stil erbaute Anlage mit 240 Balkonzimmern bietet einen Swimmingpool mit Taverne, Kinderbecken, Fitness-Studio und Tennisplätze, alles umgeben von Bougainvilleen, Oleander und Jasmin. Das Hotel betreibt eine eigene Obst- und Gemüsefarm und versorgt damit die Hotelküche.
Was dort angebaut wird, zeigt ein appetitliches Arrangement im Hotelrestaurant »Olive Tree«.

Hotel Sea Breeze €€

An der Uferpromenade 250 m vom Sandstrand
Tel. 22420 5 91 71, Fax 22420 5 91 72
www.seabreezekos.gr

Eléni und Kóstas Diakanastási haben ein kleines, familienfreundliches Ferienhotel mit 18 Zimmern auf zwei Etagen um einen begrünten Innenhof. Das Frühstück ist wirklich gut und zu empfehlen!

Diana Studios €

In einer Nebenstraße hinter der Strandpromenade
Tel. 22420 5 91 16

Sieben gemütlich eingerichtete Studios mit Balkon oder Terrasse, teilweise mit Meerblick

deckte die Tourismusbranche Masticháris **flach abfallende Strände**, und schon bald siedelten sich immer mehr Tavernen, Pensionen und Hotels um den winzigen Ortskern an. Dann kamen große Hotel- und Apartmentanlagen in der Umgebung hinzu. Begünstigt durch den nur 4 km entfernten Flughafen, gehört Mastichári inzwischen zu den **beliebtesten Urlaubszielen** auf Kos. So prägt heute die »übliche« touristische Infrastruktur aus Geschäften, Supermärkten, Souvenirshops, Autoverleihern, Restaurants, Bars und Grillstuben das Ortsbild. Für Badespaß sorgt der **Lido Waterpark** (www.lidowaterpark.com) östlich des Ortes mit seinen Riesenrutschen.
Knapp 300 m westlich vom Hafen beginnt der 1 km lange, bis zu 20 m breite und **feinsandige Badestrand**. Er ist vor allem bei Familien mit Kindern beliebt und entsprechend frequentiert. Eine Surfstation, Kioske und Snackbars sorgen dafür, dass es den Strandbesu-

chern an nichts fehlt. Wer keinen Platz unter den Schatten spendenden Tamarisken gefunden hat, kann sich Liegestühle und Sonnenschirme ausleihen.

Basilika Ágios Ioánnis

Reste antiker Hafenanlagen und die Ruinen einer frühbyzantinischen Kirche belegen, dass hier schon vor mehr als 1500 Jahren Menschen lebten. Im Mittelalter wurde diese Siedlung aber aus unbekannten Gründen aufgegeben. Von der im späten 5. Jh. erbauten **dreischiffigen Basilika** Ágios Ioánnis, die etwa einen Kilometer westlich von Mastichári liegt, sind die Grundmauern, Säulenkapitelle und ein in den Boden eingelassenes, aus Marmor und Ziegelsteinen gebautes **Taufbecken** erhalten geblieben. Die farbigen Mosaikböden mit Tier- und Pflanzendarstellungen sind – wie sonst auch auf Kos – mit einer Schutzschicht aus Sand und Kies bedeckt.

Zu den Ruinen der Basilika führt ein Fußweg entlang des Strandes; Autofahrer parken am **Hotel Euro** und gehen in wenigen Minuten zu dem auf einer kleinen Anhöhe liegenden Ausgrabungsgelände, das jederzeit besichtigt werden kann – die Stätte ist zwar eingezäunt, der Zaun jedoch an mehreren Stellen beschädigt.

! BAEDEKER TIPP

Troúlos Beach

Wer einen stilleren Badeplatz vorzieht: Rund 1,5 km östlich von Mastichári führen zwei Sandpisten zum Troúlos Beach, einem 10 m breiten Sandstrand, der sehr flach ins Meer abfällt – ideal für Kinder. Eine Snackbar stillt den Hunger mit Pizza, Pasta und gegrillten Kalamares. Abends können Sie hier wunderschöne Sonnenuntergänge erleben!

* Pylí

C 1

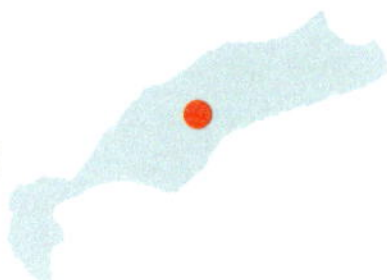

Griechisch: Πυλί
Einwohner: 1800

Mittelpunkt des 300 m hoch in den nördlichen Ausläufern des Dikaios-Gebirges gelegenen, ursprünglichen Bergdorfes Pylí ist die Platía – tagsüber toben Kinder auf dem Dorfplatz, abends treffen sich hier die Erwachsenen zu Tavli und Tratsch.

Bergdorf mit Meerblick

Wenn sie auf ihren Feldern Tomaten, Zwiebeln, Oliven und Sesam anbauen, können die Bewohner Pylís auf ihren Hausstrand blicken: Zum Verwaltungsgebiet gehört auch der 5 km nördlich gelegene Badeort ▸Marmári. In weiten Kurven verbindet die von nur wenigen Geschäften und Tavernen gesäumte Dorfstraße die beiden deutlich voneinander getrennten Ortsteile Káto Pylí, »unteres Pylí«, und Áno

Pylí erleben

REITERFERIEN

Tel. 22420 4 19 08
www.alfa-horse.de
Ponyreiten, Anfängerkurse oder Ausritte für sattelsichere Reiter – Pferdeliebhaber werden von Christine und Peter Ehrenbergs Reitstall in Pylí vollkommen begeistert sein.

DER BERG RUFT!

Gehen Sie vom Parkplatz unterhalb des »Geisterdorfes« Palió Pylí noch ein paar Meter die Schotterpiste weiter, sehen Sie links einen Wegweiser auf einen Pfad, der Sie in etwa 20 Minuten bergan zu einem einzigartigen Gasthaus bringt. Seine Terrassen liegen etwa auf gleicher Höhe wie die Burgruine von Palió Pylí. Die gut Deutsch sprechenden Brüder Geórgios und Michális wurden vor über 50 Jahren in dem kleinen Bauernhaus dort oben geboren und betreiben es jetzt als inselweit einzigartiges Café unter dem Namen »Ória« (€).
Die Gäste sitzen in schönster Natur mit phantastischem Fernblick und können meist – aber nicht immer – essen, was die Wirte gerade vorbereitet haben. Manchmal sind es gefüllte Weinblätter oder Schweinekoteletts, manchmal aber auch Zicklein aus dem Backofen.
Mit dem Pkw kommt man hier nicht hinauf – selbst für Jeeps ist die Schotterpiste noch recht anspruchsvoll.

SHOPPING

Bus Stop Gallery
An der Hauptstraße 100 m unterhalb des Dorfplatzes
Die Galerie des österreichischen Malers Kurt Havlacek und seiner niederländischen Partnerin präsentiert außer den Gemälden des gesprächigen Inhabers auch Mode- und Silberschmuck befreundeter Hersteller. Wer sich dafür interessiert, kann bei dem Maler auch eintägige Malkurse buchen.

Remko & Ria
Am Dorfplatz
Das niederländische Künstlerehepaar Remko und Ria fertigt und verkauft Aquarelle, Radierungen, Keramik und Schmuck.

ESSEN

Palía Pigí €
Neben dem alten Dorfbrunnen
Im Schatten eines uralten Ficus Benjamini serviert die Wirtin Vorspeisen wie frittierte Auberginen oder Zucchini, Bauernsalat und geschmorte Paprika mit Skordalja.

Old Pylí €€
An der Straße von Amianoú nach Palió Pylí
Tel. 22420 4 16 59
Wirt Geórgios und sein Sohn fischen selbst und servieren überwiegend ihren eigenen Fang. Besonders stolz sind sie auf ihre Fischsuppe. Gratis gibt es dazu eine herrliche Aussicht auf die Küstenebene und die Ägäis.

Pylí, »oberes Pylí«, die nach ihren Kirchen auch Ágios Geórgios bzw. Ágios Nikólaos genannt werden. Außer einigen Privatzimmern, die in den Tavernen vermittelt werden, gibt es keine Unterkünfte.

SEHENSWERTES IN PYLÍ

Dorfbrunnen Pigí

Westlich des Dorfplatzes, dem Hinweisschild »Water Spring« folgend, führt ein Gässchen 150 m weit vorbei an Gärten mit Feigen-, Limonen- und Zitronenbäumen zum Dorfbrunnen Paleá Pigí, dessen quaderförmiges **Brunnenhaus** 1592 errichtet wurde. Aus den jüngst restaurierten, löwenköpfigen Wasserspeiern fließt frisches Quellwasser, von dem ein kräftiger Schluck – so erzählen die Einheimischen – jungen Frauen zu baldigem **Kindersegen** verhelfen soll.

Traumpanorama mit Blick auf die byzantinische Felsenfestung

Grab des Harmylos Ungefähr 500 m östlich des Dorfplatzes liegt ein heute eingezäunter, als Grab des Harmylos gedeuteter Gewölbebau aus dem 4. Jh. v. Chr. mit je sechs Nischen an beiden Längsseiten. An dieser Stelle soll Harmylos, Stammvater der Harmyliden und Begründer der ersten **Königsdynastie** von Kos, zusammen mit seiner Familie begraben worden sein.

Unmittelbar daneben steht leicht erhöht eine kleine **byzantinische Kapelle**, bei deren Bau neben Quaderblöcken der Gruft auch eine Steinplatte verwendet wurde, deren altgriechische Inschrift verrät, dass die Anlage den »olympischen Göttern« und dem »Helden Harmylos« geweiht war, der mit dem Götterboten **Hermes** verwandt gewesen sein soll.

UMGEBUNG VON PYLÍ

***Paléo Pylí** Im Bereich des heutigen Pylí siedelte in der Antike der Stamm der Peleten, von dem sich der Name Pylí, griechisch für »Dorf«, ableitet. Im 8. / 9. Jh. verließen die Bewohner ihre Siedlung und zogen an den Nordhang des Dikaíos-Gebirges, wo sie besser vor den häufigen Piratenüberfällen und Plünderungen durch Vandalen, Normannen oder Sarazenen geschützt waren. Nach der **Cholera-Epidemie** im Jahr 1830 gaben die Einwohner ihr Bergdorf auf und gründeten Pylí an der Stelle der antiken Siedlung erneut. Palió Pylí, das »alte Pylí«, blieb verlassen und verfiel mit der Zeit.

In dem etwa einen halben Kilometer östlich von Pylí an der Straße nach Lagoúdi und Evangelístria gelegenen Dörfchen Amanioú zweigt direkt an der Dorfkirche eine schmale Straße zum »**Geisterdorf**« ab, die nach etwa einem Kilometer dann in einem Kiefernwäldchen endet.

Ein Fußweg führt weiter hinauf zu den verfallenen Häuser des »alten Pylí«. Bewacht wird das Bergdorf von einer im 11. Jh. auf einem Felsplateau erbauten **byzantinischen Festung**, deren Ruinen zur Zeit restauriert werden. Unterhalb der Burg sind in der Ende des 11. Jh.s von dem Abt Christódoulos, dem Gründer des Johannes-Klosters auf ▸Pátmos, errichteten Kirche **Panagía ton Kastrianón** Freskenfragmente aus dem 12. Jh. erhalten geblieben. Alljährlich am 1. /2. Februar feiert die »Heilige Muttergottes der Kastellbewohner« ihr Patronatsfest.

See Linopótis Umgeben von Schilf und ausladenden Feigen- und Eukalyptusbäumen liegt ein kleiner See direkt an der Abzweigung von der Inselhauptstraße nach Pylí. Ende der 1920er-Jahre wurde der Linopótis-See, der von einer nahen Quelle gespeist wird, zur Bewässerung der Felder in der Region angelegt und ist heute das Revier von **Wasserschildkröten** und Enten.

Tigáki

D 1

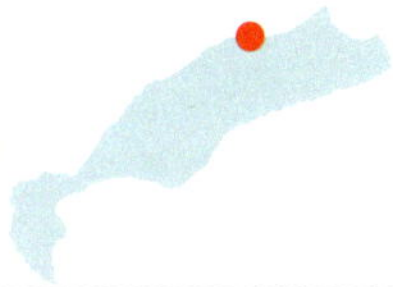

Griechisch: Τιγκάκι
Einwohner: 100

Tigáki fehlt in keinem Reisekatalog zu Kos: Die im Winter fast menschenleere Ansiedlung an der Nordküste gehört zu den Hochburgen der Pauschalurlauber aus England und Deutschland, die im Sommer dicht an dicht den beliebtesten Sandstrand der Insel bevölkern.

Tigáki erleben

ESSEN

Plori €€
Am Strand im Ortszentrum
Tel. 22420 6 96 86
Vom klassischen Tzazíki und der über Holzkohle gegrillten Aubergine bis zum gegrillten Fisch des Tages – im Schatten von Weinreben kann man hier gut und günstig essen.

Nisiótiko €
An der Hauptstraße nahe dem Rondell
Mit ihrer ganz in den Landesfarben Weiß und Blau gehaltener Einrichtung und Dekoration kommt diese »Inseltaverne« dem Idealbild eines ägäischen Lokals sehr nahe. Auf der Karte stehen vielerlei griechische Standardgerichte zu vernünftigen Preisen.

ÜBERNACHTEN

Kos Palace €€€
2 km westlich direkt am Strand
Tel. 22420 6 98 90
Fax 22420 6 96 00
www.kospalace.gr
117 klimatisierte helle Zimmer mit Marmorbad, Terrasse oder Balkon. Schickes Restaurant, Süßwasserpool, Kinderbecken und Sonnenterrasse.

Hotel Illios €€
Zentral, 900 m vom Strand
Tel. 22420 6 94 11, Fax 22420 6 91 73
www.ilioshotel.com
Die Ferienanlage mit Restaurant, Tennisplatz und zwei Pools mit separatem Kinderbecken ist bei Familien mit kleinen Kindern besonders beliebt. Die 120 Zimmer haben Klimaanlage, Satelliten-TV, Balkon oder Terrasse.

Hotel Tropical Sol €€
An der zentralen Stichstraße, 200 m vom Strand
Tel. 22420 6 93 41, Fax 22420 6 90 34
www.tropicalsol-kos.gr
Die Ferienanlage verfügt über einen Süßwasserpool in einem Palmengarten mit überdachter Terrasse und Snackbar. Alle 120 Zimmer haben Terrasse oder Balkon mit Blick in den Garten oder aufs Meer.

Aramnoi Apartments €
am Strand, 700 m vom Ortszentrum
Tel./Fax 22420 6 99 64
www.aramnoi.gr
Nette, saubere Apartments mit Bad und Balkon, 150 m vom nächsten Restaurant entfernt. Entspannen kann man im gepflegten Garten mit Meerblick!

Urlaubsort der kurzen Wege

Wie der Nachbarort ▸Marmári ist Tigáki (manchmal veraltet auch Tigkáki geschrieben) ein Produkt des in den 1980er-Jahren auf Kos einsetzenden Tourismusbooms. Das »Ortszentrum« mit den üblichen touristischen Einrichtungen bilden eine Stichstraße, die von der Inselhauptstraße hinunter an die Nordküste zum Strand führt und in einen großen Kreisverkehr mündet, und die kurze Uferstraße.

In gebührendem Abstand zur »Hauptstraße« haben sich **Hotelanlagen** mit teilweise üppigen Palmengärten angesiedelt. Die landschaftlich **attraktive Umgebung** lädt zu ausgedehnten Spaziergängen oder Radtouren ein.

! BAEDEKER TIPP

Rauf aufs Rad

Die flache, fruchtbare Küstenebene ist ein ideales Terrain für Radfahrer. Am Wendeplatz von Tigáki beginnt ein asphaltierter, kaum befahrener Radweg nach Kos-Stadt, der die ersten Kilometer direkt an der Küste verläuft und dann immer wieder neue Ausblicke auf die Ausläufer des Dikaíos-Gebirges eröffnet. Gut gepflegte Leihräder gibt es bei Suzuki Díno und Níkos, der zwei Stationen vor Ort betreibt.

Der flach abfallende **Sandstrand**, der mehrmals in der Woche gereinigt wird, ist im Ortsbereich bis zu 100 m breit und von Tamariskengesäumt. Seine »Ausstattung« ist nahezu perfekt: Es gibt Umkleidekabinen, Duschen und Toiletten, Liegen als Duo mit Sonnenschirm, Wassersportstationen mit einem umfangreichen Angebot, und quälen Hunger oder Durst, sind es zum nächsten Kiosk oder Strandcafé nur ein paar Schritte.

* Zía

D 1

Griechisch: Ζία
Einwohner: 100

Steile Felsen, weiß getünchte Häuser, lauschige Tavernen und eine Umgebung, die zum Wandern einlädt: Das Bergdorf Zía, in den 1980er-Jahren fast ausgestorben, lebt heute vom Tourismus – und lockt mit den schönsten Sonnenuntergängen der Insel.

»Sonnenuntergangs-dorf«

Zía, das etwa 15 km südwestlich von ▸Kos-Stadt auf 350 m Höhe am Rand eines Kiefernwaldes liegt, gehört mit den nahen Weilern Lagoúdi, Evangelístria, Asómatos und dem verlassenen Ágios Dimítrios zur Gemeinde Asfendiou. In diesem, so die Prospekte der Reise- und Ausflugsbüros, »typisch griechischen Bergdorf« können die Urlauber nicht nur einen »original griechischen Abend« mit Musik und Tanz erleben, sondern auch die »schönsten Sonnenuntergänge der Insel« beobachten. Dass sich Zía völlig auf den Tourismus eingelassen hat, wird schon bei der Einfahrt ins Dorf deutlich: **Scharen von Touristen** begutachten das Angebot der Verkaufsstände am Dorfplatz und strömen in die Tavernen. Doch wenn die Busse nachmittags wieder abgefahren sind, verströmt Zía mit seinen engen Gassen und von den Bäumen und Sträuchern gesäumten Wegen eine fast in sich gekehrte Atmosphäre.

Wassermühle

Die letzte noch intakte Wassermühle von einst 20 Mühlen erinnert an Zeiten, als die Einwohner des Bergdorfes noch ausschließlich von der Landwirtschaft lebten. Das **Mahlwerk** kann man sich ansehen – natürlich ist auch in der Mühle ein Souvenirgeschäft untergebracht.

UMGEBUNG VON ZÍA

Evangelistria

An der Straße von Zipári nach Zía passiert man den Weiler Evangelistria und einen halben Kilometer weiter westlich, an der Straße nach ▸Pylí, den Weiler Lagoúdi.

Kräuter, Kanelada oder Kunsthandwerk – Souvenir-Shopping im Bergdorf Zía

Zía erleben

GRIECHISCHE NÄCHTE

Der Ort für griechische Folklore-Shows auf der Insel ist die große Open-air-Taverne Fantasía (Tel. 22420 6 81 19; Mi., Fr. – Mo. 19.30 – 23.00 Uhr) am unteren Ortseingang von Zía. Zum Fixpreis (25 €) bekommt man 6 Gänge serviert und soviel Wein, wie man verträgt. Um 20.00 Uhr beginnt die Show, in deren Verlauf auch die Gäste immer wieder zum Mittanzen aufgefordert werden. Kinder können sich derweil auf einem Spielplatz vergnügen.

ESSEN

Olympia €
Im oberen Ortsteil, Tel. 22420 6 91 21
Bei Mattheos Michael wird authentische griechische Küche serviert; sehr nette Bedienung.

Oromédon €€
Am Dorfplatz beim Ortseingang
Tel. 22420 6 99 83
Schon der ehemalige US-Präsident Bill Clinton hat hier gegessen. Der gut Deutsch sprechende Wirt Níkos arbeitet sehr professionell und verfeinert viele griechische Gerichte ganz individuell. So präsentiert er sein Rinderfilet in einer Haselnusssauce und backt sein gefülltes Lamm im Holzbackofen, aus dem auch das gereichte Brot stammt.

Sunset Balcony €
Im oberen Ortsteil bei der Kirche
Tel. 22420 6 90 46
Von der berühmten »Sonnenuntergangs-Terrasse« hat man wirklich einen wunderbaren Ausblick über die Nordküste. Probieren Sie das Moussaka und den Vorspeisenteller.

Watermill €
Am Fußweg vom Dorfzentrum zur Dorfkirche
Tel. 69 47 41 24 40
Das kleine Kafeníon in einer alten Wassermühle stellt die Limonade mit Pfefferminzaroma und die Zimtlimonade kaneláda ebenso wie alle Kuchen und Süßspeisen noch selbst her. Vier Brüder betreiben das freundliche Lokal zusammen mit ihrer Mutter.

Beste griechische Küche: Taverne Olympia

Lagoúdi (Λαγούδι)

Trotz der Urlaubermassen, die tagtäglich Zía besuchen, liegen beide Dörfer **abseits jeglicher Touristenpfade**. Die wenigen Spaziergänger und (Rad-)Wanderer, die durch Evangelístria und Lagoúdi kommen, werden von den jeweils nur knapp 100 Einwohnern halb verwundert, halb misstrauisch beäugt, als störten sie die Ruhe und Abgeschiedenheit der Bauerndörfer, die beide auffallend große Kirchen besitzen. Am Dorfplatz von Evangelistria erhebt sich die 1910 erbaute **Kirche Evangelismós tis Theotókou** mit einem frei stehenden Glockenturm von 1937 und farbenprächtigen Wandmalereien im traditionellen byzantinischen Stil aus den 1990er-Jahren. Auf einer Anhöhe oberhalb Lagoúdis thront weithin sichtbar die der Muttergottes geweihte **Kirche Zoodóchos Pigís**, zu Deutsch »Leben spendender Quell«. Die Wandmalereien aus der ersten Hälfte der 1990er-Jahre zeigen Szenen aus dem Leben Marias, darunter eine Darstellung der Geburt Jesu.

! BAEDEKER TIPP

I Oréa Elláda

»Schönes Griechenland« heißt der alte Gutshof unmittelbar unterhalb der Kirche Zoodóchos Pigís in Lagoúdi. Die Flämin Christina Zentéli-Colman hat ihn als kleines Paradies für Urlauber geöffnet: Auf der Terrasse ihres winzigen Restaurants serviert sie täglich ein frisch gekochtes Gericht, in einem der Räume hat sie ein Geschäft mit Antiquitäten, alten Stickereien und Schmuck eröffnet, außerdem kann man zwei Ferienwohnungen mit historischem Flair mieten.
Am Gutshaus beginnt ein Fußweg, der in etwa 45 Min. hinunter zur Küste bei Tigáki führt (€€, tgl. 10.00 – 22.00 Uhr, Tel. 22420 6 90 04; Ferienwohnungen auch über www.ferienhausmiete.de.

*Besteigung des Dikaíos

Am Parkplatz nahe der Dorfkirche von Zía beginnt der Fußweg zum 846 m hohen Dikaíos. Der Auf- und Abstieg dauert 4 bis 5 Stunden. Der markierte Weg zum Gipfel ist nicht allzu schwierig, vorausgesetzt, man hat feste Schuhe an und einen ausreichenden Getränkevorrat dabei. Wer frühmorgens aufsteigt, wird nicht nur mit schattigen Wegen und bester Fernsicht, sondern auch mit einem herrlichen Sonnenaufgang belohnt. Tagsüber ist eine Kopfbedeckung unerlässlich, da etwa die Hälfte des Weges über der Baumgrenze in praller Sonne verläuft.

Ausflugsziele

** Bodrum

Ausflugsziel

Land: Türkei
Einwohner: 31000

Im einstigen Halikarnassos stand mit dem Mausoleion eines der sieben Weltwunder, heute locken ein pulsierendes Nachtleben, bunte Märkte, sehenswerte Museen und herrliche Badebuchten: Dieser Mix hat Bodrum zum beliebtesten Ferienziel der südwestlichen Ägäis gemacht.

»Saint-Tropez der Türkei«

Innerhalb kurzer Zeit hat sich die einst verschlafene Küstenstadt gegenüber von Kos zum wohl **freizügigsten und exklusivsten Ferienziel** Kleinasiens entwickelt. Ihr touristisches Kapital: mildes Klima, schöne Badebuchten, herrliche Tauchreviere, antike Ruinen und ein Kastell mit einem berühmten Unterwasserarchäologie-Museum. Ferner besitzt Bodrum einen modernen neuen Hafen, den **Linien- und Kreuzfahrtschiffe** sowie Autofähren anlaufen.

Die **malerische Lage** von Bodrum, das über einer Bucht terrassenförmig ansteigt, verglich einst der römische Architekt Vitruv in seinem Werk »De Architectura« (II, 8) mit einem Amphitheater. Niedrige kubische, **weiß getünchte Häuser**, teilweise in kleinen Wein- und Obstgärten, ziehen sich die Anhöhe hinauf und bestimmen das Stadtbild, denn strenge Baugesetze verbieten es, den Ort durch Betonbauten zu verschandeln. Einem Wächter gleich erscheint einem das **gewaltige Kastell**, das sich auf einer Halbinsel erhebt, flankiert von sanft geschwungenen pittoresken Buchten.

> **? BAEDEKER WISSEN**
>
> *Wussten Sie schon*
>
> ... dass Mausolos, um seine ehrgeizigen Projekte verwirklichen zu können, auch ein Meister im Steuereintreiben war? Zur Finanzierung seines Grabmals führte er eine Sondersteuer ein, die von allen Männern erhoben wurde, die lange Haare trugen.

Die westliche Bucht beherbergt den Hafen mit den Liegeplätzen der Jachten, Sportboote und Motorsegeljachten, die Tagesausflüge in die nähere Umgebung offerieren. Die östliche Bucht bietet eine Uferpromenade, diverse Restaurants und einen schmalen Strandstreifen, wo in Kastellnähe gebadet werden kann. Das Zentrum des modernen Bodrum schließt unmittelbar nördlich an die vorspringende Kastellhalbinsel an. Dort erstreckt sich auch das **lebendige Basarviertel** des Ortes.

Von Kos aus kann man wundervolle Tagesausflüge unternehmen, beispielsweise in die türkische Stadt Bodrum.

Bodrum erleben

AUSKUNFT

Bodrum Turizm Danişma
Bariş Maydani'
Tel. +90 252 3 16 10 91
www.bodrum-bodrum.com
www.bodrum-info.org

ANREISE

Rund eine Stunde brauchen die Fähren der Bodrum Ferryboat Association (Büro Kos: Tel. 0242 02 63 88, www.bodrum-ferryboat.com), 20 Minuten die Tragflächenboote von Laumzis Cruises (Tel. 020 2 24 20, www.laumzis-cruises.gr), die zwischen Mai und Okt. tgl. um 9.00 bzw. 10.00 Uhr, Di. zusätzlich um 11.00 Uhr, im Winter 3 x pro Woche von ▸Kos-Stadt nach Bodrum fahren – Rückfahrt von Bodrum nach Kos ist 16.00 bzw. 17.00 Uhr, bei der Extra-Fahrt am Di. um 18.00 Uhr.
Fahren Sie am besten Di. oder Fr., wenn in Bodrum Markt ist. Zum Zeitkiller können bei der Einreise lange Schlangen vor der Passkontrolle werden.

SHOPPING

Wer in Bodrums basarähnlichen Gassen einkaufen geht, sollte grundsätzlich feilschen – das gehört zur Shopping-Kultur im Orient einfach dazu. Liebhaber türkischen Kunsthandwerks finden Kupferwaren, geknüpfte oder gewebte Teppiche und kunstvolle Miniaturen, die – auch wenn sie noch so alt und echt aussehen – allesamt Repliken wohl verwahrter Originale der Museen sind. Unglaublich echt wirken auch die »genuine faked watches«, die allerorten angebotenen, nachgemachten Uhren. Ideale Urlaubsschuhe sind die Sandalen im römischen Stil, die Schuhmacher nach Maß fertigen. Di. wird in der Markthalle ein Textilmarkt abgehalten, Fr. kann man dort Obst und Gemüse kaufen.

EVENTS

In den letzten zwei Maiwochen unterhalten die Bodrumer Jazztage mit Jamsessions in der Bar Hadigari, in der ersten Juni-Woche zeigt das Ulusla-rarasi Bodrum Film Festival sehenswerte Produktionen zu Umwelt- und Sozialthemen. Türkische Stars der Kunst- und Kulturszene unterhalten Anfang September beim Bodrum Festival; in der dritten Oktoberwoche startet beim Bodrum Cup eine Gulet-Regatta.

AUSGEHEN

Atatürks junge Untertanen wissen, wie man Partys feiert! Zunächst geht es auf einen Drink in die »Barstraße« Cumhuriyet Caddesi, wo die Veli Bar als älteste Bar der Stadt, die Mavi Bar und die White House Bar gelegentlich mit Live-Musik unterhalten. Türkische Musik und Bauchtanz gibt es ab 23.00 Uhr im Fasil Café Rasit. Bis in den frühen Morgen hotten bis zu 5000 Nachtschwärmer im Halikarnas ab, dem größten Freilufttanztempel der Türkei – ungeachtet der hohen Eintrittspreise. Kleiner und feiner: das M & M Dancing in der nahen Dr. Alim Bey Caddesi.

ESSEN

❶ ***Kortan*** €€€€
Cumhuriyet Cad. 32
Tel. 0252 3 16 13 00
Die beste Adresse für Fischfreunde mit ausgesuchter Weinkarte. Bestellen Sie einen Tisch auf der Terrasse – hier speist man mit Blick auf das Kastell.

2 *Epsilon* €€€
Türkkuyusu Mahallesi, Keleş Çıkmazı 5
Tel. 0252 3 13 29 64
Kleines, feines Lokal im Herzen der Altstadt. Lon und Berk – Letzterer spricht übrigens ausgezeichnet deutsch – verwöhnen ihre Gäste mit vorzüglicher Mittelmeerküche. Kleine Kunstausstellungen im baumbestandenen Innenhof und Lons dezente Flötenmusik lassen das Essen zum Erlebnis werden – reservieren!

3 *Secret Garden* €€€
Eskiçeþme Mah, Danaci Sokak 20
Tel. 0252 3 13 16 41
Man könnte Stunden in dem romantischen Garten gegenüber der Marina verbringen, um Helens leckere Gerichte zu probieren – wir empfehlen die marinierten Muscheln, das Knoblauchlamm und zum Schluss die hausgemachten Schokoladentrüffel.

4 *Sünger* €
Neyzen Tevfik Cad. 218
Tel. 0252 3 16 08 54
Im »Meeresschwamm« an der Uferpromenade wird die beste Pizza serviert. Probieren Sie auch »Çökert-me«, geschnetzeltes Fleisch auf gerösteten Kartoffelstreifen mit Joghurt – am besten auf der Dachterrasse mit tollem Blick zum Hafen.

Tanztempel der Superlative:

ÜBERNACHTEN

1 *Antique Theatre Hotel* €€€€
Kibris Sehitleri Caddesi 243
TR-48 400 Bodrum
Tel. 0252 3 16 60 53
Fax 0252 3 16 08 25
www.antiquetheatrehotel.com
Nobelherberge mit 21 charmanten Zimmern, Gourmetrestaurant und Traumblick über die Bucht – beim Abendessen im Kerzenschein sieht man auf das illuminierte Kastell.

2 *Su Hotel* €€
Turgutreis Cadesi, 1201
TR-48400 Bodrum
Tel. 0252 3 16 69 06
Fax 0252 3 16 73 91
www.bodrumsuhotel.com
Hübsches, kleines Hotel mit 21 Balkonzimmern, die sich um einen netten Innenhof mit Swimmingpool gruppieren. Bistro mit guter Küche, Bar vorhanden. Nicht weit vom Hotel werden auch drei typische Bodrum-Häuser vermietet.

3 *Baç Pansiyon* €
Cumhuriyet Caddesi 14
TR-48400 Bodrum
Tel. 0252 3 16 16 02
Fax 0252 3 16 79 17
Zentral gelegene, saubere Pension mit 10 Zimmern und kleinem Strand.
Am besten buchen Sie ein Doppelzimmer mit Balkon und Blick auf die Burg.

Stadtgeschichte Gegründet wurde **Halikarnassos**, das heutige Bodrum, um 1200 v. Chr. von dorischen Griechen. Hier erblickte **Herodot**, der »Vater der Geschichtsschreibung«, 484 v. Chr. das Licht der Welt (▸Baedeker Wissen S. 52). Unter dem Herrscherpaar **Mausolos und Artemisia II.** (377 – 353 v. Chr.) verlegte die ursprünglich in Mylasa (Milas) residierende Hekatomnos-Dynastie den Regierungssitz nach Halikarnassos und erhob die Stadt zum Herrschersitz von Karien. Mausolos, ein geschickter Staatsmann und Stratege, stattete die Stadt nach hellenistischen Vorbildern mit Mauern, Häfen, Palästen und Tempeln aus. Nach seinem Tod folgte als Staatsoberhaupt seine Schwester und Frau Artemisia II., die zu Ehren ihres Mannes das **Mausoleum**, einst **eines der sieben Weltwunder**, errichten ließ. 1402 wurde Halikarnassos von den **Johannitern** von Rhodos erobert, die unter dem

Flaniermeilen für Fußgänger: die Altstadtgassen von Bodrum

deutschen Ritter Heinrich Schlegelholt bis 1437 aus den Steinen des zerstörten Mausoleums das Kastell St. Peter errichteten. 1523 geriet Halikarnassos unter die Herrschaft der Osmanen, die den Ort in Bodrum umbenannten, türkisch für »Keller« oder »Kasematten«. In osmanischer Zeit ein Dorf der Fischer und Schwammtaucher, rückte Bodrum erst im 20. Jh. wieder ins Bewusstsein der Bevölkerung – als Verbannungsort des Schriftstellers **Cevat sakir**. Den Aufstieg zu einem der bekanntesten, exklusivsten und teuersten Orte der Türkei erlebte Bodrum nach dem Militärputsch von 1980 – damals setzten sich viele Intellektuelle und Künstler in den Küstenort ab, der wenig später durch den nachfolgenden **Jetset** zum »türkischen Saint-Tropez« aufstieg.

ANTIKES BODRUM

Mausoleion

In der Nähe der heutigen Turgutreis Caddesi erhob sich das berühmte **Mausoleum**. Das nach 351 v. Chr. errichtete, 46 m hohe Grabmal wurde vermutlich erst 1304 bei einem Erdbeben zerstört; die Steine

Mausoleum von Halikarnassos (Rekonstruktion)

Das monumentale, 46 m hohe Mausoleum von Halikarnassos war eines der sieben Weltwunder der Antike. Die nach dem karischen König Mausolos (377 – 353 v.Chr.) benannte Grabstätte war namensgebend für derartige Grabmäler.

❶: 8.30 – 18.00 Uhr, Eintritt: ca. 4 €
Sehenswert sind die Ausstellungsräume links neben dem Eingang der Stätte mit 3-D-Modellen und Rekonstruktionen.

❶ Quadriga

Den oberen Abschluss des Mausoleums bildete die Marmor-Quadriga des Bildhauers Pytheos. Die Quadriga war ursprünglich ein Rennwagen mit vier nebeneinander gespannten Pferden, später galt das Gefährt als Ehrenwagen für den, der sie lenkte. Mausolos war der Erste, der eine Quadriga gießen ließ. Die Statue der Quadriga von Halikarnassos befindet sich heute im British Museum in London.

❷ Grabtempel mit Säulen

Auf einem rechteckigen Unterbau von 33 x 37 m stand vermutlich der eigentliche Grabtempel, der von 36 Säulen umgeben und von einer 24-stufigen Pyramide gekrönt war. Im Inneren befanden sich Kolossalstatuen von Mausolos und seiner Familie.

❸ Fries

Zwei große Friesfiguren schmückten die Grabanlage. Auf dem unteren Fries war die Schlacht zwischen den Griechen und den Amazonen dargestellt. Teile des Sockelfrieses wurden ebenfalls ins British Museum gebracht.

❹ Fundament

Seit 1960 graben dänische Archäologen das Fundament aus. Teilstücke haben sie bereits rekonstruiert.

Die vier größten griechischen Bildhauer schmückten je eine Seite des Monuments aus: Skopas von Paros, einer der gefragtesten Marmorplastiker des 4. Jh.s v.Chr., schuf den Amazonenfries auf der Ostseite, der durch seinen »Ganymedes« berühmt gewordene Leochares die Westseite und Thimotheos von Athen die Südseite. Der attische Bildhauer Bryaxis fertigte die Skulpturen an der Nordseite des Mausoleums an. Seine Figuren – hier der Zeus von Otricoli (Vatikanische Museen, Rom) – tragen idealisierte Gesichtszüge.

Die Grundmauern des Mausoleums zeugen von den gewaltigen Dimensionen.

Eines der wenigen Reliefs, die vom Mausoleum erhalten blieben.

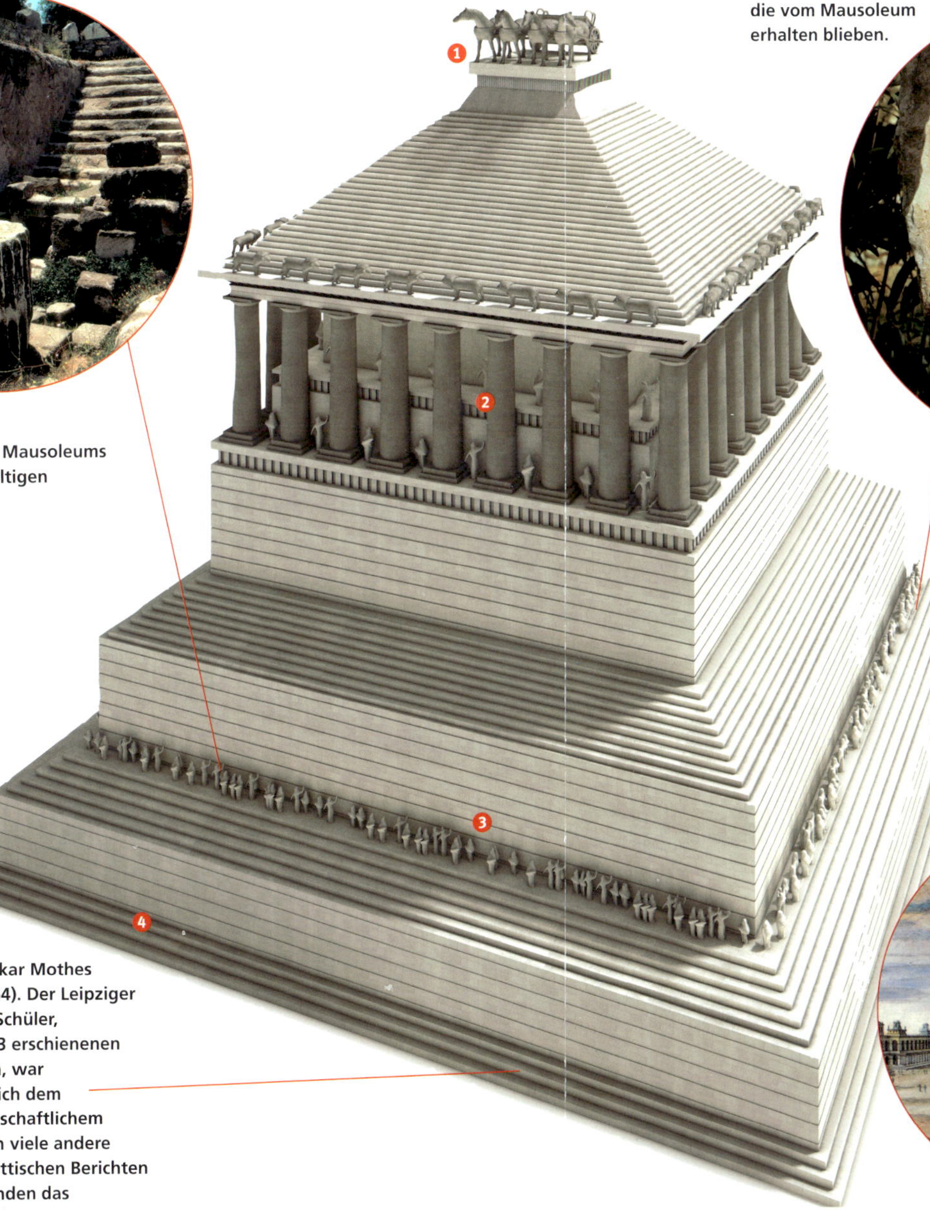

Rekonstruktion von Oskar Mothes (1828 – 1903, Abb. S. 164). Der Leipziger Architekt und Semper-Schüler, Herausgeber eines 1883 erschienenen Illustrierten Baulexikon, war nicht der Einzige, der sich dem Mausoleum mit wissenschaftlichem Interesse näherte. Auch viele andere versuchten, nach den attischen Berichten und den bisherigen Funden das Mausoleum nachzuzeichnen.

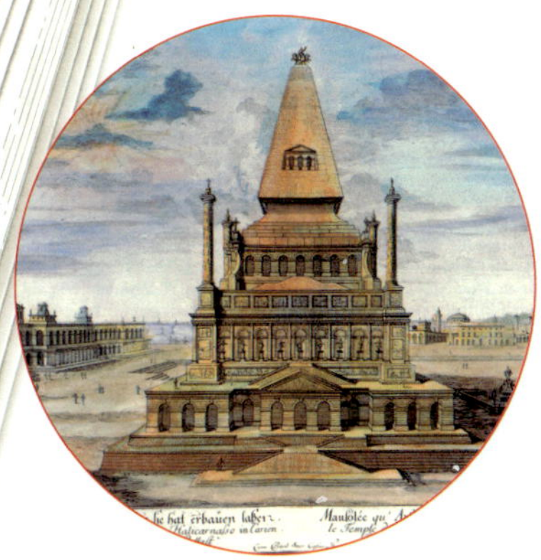

Eine alternative Rekonstruktion zeigt der um 1700 entstandene, kolorierte Kupferstich nach einer Zeichnung von Johann Bernhard Fischer von Erlach.

Bodrum Kalesi

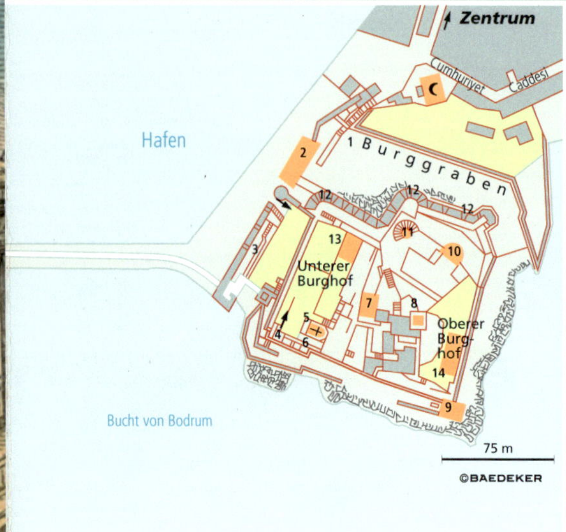

1 Rampe
2 Kunstgalerie
3 Hafenbatterie
4 Burgeingang
5 Gotische Kapelle
6 Türkisches Bad
7 Rittersaal
8 Französischer Turm
9 Englischer Turm
10 Deutscher Turm
11 Schlangenturm
12 Nordbastion
13 Islamische Schiffshalle
14 Schiffswrack von Uluburun

verbaute man später im Kastell, sodass heute nur die gewaltigen antiken Grundmauern zu sehen sind (‣Baedeker Wissen S. 162).

Weitere antike Zeugen

Nordwestlich des Mausoleums liegt jenseits der Hauptverbindungsstraße von und nach Bodrum das antike **Theater** aus dem 4. / 3. Jh. v. Chr., in dem alljährlich im Sommer ein Ballettfestival getanzt wird – bei herrlichem Blick auf die Stadt. Reste einer dorischen **Stoá** (Säulenhalle) und eines vermutlichen Ares-Tempels befinden sich nordöstlich des Grabbaus. Oberhalb des Theaters sowie östlich und westlich außerhalb der Stadtmauer liegen die **Nekropolen**, antike Gräberfelder. Am westlichen Ortsrand der antiken Stadt blieb ein Tor erhalten: Das **Myndos-Tor** wurde unlängst aufwändig restauriert. An der Einfahrt in den etwa 620 m langen ovalen Hafen befinden sich noch Reste der antiken **Hafenmolen**. Östlich über dem ehemaligen Kriegshafen wurde im frühen 4. Jh. v. Chr. mit viel Marmor der **Palast des Mausolos** errichtet. Am Nordrand des Hafens erstreckte sich die **Agora** mit einer Kolossalstatue des Kriegsgottes Ares. Im Westen der Stadt erhob sich auf der von einem Turm gekrönten Anhöhe Kaplan Kalesi die karische **Burg Salmakis**, die schon vor der Gründung von Halikarnassos existiert hatte. Von der Akropolis aus umzog eine überwiegend auf dem Hügelgrat verlaufende **Stadtmauer** den Ort, die teilweise noch erkennbar ist.

❶ Di. – So. 8.30 – 17.30, Eintritt ca. 4 €

** BODRUM KALESI

Das heute Bodrum Kalesi genannte **Kreuzritterkastell St. Peter** ist die Hauptsehenswürdigkeit von Bodrum. Es wurde auf der inzwischen landfest gewordenen Insel Zephyrion 1402 – 1437 von den Kreuzrittern des Johanniterordens angelegt. Wie auf Rhodos, wurden auch beim Kastell die Mauern abschnittsweise von Rittern der verschiedenen Nationalitäten erbaut – die Namen der Türme verraten ihre Herkunft: Französischer, Italienischer, Deutscher und Spanischer Turm. Die Türme, Burghöfe und Freiflächen des Kastells bilden ein reizvolles **Museum zur Stadtgeschichte**, in das als größte Attraktion das **Archäologische Unterwassermuseum** integriert ist. Zu den Höhepunkten beider Museen gehören die weltgrößte Amphorensammlung, der **Salon der karischen Prinzessin**, der Glas-Salon und das Wrack von Uluburun, das mit Rohstoffen zur Bronzeherstellung und diversen Luxusgütern gesunken war.

> ! BAEDEKER TIPP
>
> *Unwiderstehlich*
>
> Wer Süßes liebt, sollte dies nicht verpassen: Exquisites türkisches Gebäck erhält man in Bodrum seit mehr als 130 Jahren bei Karadeniz Yunuslar Unlu Mamüller in der Cumhuriyet Caddesi 11 an der Hafenbucht östlich vom Kastell.

Vorbei an der 1720 erbauten **Kızıl-hisarlı-Mustafa-Pata-Moschee** am Hafenplatz Bariş Meydanı (Friedensplatz) gelangt man vom Hafenkai in die Vorburg (Kasse), von dort über einen Aufgang und durch einen Torbogen in den Unteren Burghof mit der ehemaligen **gotischen Kapelle**, die 1519 / 1520 von spanischen Kreuzrittern gestaltet und später von den Osmanen in eine Moschee umgewandelt wurde. Im Inneren befindet sich das **oströmische Wrack** aus dem 7. Jh. n. Chr., das 1961 – 1964 gehoben werden konnte. Schiff und Ladung lagen bis zu seiner Entdeckung durch den Kapitän eines Schwammtaucherbootes unberührt auf dem Meeresboden. Auch die **antiken Amphoren** im Hof wurden meist von Schwammtauchern gefunden und dem Museum übergeben.

Die **Islamische Schiffshalle** birgt ein mittelalterliches Schiff, das auf dem Weg von der Südküste Syriens zur nördlichen Schwarzmeerküste 1025 mit 3 t Rohglas, Glasbruchstücken und verarbeitetem Glas im Hafen von Serçe gesunken war. Das fast 16 m lange Schiff mit flachem Rumpf gilt als ältestes Beispiel modernen Schiffsbaus. Im Rittersaal des Kastells schmücken **Glasfunde** aus einem gesunkenen hellenistischen Schiff des 3. Jh.s v. Chr. die Vitrinen.

In der **Oberburg** lockt das **»Grab der karischen Prinzessin«**. 1989 wurde bei einer Fundamentsausschachtung in Bodrum eine Grabkammer mit einem unversehrten Sarkophag entdeckt. Das gut erhaltene Skelett einer etwa 40-jährigen Mutter aus dem 4. Jh. v. Chr. und Grabbeigaben, die aus einer goldenen Krone, goldenen Halsbändern,

Ringen und Armbändern bestanden, zählten zu den Funden. Das reich ausgestattete Grab lässt vermuten, dass die **»Karische Prinzessin«**, der man auch noch einen schwarz emaillierten, Kelch (Oinochoe) in die Grabkammer gelegt hatte, aus der adligen Verwandtschaft des Hekatomnos stammte.
Der **Englische Turm** bietet einen mit alten Rüstungen und Waffen ausgestatteten Bankettsaal. Bei einem Gläschen Wein lässt sich hier auch gleich die türkische Weinkultur kennenlernen.
Im ****Museum für Unterwasser-Archäologie** (Bodrum Sualtı Arkeoloji Müzesi) wird ein spektakulärer Fund, das **Schiffswrack von Uluburun**, präsentiert. Das spätbronzezeitliche Wrack aus dem 14. Jh. v. Chr. wurde 1982 von einem Schwammtaucher südöstlich von Kas entdeckt, 1984 – 1994 durch das Institut für Unterwasserarchäologie der A & M University Texas geborgen. Die Ausgrabungen waren extrem schwierig, da das Schiff in 50 bis 60 m Tiefe lag und Taucher sich nur 2 x täglich maximal 20 Minuten in dieser Tiefe aufhalten durften. Die Ladung des bereits zum größten Teil zerfallenen Schiffes bestand aus 10 t Kupferbarren, 1 t Zinnbarren, Blauglas, Ebenholz und Elfenbein; ferner Eicheln, Mandeln, Feigen, Oliven und Granatäpfel. Da auch ein goldener Skarabäus der ägyptischen Königin Nofretete sowie Waffen zweier mykenischer Personen höheren Ranges gefunden wurden, wird vermutet, dass das Handelsschiff eine diplomatische Funktion hatte.
Im Yılanlı Kule (**Schlangenturm**), auch Spanischer Turm genannt, beschäftigt sich eine Ausstellung mit der Heilkunde zu antiken Zeiten.
Zwischen der Nordbastion und der landwärts gelegenen zweiten Befestigungsmauer finden in einem modernen **Freilichttheater** an der Stelle des Burggrabens in den Sommermonaten **Konzerte und Aufführungen** statt. Zu erreichen ist das Theater durch einen separaten Eingang am Hafenkai.

Wehrfestung der Johanniter: das Kreuzritterkastell St. Peter

❶ **Kastell, Museum zur Stadtgeschichte** Mai – Sept. Di. – So. 9.00 – 19.00 (Winter bis 17.00), Eintritt ca. 5 €

Unterwassermuseum Di. – So. 9.00 – 12.00, 14.00 – 18.30, Eintritt ca. 2,50 €; **Salon der karischen Prinzessin** Di. – Fr. 10.00 – 12.00, 14.00 – 16.00, Eintritt ca. 2,50 €

Die schönsten Badestrände liegen außerhalb von Bodrum. Im Süden der Halbinsel ziehen Gümbet und Akyarlar passionierte Surfer an, in Ortakent-Yahsi sollte man nach dem Baden einen Spaziergang durch die Mandarinengärten machen. An der Nordküste liegen Torba und Türkbükü, wo 1,5 km Strand in einer traumhaften Bucht locken – und danach ein Mahl in einer der Tavernen direkt am Meer.

Pack die Badehose ein!

* Kálymnos

Ausflugsziel

Griechisch: Καλυμνος
Einwohner: 16 140
Fläche: 110 km²
Hauptort: Pothiá

»Insel der Schwammtaucher« wird die kleine Ägäisinsel nördlich von Kos genannt – hier ist die letzte Schwammtaucherflotte Griechenlands daheim. Aktive Urlauber schätzen das noch recht ursprüngliche Eiland vor allem als Taucher- und Kletterparadies.

Kálymnos liegt 12 km nordwestlich von Kos. Vom Meer her wirkt die Insel mit ihren hoch aufragenden Bergen, ihrer buchtenreichen Küste und ihren steilen Klippen sehr schroff. Rund um Vathís, das sich an eine fjordähnliche Bucht schmiegt, verwandelt sich die karge Insellandschaft in ein grünes Tal mit riesigen **Mandarinen- und Zitronenplantagen**. Die schönsten Badestrände finden sich an der Westküste; ruhiger sind die Strände auf den vorgelagerten Inseln Telendos oder Pserimos. In der malerischen Inselhauptstadt Pothia kann man zusehen, wie aus eher unansehnlichen Meerestieren jene **Bade- und Reinigungsschwämme** entstehen, für die Kálymnos weithin berühmt ist. Bereits in der Antike wurde in der Ägäis nach Schwämmen getaucht. Heute verlassen noch immer rund 40 Schwammtaucher oft für Monate ihre Heimat, um vor der Küste Nordafrikas nach Schwämmen zu tauchen (▸Baedeker Wissen S. 170). Als Wirtschaftszweig wichtiger ist aber inzwischen die Fischerei – rund 1000 Familien leben vom **Tun- und Schwertfischfang**. Auch der Tourismus gewinnt zunehmend an Bedeutung, seitdem sich Kálymnos als **Spitzenziel für Rock Climber** europaweit etabliert hat. Dadurch gibt es hier jetzt anders als auf den meisten anderen griechischen Inseln sogar etwas Wintertourismus.

Insel der Schwammtaucher

Kálymnos erleben

AUSKUNFT

Stadtverwaltung Kálymnos
Rathaus, GR-85200 Kálymnos
Touristeninformation an der Fährschiffmole von Pothiá
Tel. 22430 5 91 41
www.kalymnos-isl.gr

ANREISE UND VERKEHR

Per Flugzeug ist Kálymnos täglich direkt mit Athen verbunden. Von Kos-Stadt und Mastichári fahren mehrmals täglich Autofähren und Katamarane bzw. Schnellboote nach Pothiá. Auf Kálymnos verbinden Linienbusse Pothiá vielmals täglich mit den Orten an der Westküste bis hinauf nach Kastélli sowie mehrmals täglich mit Vathís und Emborió.

KLETTERPARADIES

Zum »Rock Climbing« kommen inzwischen Tausende sportliche Urlauber aus aller Welt das ganze Jahr über nach Kálymnos. Über 1300 Routen sind markiert, Pensionen und Tavernen sind bestens auf Kletterer eingestellt.
Ausführliche Informationen unter www.kalymnos-isl.gr.

ESSEN

Aegean €€
An der Hauptstraße, Massoúri
Wirt George Pizanía hat in den USA und auf den Bahamas als Koch gearbeitet, bevor er 1989 nach Kálymnos zurückkehrte. Er liebt traditionelle Gerichte wie den kalymnischen Salat mirmizéli mit geräuchertem Käse und bereitet auch die Süßspeise mazoúli zu, mit denen früher die Schwammtaucher nach ihrer Rückkehr von der langen Reise begrüßt wurden.

Barbagiánnis €€
Nördliche Hafenpromenade, Pothiá
Das »Bartjohannes« ist Mitglied in der Gemeinschaft »Aegean Cuisine«, die sich zur Pflege der traditionellen ägäischen Küche verpflichtet hat. Zu günstigen Preisen werden u.a. auch gegrillte Schwertfischsteaks und ein aromatisches Kléftiko serviert.

Ómilos €
Am südlichen Ansatz des Fähranlegers, Pothiá
Die einfache Taverne serviert mit afélia ein ausgezeichnetes zyprisches Schweinegulasch und ein recht scharfes, auch mit Koriander, Kreuzkümmel und Pfeffer gewürztes bekrí mezé. Zu gekochter Roter Bete wird das Knoblauchpüree skordaljá angeboten.

ÜBERNACHTEN

Villa Melina €€
Enoria Evangelístrias, Pothiá
Tel. 22430 2 26 82, Fax 22430 2 39 20
www.villa-melina.com
Die liebevoll restaurierte Belle-Epoque-Villa im Stadtviertel Evangelístrias nahe dem Vouvális-Museum erhebt sich inmitten eines wunderschönen Gartens mit Pool. Studios für 2 bis 4 Personen und Stadtrundblick von der Dachterrasse.

Eliés €€
Panórmos
Tel. 22430 4 78 90, Fax 22430 4 71 60
www.hotelelies.gr
Keine 100 m von Panormos: 62 nette Zimmer im mediterranen Stil, hübscher Garten, Pool; Tauchschule, Kletter-Training und Organisation von Klettertouren, 500 m vom Strand entfernt.

SEHENSWERTES AUF KÁLYMNOS

*Pothiá (Πωθιά)

Das Hafenbecken der etwa 10 000 Einwohner zählenden Inselhauptstadt Pothiá, in dem auch die Fähren aus Piräus, Kos-Stadt und Kardamaina anlegen, ist eins der größten der Ägäis. Hier liegen zahlreiche Fischerboote, Trawler, Ausflugsdampfer und Yachten am Kai. An der Hauptmole liegen die Fähren, an der Außenmole machen Frachter fest. Am gesamten Hafenbecken zieht sich eine ganzjährig sehr verkehrsreiche Uferstraße entlang, die vor allem von Cafés und Restaurants gesäumt wird. In ihrem Zentrum bilden die Christós-Kirche und einige orientalisch-verspielt wirkende Verwaltungsbauten aus der italienischen Besatzungszeit ein attraktives, das Gesamtbild prägendes Ensemble. Die vielen stattlichen Häuser der Stadt aus dem 19. und frühen 20. Jh. staffeln sich vom Ufer aus die unteren Hänge kahler Felsen hinauf und ziehen sich in das lange Tal hinein, das bis nach Panórmos an der Westküste der Insel hinüber reicht. Südlich der Straße steigen die klosterreichen Berge bis auf 498 m Höhe an, nördlich von ihr markiert der 674 m hohe Profítis Ilías den fast völlig kahlen, gebirgigen Inselkern.

Die Stadt Pothiá ist vor allem vormittags und am Abend voll brodelnden Lebens, Touristen spielen darin kaum eine Rolle. Pothiá besitzt deutlich einen eigenen Charakter, im Winter fast noch geschäftiger als im Hochsommer. Hohe, vollkommen unregelmäßig-fußgängerfeindliche Bürgersteige sind ein Hinweis auf die Wassermassen, die sich nach heftigen Regenfällen in der kühleren Jahreszeit durch die Straßen zum Meer hin ergießen können. Pothiá ist nicht romantisch schön, sondern laut, echt und unverfälscht.

Die **Christós-Kirche** im Zentrum der Uferpromenade wurde 1861 als Bischofskirche der Insel erbaut. Ihre marmorne Ikonostase ist ein Werk des von der Insel Tínos stammenden, in ganz Griechenland bekannten Bildhauers Giannoúlis Chalepás (1854 bis 1938). Den Platz um die Kirche säumen Bauten der Italiener aus den 1930er-Jahren. Einer davon beherbergt das **Nautische Museum**, das ausführlich die Geschichte von Schwammfischerei und -handel erläutert.

An der von diesem Platz inseleinwärts führenden Straße Odós El. Venizélou stehen mehrfach Weg-

Verkäufer mit Schwämmen in allen Formen und Größen

Das weiche Gold

Schwammtaucherei und internationaler Schwammhandel haben vor allem die kalymnischen Kaufleute und Kapitäne im 19. und frühen 20. Jh. wohlhabend werden lassen. Heute widmen sich nur noch einige wenige Schwammhandlungen in Pothiá diesem Geschäft. Man kann sie besuchen, dort alle erdenklichen Formen von Schwämmen sehen und sich erklären lassen, wie sie geerntet und verarbeitet werden.

▶ **Tradition seit der Antike**
Schon zu Zeiten von Homer waren Naturschwämme sehr begehrt. Im Laufe der Jahrhunderte konzentrierte sich die Schwammtaucherei auf die Dodekanes-Inseln und schließlich auf Kálymnos.

▶ **Traditionelle Ausrüstung eines Schwammtauchers**

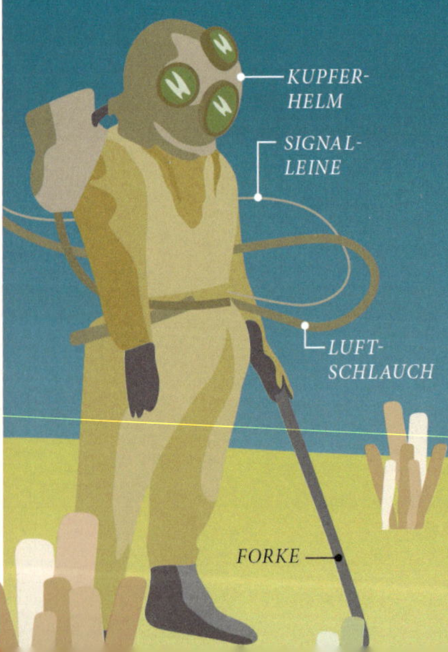

▶ **Entwicklung des Im- und Export**
Heute werden Schwämme vor alle aus der Karibik und aus Asien nach Griechenland importiert.

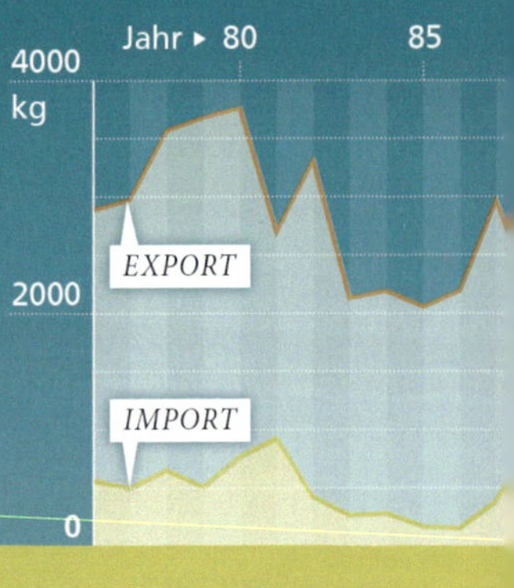

▶ **Anatomie eines Schwammes**

AUSSTRÖMÖFFNUNG
EINSTRÖMÖFFNUNG
PORUS

▶ Herstellung eines Naturschwamms

Der Tourismus hat die Schwammproduktion wieder ein wenig angekurbelt. Überfischung und Meeresverschmutzung hatten die Bestände drastisch reduziert. Bereits Ende des 19. Jh.s. waren die Fanggründe um Kálymnos so stark abgeerntet, dass die Schwammtaucher gezwungen waren, zu immer entfernter liegenden Erntegebieten bis vor die Küste Nordafrikas zu fahren.

1 Fang

Taucher oder Schleppnetzfischer befördern die Schwämme aus Tiefen bis zu 200 m an die Oberfläche.

2 Aufbereitung

Die Weichteile der Meerestiere werden entfernt und die Skelette in der Sonne getrocknet.

3 Produkte

Die getrockneten Skelette eignen sich dank ihrer Saugfähigkeit sehr gut als Gebrauchsschwämme. Sie werden zu handlichen Badeschwämmen zugeschnitten und gebleicht.

▶ Fangmengen im Vergleich

Der starke Rückgang der Fangerträge und die Konkurrenz durch industriell hergestellte Schwämme führte zum Niedergang der traditionellen Schwammtaucherei. (in Tonnen, 2008)

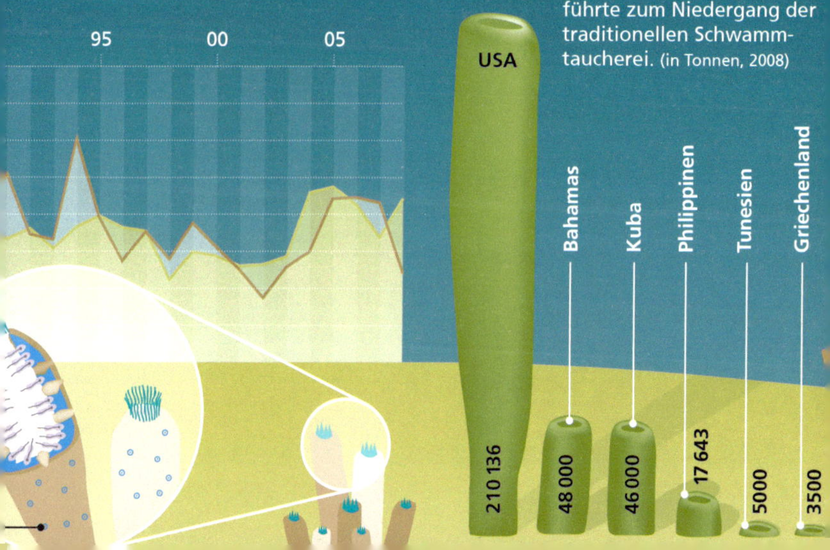

weiser zum 2009 eröffneten, zu 78,5% aus EU-Mitteln finanzierten **Archäologischen Museum**. In den beiden Sälen des Erdgeschosses zeigt es vor allem 1994 und 1997 auf dem Meeresgrund zwischen Kos und Psérimos gefundene, überlebensgroße Bronzestatuen aus dem 2./1. Jh. v.Chr. Auf der Insel selbst geborgen wurden ein schöner marmorner Koúros aus der Zeit um 530 v.Chr. und eine überlebensgroße Marmorstatue des Heilgottes Äskulap aus den 2. Jh. v.Chr. Gleich neben diesem Museum vermittelt als **Vouvális-Museum** einen Eindruck davon, wie wohlhabende, international tätige Schwammhändler auf Kálymnos in der Zeit um 1900 lebten.

❶ **Nautisches Museum**: Mo.–Sa. 7.30–13.30, Juli/Aug. auch So, Eintritt frei, **Archäologisches Museum:** Di–So. 8.30–15.00, Eintritt 3 €
Vouvális-Museum: Di.–Sa. 8.30–14.30 Uhr, Eintritt frei

Chorio (Χωριό)

Zwischen Pothiá und Panórmos an der Westküste liegt das nahtlos mit Pothiá zusammen gewachsene Dorf **Chorió** (3300 Einw.), das vom 17.Jh. bis 1850 Hauptort der Insel war. Links oberhalb der Straße dorthin markieren drei alte Windmühlen die Überreste der kleinen **Festung Chrysocheriás**.
Gleich daneben steht das **Nonnenkloster Chrysocheriás**, das noch aktiv Landwirtschaft betreibt. Aus dem Zentrum von Chorió führt ein ausgeschilderter Fußweg hinauf zum **Perá Kástro**. Innerhalb seiner sich weitläufig über den Felshang ziehenden Mauern lebten zwi-

Kálymnos

schen dem 10. und 17. Jh. die meisten Kalymnioten. Geblieben sind außer den Festungsmauern fast nur noch einige kleine, leider meist verschlossene Kapellen.

Basilika Christos tis Jerusalim

Links der Straße von Chorió nach Panórmos liegt das erst 2008 als archäologische Stätte hergerichtete Areal des **Heiligtums des Apollo Dalios** mit der Apsisruine der frühchristlichen **Basilika Christós tis Jerusalím**. Die Basilika wurde im 5. Jh. aus den behauenen Steinquadern des antiken Apollon-Tempels errichtet, dessen Grundmauern unmittelbar neben der Apsis deutlich zu erkennen sind. Rekonstruktionszeichnungen vor Ort erläutern sein früheres Aussehen.

ⓘ Di. – So. 8.30 – 15.00, Eintritt frei

Hochtal von Árgos

Etwa 150 m westlich der archäologischen Stätte zweigt eine Straße nach links zum Inselflughafen und ins Hochtal von Árgos ab. Wo sie sich gabelt, steht rechts das älteste Inselkloster, **Ágii Apóstoli**. Es wurde bereits im 11. Jh. gegründet, ist heute aber unbewohnt. Die Klosterkirche birgt einige Wandmalereien aus dem 16. Jh. Im Hochtal steht dann noch hinter dem Dorf Árgos das nur noch zeitweise bewohnte **Nonnenkloster Evangelístrias** aus dem Jahr 1878.

Panórmos

Panórmos eröffnet dann den Reigen der kalymnischen Badeorte an der Westküste. Zum Ort gehört der **Kantoúni-Beach**. Der etwa 250 m lange, bis zu 30 m breite Sandstreifen, auf dem auch einige Tamarisken Schatten bieten, ist der bedeutendste und größte Strand der Insel. Hinter einem niedrigen Felsrücken schließen sich nördlich der etwa 100 m lange Sandstrand **Linária Beach** und der etwa gleich lange Kieselsteinstrand **Platí Gialós** an.

Die beiden nächsten Küstenorte sind **Myrtiés** und **Massoúri**. Ihre Häuser klettern vom langen, kieseligen Strand den grünen Hang hinauf, sind teilweise zwischen Bäumen versteckt. Hier stehen die meisten Badehotels der Insel. Der Küste 700 m dicht vorgelagert ist hier die kahle, bis zu 535 m hohe Felsinsel **Télendos** (100 Einw.) mit schmalem, steinigen Ortsstrand an seiner Ost- und zwei kleinen Sand-Kies-Buchten an seiner Westküste. Ebenso wie die vielen Felswände an der Westküste von Kálymnos sind die Felsen von Télendos inzwischen zu **einer der bedeutendsten Rock Climbing Areas Europas** avanciert. Von Myrtiés aus fahren kleine Passagierfähren im Sommer etwa halbstündlich, im Winter nach Bedarf nach Télendos hinüber.

! BAEDEKER TIPP

Mitfeiern erlaubt

Am 26. Juli wird im Männerkloster Ágios Pandelimonas, das sich knapp einen Kilometer außerhalb von Panormos in einem Pinienwäldchen versteckt, ein Kirchfest zu Ehren der heiligen Pandelimonas veranstaltet, dessen Ikone in der Klosterkirche aufbewahrt wird. Nach dem Gottesdienst wird im Klosterhof ausgiebig mit Musik, Tanz und Jahrmarkt gefeiert.

Emborios (Εμπορειόσ) Mit **Kastélli** endet die Kette der kleinen Badeorte. Auf schmalen Pfaden kann man hier zu den sehr spärlichen Überresten einer mittelalterlichen Burg hinabsteigen. Landschaftlich sehr schön ist der sich anschließende **Fjord von Arginóntas**, dessen inneres Ende ein etwa 150 m langer Kiesstrand säumt. Eine sehr gut ausgebaute Straße zweigt hier durch einsame Landschaft ins Mandarinental von Vathís und zurück nach Pothiá ab. Eine zweite sehr gute Straße biegt hinter **Skaliá** über die Berge zum weltabgeschiedenen Weiler Palionissi an der Ostküste mit exzellenter Taverne ab.
Nördlichster Ort der Insel ist dann das stille **Emborió** mit seinem langen, schmalen Kiesstrand, guten Tavernen und einem Fischzuchtbetrieb. Von hier aus ist der Blick auf die Meerenge zwischen Kálymnos und Télendos besonders reizvoll.

***Vathís (Βαθύς)** Das **Mandarinental von Vathís** (500 Einw.), das man über die Bergstraße von Arginóntas aus oder über die Küstenstraße ab Pothiá erreicht, ist der **Garten Eden der Insel**. Es steigt aus einem langen, engen Felsfjord auf, an dessen innerem Ende der Ort Vathís (auch: Rína) liegt, und zieht sich 6 km lang und 1 km breit inseleinwärts. Hier gedeihen, oft hinter hohen, vor Wind schützenden Mauern, etwa 30 000 Mandarinen-, 7000 Orangen- und einige hundert Zitronenbäume. Beim Weiler Plátanos markierten die kleinen Kapellen Ágios Antónios und Taxiárchis Michaíl rechts oberhalb der Straße

Nur 20 m vom Strand entfernt: das Hotel Plaza in Massouri

(Wegweiser) die Lage einer antiken Stadt, von der nur eine Mauer aus regelmäßig behauenen Quadern zu sehen sind. Die Archäologen haben hier bisher noch nicht ihre Spaten ansetzen lassen.

Klöster Ágios Sávvas und Ekaterínis, Vlichádia

Von Pothiá aus führt eine Straße den Fels hinter der Stadt hinauf und dann weiter zum südlichsten Inseldorf Vlichádia. Unmittelbar oberhalb der Stadt ist das auch vom Hafen aus teilweise sichtbare **Kloster Ágios Savvás** das lebendigste und meistbesuchte der Insel. Der später als heilig anerkannte Savvás hatte das Kloster 1912 gegründet und verstarb hier 1948. Die Gläubigen schreiben ihm zahlreiche Wundertaten und -heilungen zu, haben den von nur noch etwa 10 Nonnen bewohnten Konvent durch Schenkungen und Stiftungen wohlhabend gemacht. Davon zeugt neben den zahlreichen neu errichteten Kapellen auf dem Klostergrund vor allem auch die prunkvolle Hauptkirche mit zahlreichen Fresken, die zum Teil das Leben und die Taten des Heiligen illustrieren.
Vollkommen anders präsentiert sich das **Nonnenkloster Ekaterínis**, zu dem Frauen nur Zutritt haben, wenn sie sehr dezent gekleidet sind. Das Bautenensemble gibt sich trotz sieben neuer Kapellen bescheiden, wirkt fast wie ein kleines ägäisches Dorf. Wer den Schwestern als ehrenwert erscheint, wird von ihnen herzlich bewirtet. Kindstaufen und Hochzeiten im Kloster aber lehnen sie ab – weil zu viele der dann teilnehmenden Griechinnen ihnen zu freizügig gekleidet erscheinen. Vom Kloster führt zunächst eine unbefestigte Straße weiter bergan, dann ein blau markierter Fußpfad weiter zur 103 m langen **Tropfsteinhöhle Kéfala**.
Am Weg zwischen beiden Klöstern steht beim **Weiler Vothýni** ein kleines privates volkskundliches Museum. In diesem Weiler zweigt eine Stichstraße zum Küstenort **Vlichádia** ab. Dort hat ein ehemaliger Schwammtaucher sein privates Museum of Seaworld gegründet, in dem er allerlei von dem zeigt, was er auf dem Meeresgrund gefunden hat – von schönen Schwämmen bis hin zu antiken Amphoren und einem deutschen Maschinengewehr aus dem Zweiten Weltkrieg.

❶ **Tropfsteinhöhle:** Mi., Fr. – Mo. 8.30 – 14.00. Die Leihgebühr für Helm und Grubenlampe ist im Eintrittspreis (2 €) inbegriffen.

Museum: Mai bis Okt. Mo. – Sa. 10.00 – 15.00, 18.00 – 21.00, So. 10.00 bis 15.00, Eintritt 2 €

Pserimos (Ψέριμος)

Von ▸Kos-Stadt und Pothia aus fahren im Sommer täglich Ausflugsschiffe auf das nur 17 km² große Eiland 4 km nördlich von Kos. Ganzjährig gibt es eine Fährverbindung mit Pothia und im Sommer auch eine mit ▸Mastichári. In Pserimos, dem einzigen, gleichnamigen Ort der nur mit Phrygana und wenigen Olivenbäumen bewachsenen Insel leben 25 Menschen vom Tourismus.
Die einzigen historischen Sehenswürdigkeiten auf der Insel sind die Mitte des 19. Jh. erbaute **Marienkirche** am Ortsrand, deren üppiger

Garten Maria geweiht ist, und die Kapelle **Agíi Taxiárches** etwa 15 Minuten südöstlich des Dorfes. Sie steht über den Fundamentresten einer dreischiffigen frühchristlichen Basilika. Auch spärliche Ruinen zweier Gräber aus dem 5. Jh. sind dort noch zu entdecken. Den besonderen Reiz der Insel machen ausgedehnte Spaziergänge mit herrlichen Ausblicken auf Buchten, die winzige vorgelagerte Insel Plati und die Felsküste von ▸Kálymnos aus. Erholung bietet auch der schöne, 150 m lange und flach ins Meer abfallende Sandstrand des Dörfchens Pserimos; Liegestühle und Sonnenschirme vermieten die Wirte der Tavernen.
Wer in völliger Abgeschiedenheit baden möchte, wandert vom Hafen in einer Dreiviertelstunde zum Kiesstrand in der Marathónda-Bucht an der Nordküste, in 30 Minuten zum Sandstrand in der Mathiés-Bucht an der Ostküste oder in etwa 50 Minuten zum **Grafiótissa Beach**, einem schmalen Sand-Kiesstrand unter niedriger Steilküste, auf der die Westhälfte der Kapelle **Panagía Grafiótissa** vom Meer weggespült wurde. Am **14. / 15. August** reisen viele Griechen von den Nachbarinseln, ja sogar aus Athen, an, um hier das **Kirchweihfest** zur Erinnerung an **»Mariä Entschlafung«** zu feiern: Am Abend des 14. August wird ein großes Grillfest veranstaltet und bis tief in die Nacht getanzt; am 15. August kehrt nach dem Gottesdienst die gewohnte Ruhe und Gelassenheit wieder auf Pserimos ein.

* Léros

Ausflugsziel

Griechisch: Λέρος
Einwohner: 8130
Fläche: 52 km²
Hauptort: Plátanos

Die grüne, buchtenreiche Insel, auf der Míkis Theodorákis einst gefangen gehalten wurde, ist mittlerweile zwar touristisch erschlossen, aber bis heute ein stilles, idyllisches Eiland, das wirklich seine Originalität und Ursprünglichkeit noch bewahren konnte.

Insel der Artemis

50 km nordwestlich von Kos gelegen und von ▸Kálymnos durch eine 2 km breite Meeresstraße getrennt, war Léros bereits um 40 000 v. Chr. besiedelt, wie Reste einer jungsteinzeitlichen Siedlung im Norden der Insel belegen. In hellenistischer Zeit unterstand Léros Kos und war **Artemis**, Tochter des Zeus und Göttin der Jagd, geweiht – in der Nähe des Flughafens fand man spärliche Ruinen eines Artemis-Tempels. 43. v. Chr. wurde Léros wie die anderen Dodekanes-Inseln ins Römische Reich eingegliedert, gehörte später zum Byzantini-

schen Reich und wurde 1309 von den Johanniter-Rittern erobert, denen 1522 die Türken folgten. Im 19. Jh. sorgte der **Baumwollhandel** mit Ägypten für Wohlstand, den die Wohnhäuser von Plátanos noch heute widerspiegeln. Während des Balkankrieges besetzten die Italiener 1912 die Insel und bauten Léros zum **Flottenstützpunkt** aus. Nach Ende des Zweiten Weltkriegs, in dem die Deutschen Léros heftig bombardierten, übernahmen die Engländer die Insel, 1948 wurde sie mit Griechenland vereint. Während des griechischen Bürgerkriegs (1944 – 1948) errichtete die damalige Regierung auf der Insel ein **Umerziehungslager** für Kinder gefallener oder verhafteter kommunistischer Partisanen. Von 1967 bis 1974 ließ Junta-Chef Papadópoulos politische Gefangene hier internieren – bekanntester Insasse des Lagers war der Komponist und Liedermacher **Míkis Theodorákis**. Die 1957 in den ehemals italienischen Kasernen ein-

Léros

gerichtete, größte psychiatrische Klinik Griechenlands trug Léros den unschönen Beinamen **»Insel der Irren«** ein.

Léros heute Höchste Erhebung der hügeligen Insel mit stellenweise tief ins Land einschneidenden Buchten ist der 327 m hohe **»Berg« Klidí** im Nordosten. Das touristische Zentrum von Léros befindet sich im Osten der Insel. In Pantéli, im Hauptort Plátanos und in Agía Marína sowie entlang der Bucht von Alínda in Krithóni und Alínda sind viele Hotels und Pensionen an den **Sand-Kies-Stränden** mit kristallklarem Wasser entstanden. Im Gegensatz zu Kos spielt der Tourismus auf Léros wirtschaftlich eine weit geringere Rolle, **Fischfang** und **Landwirtschaft** – Wein, Obst und Gemüse – dominieren. In der psychiatrischen Klinik mit rund 1000 Patienten sowie einem Heim für be-

Léros erleben

AUSKUNFT

Tourist Office
Rathaus, Plátanos
Tel. 22470 2 29 37, www.leros.gr

ANREISE

Mit Kos-Stadt, Kálymnos und Pátmos ist Léros mehrmals täglich per Katamaran und Autofähre verbunden. Meist laufen die Schiffe den Hafen von Ágia Marína an der Ostküste an, manchmal aber den Hafen von Lakkí an der Westküste. Darum unbedingt beim Ticketkauf nach dem Abfahrtshafen fragen! Bei Sturm kann der Anlaufhafen auch kurzfristig geändert werden – dann ist eine eilige Taxifahrt zum anderen Hafen nötig. Linienbusse verkehren im Sommer 6 x, im Winter 2-3 x täglich zwischen Plátanos, Lakkí und Xirókambos sowie zwischen Plátanos, Alínda und Parthéni.

ESSEN

Taverne Psaropula €€
Am Hafen von Panteli
www.psaropoula.co.uk.
Außer Fisch und relativ preiswerten Langusten wird viel gute griechische Küche geboten, so Kaninchen-Stifádo, Lamm aus dem Backofen und Zicklein in roter Sauce.

ÜBERNACHTEN

Crithoni Paradise €€€
Krithoni
Tel. 22470 2 51 20, Fax 22470 2 46 80
www.crithonisparadise.gr
Nur die Uferstraße trennt das gepflegte Hotel mit Terrassenrestaurant und Pool vom Sandstrand. 140 geschmackvolle Zimmer in vier dreistöckigen Gebäuden mit Blick auf die Burg von Léros. Hauseigene Autovermietung, 1 km vom Fähranleger

Boulafendis €€
Alinda
Tel. 22470 2 35 15, Fax 22472 45 33
www.boulafendishotel-leros.com
Hübsches Apartmenthotel mit Pool, 37 Wohneinheiten. Gespeist wird in einer neoklassizistischen Villa, die ein Herzspezialist in den 1930er-Jahren errichten ließ.

hinderte Kinder sind über 500 Menschen beschäftigt. Die meisten Lerier müssen daher nicht – wie auf anderen Ägäisinseln – ihre Heimat für einen dauerhaften Arbeitsplatz verlassen.

SEHENSWERTES AUF LÉROS

Ágia Marína (Λγία Μαρίνα)

Kleine Autofähren, Katamarane und Tragflächenboote laufen meist den alten Hafen Ágia Marina an der Ostküste an, der nahtlos übergeht in den Inselhauptort **Plátanos** (2500 Einw.). Der liegt malerisch auf dem Sattel zwischen der Bucht von Alínda im Norden und der Bucht von Panteli im Süden mit dem Fischer- und Jachthafen **Pantéli** liegt. Lebhaftes Zentrum ist in Plátanos die **Platía Roússou**, der Marktplatz mit dem Rathaus von 1900. Von hier führt ein 800 m langer Fußweg mit 300 Stufen hinauf zur mittelalterlichen Burg **»Kástro«** auf dem Gipfel des 154 m hohen Kalkberges Pitykí. In der Festung aus byzantinischer Zeit, die später die Johanniter ausbauten, lebte im 11. Jh. der **Abt Christódoulos**, der auf ▸ Pátmos das berühmte Johanneskloster gründete. Da die Burg als Funkstation genutzt wird, können nur die Umfassungsmauern, die Wehrgänge und die Ende des 13. Jh.s gebaute Kirche Panagía tou Kástrou, »**Muttergottes der Burg**«, mit einer wundertätigen Marienikone besichtigt werden.

❶ Mai – Sept. tgl. 8.30 – 13.00, Mi./Sa./So. auch 14.30 – 19.00 Uhr

Alínda (Αλίνδα)

An der weiten Alínda-Bucht verläuft die Uferstraße nach Norden unmittelbar an einem schmalen, von Tamarisken bestandenen Sand-Kies-Strand zu den Badeorten **Krithóni** und Alínda. Für Surfer ist die Bucht wegen des ständig wehenden Windes ein geeignetes Revier. In Krithóni ruhen 125 Tote auf dem britischen Soldatenfriedhof aus dem Zweiten Weltkrieg. Wenig weiter birgt **Bellénis Tower**, eine

Funktionell auf dem Reißbrett entworfen: Lakki

? BAEDEKER WISSEN

Baden auf Léros

Ágios Stéfanos: für viele der beste Badestrand der Insel
Krithóni: der längste Strand der Insel
Alínda Beach: populäres Mekka der Windsurfer
Drymónas: schöner, noch recht ruhiger Sandstrand
Pléfundi: Tamarisken spenden Schatten am schmalen Kiesstrand der weiten Bucht.
Vromólithos: Idyllische Bucht mit Tavernen direkt am überwiegend sandigen Strand
Vourlídia: rau und romantisch – ein schmaler Naturstrand zwischen kargen Klippen

Villa mit einem quadratischen und einem runden, jeweils zinnenbekrönten Turm, die 1925 von einem in Ägypten zu Wohlstand gekommenen Lerier erbaut wurde, das Inselmuseum.

● April – Sept. Di. – So. 9.00 – 12.00, 18.30 – 21.00, sonst Di. – So. 9.00 bis 12.30 Uhr, Eintritt 4 €

Etwa 3 km südlich von Plátanos greift eine Bucht tief in die Westküste der Insel ein. An ihrem Ende liegt der Ort Lakkí (2200 Einw.), einer der größten Naturhäfen der Ägäis und eine architektonische Besonderheit, da er von italienischen Stadtplanern auf dem Reißbrett entworfen wurde – im »**Internationalen Stil**«, funktionell und schmucklos schlicht. Während der Besatzungszeit war Lakkí ein Stützpunkt der italienischen Flotte, heute legen hier vor allem die großen Autofähren, griechische Kriegsschiffe, Frachter und Yachten an. In einem Tunnel aus Kriegszeiten hält das **Léros Kriegsmuseum** die Erinnerung an den Zweiten Weltkrieg wach. Südöstlich von Lakkí erstreckt sich an der gleichnamigen Bucht **Xerókambos** ein gemütlicher Weiler mit kleinem Sand-Kies-Strand. Auf einem 70 m hohen Hügel sind die Ruinen der **Festung Palaiókastro** mit hellenistischen Mauerresten aus der Antike und der Kirche **Panagía tou Kástrou** aus dem 11. Jh. zu sehen. Von Xerokampos verkehren Boote einmal täglich nach Myrtiés auf der nur eine Seemeile entfernten Insel ▸Kálymnos. Am östlichen Ende der Bucht von Xerókambos wurde die kleine Kapelle **Panagía Kavourádena** im letzten Jahrhundert sehr idyllisch in eine Felsnische am Meer hineingebaut.

● 9.30 – 13.30 Uhr, Eintritt 3 €

Gourná Von der Streusiedlung an der Westküste mit drei Sand-Kies-Stränden führt der 50 m lange Kokkáli-Damm zu einem fotogenen Inselchen mit der Kapelle Agía Isídora von 1892.

Parthéni In der nördlichsten Ortschaft der Insel liegen der Flughafen, eine neue, große Marina und die Kaserne, in der zur Junta-Zeit politische Gefangene interniert waren. Sie schufen die Wandmalereien der nahen **Agía-Kioúra-Kirche**, die durch ihren stark expressionistischen Stil von der üblichen orthodoxen Sakralmalerei abweichen.

★ Nísyros

Ausflugsziel

Griechisch: Νισυρος
Einwohner: 980
Fläche: 41 km²
Hauptort: Mandráki

»Und Poseidon schlug mit seinem Dreizack einen riesigen Felsen aus der Insel Kos und streckte damit den Titanen Polybotes dort nieder, wo sich heute die Insel Nísyros befindet.«

Die rote Insel

So erzählt Apollodoros den griechischen Mythos über die Geburt von Nísyros – ein Besuch der 20 km südlich von Kos gelegenen Nachbarinsel bietet ein Landschafts- und Naturerlebnis der ganz besonderen Art und sollte zum **»Pflichtprogramm«** jedes Kos-Urlaubers gehören. Ihren Beinamen »rote Insel« soll Nísyros zum einen wegen ihres rötlich schimmernden Vulkangesteins, laut anderen Quellen wegen des roten Farbstoffs erhalten haben, der seit der An-

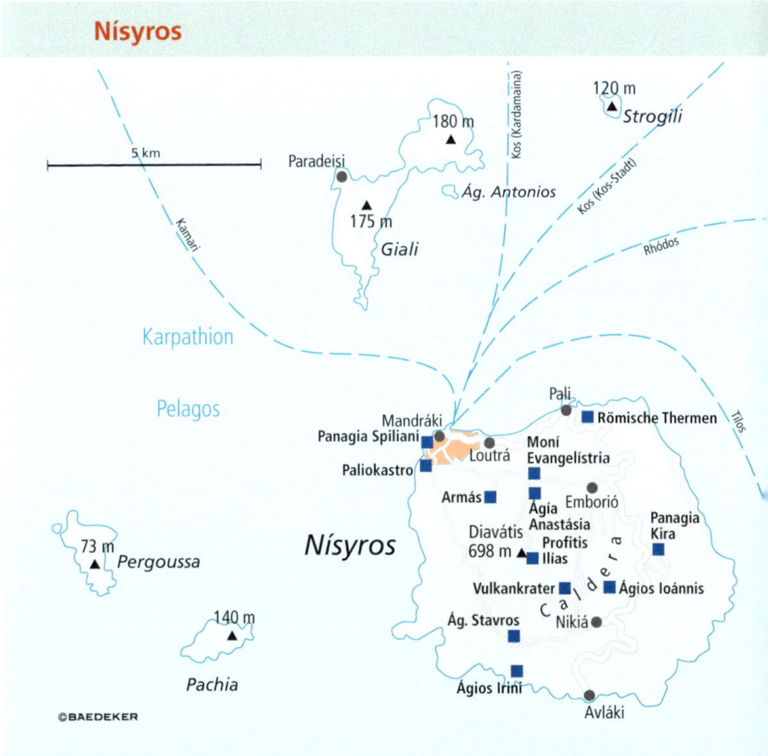

Nísyros erleben

AUSKUNFT

Nísyros Municipality Tourist Enterprise
GR-85303 Nísyros
Tel. 22420 3 12 03
www.nisyros.gr

ANREISE

Während der Feriensaison fahren mehrmals täglich Ausflugsschiffe von ▸Kos-Stadt und Kamári in anderthalb Stunden nach Nísyros, von ▸Kardamaina aus schippert täglich außer So. ein Bootstaxi in 50 Minuten zur Vulkaninsel.

ESSEN

Andriótis €
Am Hauptplatz von Nikia
Aussicht und Küche sind in dieser einfachen Taverne gleichermaßen phantastisch. Besonders hervorzuheben sind der Nísyros-Salat und das Zicklein aus dem Backofen, das im Tontopf serviert wird.

To Kazanário €
Rathausgasse, Mandráki
Kleine Taverne mit schönem Garten, in der die beiden Freunde Mános und Chrónis täglich andere Gerichte anbieten. Speisekarten gibt es nicht, Gäste können gern in der Küche in die Töpfe schauen.

ÜBERNACHTEN

Hotel Porfýris €
Im Zentrum von Mandráki
Tel. 22420 3 13 76, Fax 22420 3 11 76.
Sehr ordentlich geführtes Haus nahe der zentralen Platía Ilikioméni. Pool mit 1-m-Sprungbrett. Viele der 38 Zimmer mit Balkon und Meerblick.

Hotel Three Brothers €€
Am Hafen von Mandráki
Tel. 22420 3 13 44
www.nisyros3brothers.de
Das von einer deutsch-griechischen Familie geführte Haus bietet 12 Zimmer und drei Studios. Besonders schön ist die grün überrankte Frühstücksterrasse mit Hafenblick.

tike von den hier lebenden **Purpurschnecken (Porphya)** gewonnen und zum Färben von Stoffen benutzt wurde. Rot ist auch die traditionelle Farbe der Insel: Die alten Trachten der Inselbewohnerinnen sind rot, und die Türstöcke und Fensterrahmen vieler Häuser sowie die Kuppeln einiger Kirchen und Kapellen sind rot gestrichen.

Geschichte Über die Frühgeschichte von Nísyros ist kaum etwas bekannt. Im 4. / 5. Jh. v. Chr. war Nísyros ein **selbstständiger Stadtstaat**, der das Recht besaß, eigene Münzen zu prägen. Seit der Römerzeit teilte die Insel aufgrund ihrer engen wirtschaftlichen und politischen **Anbindung an Kos** die wechselhafte Geschichte ihres größeren Nachbarn und wurde ebenfalls erst 1948 wieder in den griechischen Staatsverband eingegliedert. Mangelnde Arbeitsmöglichkeiten lösten in den 1960er- und 1970er-Jahren eine **Auswanderungswelle** in die USA, ins europäische Ausland und nach Australien aus.

Nísyros heute

Vor dem Zweiten Weltkrieg lebten noch mehr als 10 000 Menschen auf der Insel, heute sind es noch knapp 1000, die zumeist auf den bereits zur Römerzeit an den Hängen der Insel angelegten Terrassenfeldern Oliven, Feigen, Wein, Zitrusfrüchte und Mandeln anbauen; weitere 60 Nísyrioter bauen auf der winzigen, nördlich vorgelagerten Insel **Giali** Bimsstein und Perlit ab. Die Pacht, die Nísyros von der Bergbaugesellschaft bezieht, stellt die größte Einnahmequelle der Insel dar. In der Fischerei ist der Fang meist für den Eigenverbrauch bestimmt. Da Nísyros nur wenige attraktive Badestrände besitzt, hält sich auch der **Tourismus** in Grenzen. Der größte Teil der Touristen, die Nísyros besuchen, kommt nur für einen Tag auf die Insel, um den Krater zu besichtigen – doch lohnt sich durchaus auch ein längerer Aufenthalt.

! BAEDEKER TIPP

Köstliche Soumada

Wenn der Durst quält: Bestellen Sie doch einmal eine kühle »Soumada«! Die Spezialität von Nísyros wird aus Mandelmilch und eiskaltem Wasser hergestellt und schmeckt herrlich nach Marzipan.

Mythische Vulkaninsel

Entstanden ist die Vulkaninsel vor 40 – 60 Mio. Jahren durch unterseeische Vulkanausbrüche. Spätere Eruptionen türmten außerhalb des Kraters Inselberge auf. Die höchste Erhebung von Nísyros ist der 698 m hohe Vulkan **Diavatis**, der seit 1887 »schläft«. Viel anschaulicher erzählt die griechische Mythologie von der Entstehung der Vulkaninsel, die Apollodoros überlieferte und der griechische Historiker Strabon (64 v. Chr. – 19 n. Chr.) in seiner »Geographica« aufgriff – Zeus habe im **Götterstreit** seinen Konkurrenten Polybotes unter einem riesigen Felsbrocken, d. h. der Insel Nísyros, begraben, dessen Wut sich in Vulkanausbrüchen zeigte. Mittlerweile sichtlich geschwächt, bringt Polybotes heute nur noch ein Stöhnen zustande, das sich im Ausstoß von Schwefeldämpfen äußert.

SEHENSWERTES AUF NÍSYROS

Mandráki (Μανδάκι)

Der **Hauptort** und -hafen Mandráki (800 Einw.) an der Nordwestküste verläuft entlang seiner fast einen Kilometer langen Uferpromenade, die Tavernen, Straßencafés und Souvenirshops säumen. Die zahlreichen Tagesausflügler kommen im kleinen Hafen an, von dem aus sie Busse in den Vulkankrater bringen. Das kleine, kürzlich restaurierte Hafengebäude wurde in den 1930er-Jahren von den italienischen Besatzern errichtet.

Oberhalb des Hafens an der Straße nach Pali erhebt sich das 1953 erbaute Kirchlein **Ágios Nikítas**. Neben dem Eingang zeigt ein modernes Wandmosaik eine Darstellung der Heiligen Jungfrau.

Johanniterfestung

Bei einer kleinen Zisterne an der Uferpromenade, in der noch in den 1980er-Jahren Wäsche gewaschen wurde, führen 81 Stufen hinauf zum steilen, 50 m hohen Felsplateau mit den Ruinen einer 1315 erbauten Johanniterfestung. Den Aufstieg über breite, weiße Stufen begleiten immer wieder herrliche **Ausblicke** auf die Insel und die Inselhauptstadt. Auch kann man eine Besonderheit der Häuser auf Nísyros erkennen: Die Dächer sind nicht flach, sondern leicht angeschrägt, um das spärliche Regenwasser als Brauchwasser aufzufangen. Trinkwasser wird in Tankschiffen von Rhodos geliefert, da die Insel keine Süßwasserquellen besitzt.
Weitere 49 Stufen höher wurde in einer Höhle innerhalb der Festungsmauern um 1600 ein der Gottesmutter Maria geweihtes kleines Kloster gebaut, nachdem in einer Grotte, so die Legende, eine Mari-

Üppig geschmückt in Gold und Silber: die Ikonostase des Höhlenklosters Panagia Spiliani in Mandráki

en-Ikone gefunden wurde. Maria selbst, heißt es, soll den Bau des Klosters in der Grotte bestimmt haben, das daraufhin den Namen **Panagia Spiliani**, »Allheilige zur Höhle« erhielt. Vom Eingangsraum führt eine schmale Treppe hinunter in den Vor- und Hauptraum der klimatisierten Klosterkirche. Betrachten Sie an der rechten Wand des Vorraums die goldenen und silbernen Votivgaben, die Körperteile zeigen und als Dank für überstandene Krankheit der heiligen Maria verehrt wurden – auch ein silbernes Votivtäfelchen mit dem Abbild eines VW-Käfers ist hier zu sehen. Im winzigen Hauptraum der Klosterkirche, deren Decke zwei Marmorsäulen stützen, steht eine holzgeschnitzte **Ikonostase**, die 1725 von einem nísyriotischen Künstler geschaffen wurde. An den Wänden hängen wertvolle, Ende des 18. Jhs. versilberte Christus- und Marien-Ikonen.

Paliókastro

Unterhalb der Johanniterburg leitet die Straße Odos 8. Oktober zu der jederzeit zugänglichen antiken Festung aus dem 4. / 5. Jh. v. Chr., Paliókastro. Die **»Alte Burg«** umschloss eine mehr als 3,5 m dicke und 6 m hohe Mauer, von der ein etwa 100 m langer Abschnitt und das Haupttor mit einer Inschrift aus dem 4. Jh. v. Chr. erhalten sind. Innerhalb der Festungsanlage fanden sich auch die Überreste einer frühchristlichen Basilika aus dem 5. Jahrhundert. Ob die aus bis zu 2 m langen und fast 1 m hohen, rotbraunem Trachytquadern errichtete »**Zyklopenmauer**« einst die antike Stadt Nísyros umgab oder »nur« als Schutzmauer einer Burg diente, ist bislang nicht geklärt.

Archäologisches Museun

An einer Parallelgasse zur Uferstraße steht das 2010 eröffnete **Archäologische Museum**, in dem ein totales Fotografierverbot herrscht. Gezeigt werden auf zwei Etagen Funde aus Nísyros, darunter antike Sarkophage, Architekturfragmente, Ikonen und Keramik aus Antike und byzantinischer Zeit.

❶ Di. – So. 8.30 – 15.00 Uhr

Platía Ilikioméni

Der zentrale Platz des Dorfes liegt etwas versteckt nahe dem oberen Dorfrand und zählt zu den idyllischsten der Ägäis. Zwei über 50 Jahre alte Gummibäume, unter deren Blätterdach Netze gespannt sind, beschatten die Tische und Stühle mehrerer Tavernen, weder Meer noch Berge sind zu sehen. So kann man sich ganz auf seine Tischgemeinschaft und die kulinarischen Genüsse konzentrieren.

Loutrá (Λουτρά)

1,5 km östlich von Mandráki liegt das alte Kurzentrum von Nísyros, wo das große **Kurhaus** aus Naturstein seit 1878 mit Bädern in bis zu 45 °C warmem, schwefelhaltigen Wasser Rheuma, Gelenkerkrankungen und Kreislaufbeschwerden lindert. Die heilende Wirkung der **Thermalquellen** von Loutra ist seit der Antike bekannt. Heute werden sie nur noch von wenigen Menschen genutzt. Es gibt dort eine kleine Taverne, die meist auch Essen serviert.

Von Loutrá aus führt die Küstenstraße weiter zum zweiten Inselhafen, **Páli**, mit einer modernen Marina und einem langen, aber schmalen Sand-Kiesstrand. Am ortsfernen Ende dieses Strandes erhebt sich die weithin sichtbare, schon über 70 Jahre alte Bauruine eines riesigen Kurhotels, das nie in Betrieb war. Ihm direkt gegenüber liegt an der Uferstraße recht versteckt der Eingang zur **Kapelle Panagía Thermianí**, die 1871 in die Gewölbe einer antiken römischen Therme hineingebaut wurde.

Von hier führt die asphaltierte Küstenstraße weiter gen Süden, passiert mehrere kleine Strandbuchten und endet dann am kilometerlangen, meist menschenleeren Sand-Kieselsstrand **Liés**. Vom Parkplatz am Straßenende führt ein Klippenpfad in 10 Gehminuten zum 300 m langen, über 20m breiten **Kiesstrand Pachía Ámmos,** der bisher völlig unverbaut blieb.

Kurhaus: Bäder sind für Tagesgäste täglich von 7.30 – 8.30 und von 17.00 bis 19.30 Uhr möglich (3 €).

Fauchende Fumarolen: Auf dem Kratergrund der Caldera dampft und zischt es bis heute – besonders eindrucksvoll nach Regenfällen.

** CALDERA

Anfahrt

Für die Fahrt in die Caldera stehen bei Ankunft der Ausflugsschiffe von Kos zahlreiche Busse bereit. Wer den Ausflug lieber auf eigene Faust unternimmt, kann direkt am Anleger Autos und Mopeds mieten. Die etwa 7 km lange Fahrt in die in ihrem südlichen Teil intensiv von Kühen beweidete Caldera dauert eine knappe halbe Stunde. Eine asphaltierte **kurvenreiche Straße**, die Mandráki mit dem Dörfchen Nikiá verbindet, führt hinauf zum Kraterrand und schenkt herrliche, weite Ausblicke über die **Terrassenfelder** an den Kraterhängen. Vom Kraterrand zweigt eine serpentinenreiche Abfahrt von der Straße nach Nikiá ab und führt in die Kraterebene hinunter. Die Straße endet an einer Taverne nahe dem Stéfanos-Krater, dem größten der fünf so genannten Sekundärkrater, der sich ungefähr in der Mitte der Caldera befindet.

Kraterebene

Die Caldera, umgeben von den steil aufragenden, zerfurchten Felsen des Kraterrands, liegt 120 m ü. d. M. und ist 3,5 km lang und 1,5 km breit. Ihre heutige Form entstand durch einen **gewaltigen Ausbruch** im Jahr 1522; kleinere Eruptionen folgten 1830, 1871, 1873 und 1887. Dass der Vulkan erneut ausbricht, ist derzeit nach Aussagen von Geologen nicht zu befürchten. Er befindet sich heute in einer »**Ruhephase**« und macht sich nur noch durch den Ausstoß von **Schwefeldämpfen** bemerkbar, die einen gewaltigen Gestank nach faulen Eiern verbreiten. Der fruchtbare Vulkanboden der vorderen Hälfte der Kraterebene wird als Weideland und zum Anbau von Feigen, Oliven und Mandeln genutzt; in der hinteren Hälfte der Kraterebene, in der der **Stéfanos-Krater** und weitere vier **Sekundärkrater** liegen, breitet sich eine öde, mit Lavageröll übersäte Wüstenlandschaft aus. Der **Stéfanos-Krater** ist der »Schau-Krater« in der Caldera. Er hat einen Durchmesser von ca. 300 m und ist 30 m tief. Ein Fußpfad führt hinunter zum Grund des Kraters, der bedeckt ist mit z. T. ätzenden, **brodelnden Schlammlöchern** und **Fumarolen**, kleinen Erdlöchern, aus denen Schwefeldämpfe strömen. An den Kraterwänden sieht man große gelbe Flecken mit Schwefelablagerungen. Obwohl man sich überall in dem Krater ungehindert bewegen kann, ist eine Besichtigung keinesfalls ungefährlich, denn die Erd- und Schlammlöcher im Kraterboden sind kochend heiß, und die **hohe Konzentration an Schwefelgasen** kann – vor allem bei Windstille – zu Atembeschwerden führen.

***Nikiá (Νικιά)**

Das Dörfchen Nikiá, 14 km von Mandráki entfernt, thront in 430 m Höhe auf dem südlichen Kraterrand. Im Laufe der letzten Jahrzehnte sind die meisten Bewohner Nikiás weggezogen oder ausgewandert; heute leben hier nur noch knapp 80 Menschen. Doch viele der **Auslandsgriechen** verbringen ihre Urlaubsmonate daheim und haben vor einigen Jahren damit begonnen, ihr ehemaliges Heimatdorf wieder herzurichten und Nikía in ein **kleines Schmuckstück** zu verwandeln. Die Häuser sind frisch weiß getüncht und die Türstöcke und Fensterrahmen blau oder rot gestrichen. Einige von ihnen können sogar gemietet werden. Glanzpunkt Nikiás ist sein Dorfplatz mit einem wunderschönen **Kieselsteinmosaik**. Von Nikiá aus besteht auch die Möglichkeit, zu Fuß in die Caldera hinunterzusteigen. Ein 2,5 km langer, zunächst mit »Volcano« ausgeschilderter, dann mit roten Punkten markierter Wanderweg führt am Kloster Ágios Ióannis Theológos vorbei in den 300 m tiefer gelegenen Krater. Er beginnt unmittelbar am Dorfeingang, wo auch ein kleines Vulkan-Museum steht, dessen Baukosten zum größten Teil die EU trug. Es zeigt u.a. vulkanisches Gestein und Mineralien aus ganz Griechenland und kurze Videos über Vulkanausbrüche in aller Welt.

❶ unregelmäßig geöffnet, Eintritt 3 €

Emborió Das zweite Kraterranddorf der Insel ist das sehr stille Emborió, das bei einem Erdbeben 1933 schwer in Mitleidenschaft gezogen wurde. Am oberen Dorfrand birgt die Michaelskirche in einer total verfallenden mittelalterlichen Burg noch einige jahrhundertealte Fresken (im Dorfkaffeehaus nach dem Schlüsselverwahrer Kóstas fragen). Am unteren Dorfrand liegt unmittelbar an der Asphaltstraße etwa 40 m vor deren Ende eine natürliche Grotte, in der es so heiß ist, dass sie manchmal als Natursauna genutzt wird. Knapp 8 km trennen die nur 6 km² große Insel **Gialí** von Nísyros. Die **unbewohnte Insel** wird in erster Linie zum Abbau von **Bimsstein** genutzt und sieht daher aus der Ferne aus wie ein einziger Steinbruch mit angeschlossenem Verlade-Hafen. Auf Gialí gibt es auch einige schöne, **feinsandige Badebuchten**, die im August von Mandráki aus von Ausflugsbooten angelaufen werden.

** Pátmos

Ausflugsziel

Griechisch: Πάτμος
Einwohner: 3040
Fläche: 34 km²
Hauptort: Pátmos (Chóra)

Die Höhle der Apokalypse und das Kloster des Heiligen Johannes in der Hauptstadt Chóra gehören seit August 2006 zum UNESCO-Weltkulturerbe, die zerfurchte Küste mit ihren herrlichen Stränden zu den schönsten Badeplätzen des Dodekanes: Pátmos begeistert Natur- und Kulturliebhaber gleichermaßen.

Pátmos

1 km
©BAEDEKER
Akr. Sardéla
Akr. Fíros
Órmos Lámbis
Akr. Chóndros
Akr. Tsouloúfi
Órmos Livádi
Lámpi
228 m
Moní Ágii Pántes
188 m
Christós
Vagiá
Kámbos
Léfkes
Órmos Léfkes
Livádi Kalogíron
Panagía Geranoú
Órmos Kamboú
Nísi Ágios Geórgios
109 m
Agriolívado
213 m
Nísi Sklávа
Pátmos
Órmos Mérika
Melói
Akr. Áspri
Órmos Skála
Kastélli
Skala
Órmos Sapsílou
Órmos Chóchlaka
Kloster der Apokalypse
Chóra
Akr. Trágos
Akr. Krithamías
Moní Evangelismes
Moní Ágios Ioánnis Theologos (Johannes-Kloster)
Gríkos
Órmos Grikoú
Tragonisi
107 m
Profítis Ilías
269 m
Órmos Pétras
Kouvári
Diakófti
250 m
Órmos Stavroú
Akr. Genoúpa
Psilí Ammos
Prásino
243 m
Akr. Ilías
Akr. Kalána

»Heilige Insel«

Die nördlichste Insel des Dodekanes ist zugleich eine der am dünnsten besiedelten Inseln Griechenlands. Rund 35 km südlich von Samos in der Form eines **Seepferdchens** gelegen, sind die drei durch schmale Landbrücken verbundenen Teile des hügelig-zerklüfteten Pátmos vulkanischen Ursprungs; vermutlich bildet die Insel den **Kraterrand** eines erloschenen Vulkans.

Sowohl in der orthodoxen als auch in der katholischen und protestantischen Welt wird sie als **heilige Stätte** angesehen: Seit dem Mittelalter gilt sie als Insel des Johannes, der im Jahre 95 n. Chr. von Kaiser Domitian hierher verbannt worden war, wo er bis 97 n. Chr. lebte. In einer Höhle soll er die Visionen gehabt haben, die als **Apokalypse** in den Kanon des Neuen Testaments aufgenommen wurden (▸Baedeker Wissen S. 194). Obgleich weder die Identität des Apostels noch die des Verfassers der Apokalypse wissenschaftlich erwiesen sind, erhielt Pátmos im Jahr 1983 per Gesetz die Bezeichnung »heilige Insel«.

! BAEDEKER TIPP

Traumstrände

Schippern Sie mit dem »Kaíki«, dem traditionellen griechischen Fischerboot, zu den herrlichen Badeplätzen. Atemberaubend ist die Küste zwischen Thermiá und Lambí. Familien lieben die Bucht von Kámpos. Im Süden konzentriert sich das Badeleben auf Gríkos Bay, das Mekka der Pauschalurlauber, und den nie überlaufenen, 400 m langen Sandstrand von Psilí Ámmos, den Kliffs einrahmen.

Geschichte

Das antike Pátmos war zunächst dorisch, später ionisch besiedelt und besaß ein **Heiligtum der Artemis**. Unter den Römern war Pátmos wie seine kargen Nachbarinseln ein **Verbannungsort**. Im frühen Mittelalter dürfte Pátmos verlassen und öde gewesen sein. Mit der Flucht des Abts Christódoulos aus Kleinasien und der Verlegung seines Klosters vom Latmos-Berg bei Milet im Jahr 1088 n. Chr. auf die Insel begann für Pátmos eine von Kirche und Geistesleben geprägte Geschichte. Der byzantinische Kaiser Alexíos I. Komnénos, der 1081 – 1088 regierte, überließ **Abt Christódoulos** die Insel, die durch weitere Schenkungen zu Reichtum und Einfluss gelangte. Bis zur türkischen Okkupation 1537 sah sie Normannen, Türken und Kreuzritter kommen und gehen. Mit weitreichenden Privilegien und eigenen Gesetzen ausgestattet, überstand die **Klosterinsel** auch die Herrschaft der Türken. Schiffbau und Schifffahrt entwickelten sich zu einem starken Wirtschaftszweig und brachten der Insel wichtige kulturelle Kontakte mit dem Ausland.

Griechenland erlangte zwar 1832 seine Unabhängigkeit, doch die Inseln des Dodekanes gehörten nicht Territorium des neuen Staates und blieben türkisch. Von 1912 bis 1943 war Pátmos **von Italien besetzt**, bis 1945 **von Deutschland**. Erst autonom, wurde sie 1948, zusammen mit den anderen Inseln des Dodekanes, Griechenland angegliedert. Seit 1946 steht die Chóra unter Denkmalschutz.

Pátmos erleben

AUSKUNFT

Pátmos Municipality Tourist Information Office
GR-85 500 Skála
im Zollamt des Hafens
(geöffnet: Juni – Aug.)
Tel. 22470 3 16 66
www.patmos.gr

ANREISE

Von ▸Kos-Stadt aus legen im Sommer mehrmals täglich Fähren und Katamarane von Dodekánisos Seaways (www.12ne.gr) nach Pátmos ab. Die Überfahrt im Katamaran dauert gut zwei Stunden.

ESSEN

Old Harbour €€
Uferstraße, Skala
Tel. 22470 3 11 70
Traditionelle griechische Gerichte und leichte mediterrane Küche. Am besten sind die Plätze auf der Holzterrasse mit herrlichem Blick auf das Johannes-Kloster in Chora.

ÜBERNACHTEN

Porto Scoutari Romantic Hotel €€€€
Nordöstlich von Skala, hoch über der Bucht von Meloi
Tel. 22470 3 31 23
Fax 22470 3 31 75
www.portoscoutari.com
Mit viel Sinn für Ästhetik hat Elina Scoutaris ihre 31 eleganten Gästezimmer dekoriert. Himmelbetten und erlesene Antiquitäten – nicht nur für die Hochzeitsnacht ist das Porto Scoutari Romantic Hotel eine traumhafte Adresse.

Pátmos Aktis €€€€
Gríkos-Bucht
Tel. 22470 3 28 00
Fax 22470 3 50 30
www.patmosaktis.gr
Das 2011 eröffnete Hotel direkt am Strand steht an der Stelle des ersten Strandhotels der Insel überhaupt, des ehemaligen staatlichen Xenía-Hotels. Teile der historischen Architektur wurden in das exquisit gestylte Design-Hotel mit einbezogen. Drei der 56 Wohneinheiten bieten sogar einen privaten Pool, ansonsten sind großer Außenpool und Hallenbad vorhanden. Der exzellente Service reicht vom Candelight-Dinner direkt auf dem Strand bis zum persönlichen Security-Service.

Doriza Bay Hotel €€€
Südlich oberhalb von Skala, 700 m von der Höhle der Apokalypse
Tel. 22470 3 31 23
Fax 22470 3 31 75
www.dorizabay.com
Im Frühjahr 2006 eröffnete, schicke Hotelvilla mit sehr geschmackvoll eingerichteten Zimmern

Hotel Australis €€
An der Uferstraße oberhalb von Skala
Tel. 22470 3 15 76
www.patmosaustralis.gr
Ein Platz zum Wohlfühlen und Wiederkommen: Fokas Michellis bietet von April bis Okt. 29 große saubere Zimmer mit Panoramablick auf die Bucht von Skala. Gefrühstückt wird auf der schattigen Terrasse im zauberhaften Garten, den der Hausherr mit wahrer Hingabe persönlich betreut.

SEHENSWERTES AUF PÁTMOS

Skála (Σκάλα) In der tiefsten Bucht der Ostküste versteckt sich das **Hotel- und Verkehrszentrum** der Insel, der geschäftige Hafenort Skála – große Kreuzfahrtschiffe, die im östlichen Mittelmeer unterwegs sind, legen mehrmals wöchentlich hier an. Vor allem am Abend herrscht eine sehr **angenehme Atmosphäre**, wenn die Straßenrestaurants an der Hafenfront und hinter der ersten Häuserzeile von Leben erfüllt sind und ein harmonisches Ensemble mit dem malerischen Hafen bilden, in dem Fischerboote schaukeln und Luxusdampfer festmachen.

***Moní tis Apokálypsis** Auf halbem Weg zwischen Skála und Chóra liegt das **Apokalypse-Kloster** mit der Grotte, in der Johannes der Legende nach seine Offenbarung erhielt (▸Baedeker Wissen S. 193f.). Eine Bilderwand schildert die **Visionen des Johannes**. Auf dem Boden und an der Wand werden die Stellen gezeigt, an denen er lag und sich abstützte, als er die Stimme Gottes »wie von einer Posaune« hörte und seinem **Lieblingsjünger Prochóros** sein Evangelium diktierte, und an der Decke die drei Spalten, aus denen die göttliche Stimme drang.

Öffnungszeiten variabel, i.d.R. tgl. 8.00 – 13.30, So./Di./Do. auch 16.00 bis 18.00 Uhr; lange Röcke bzw. Hosen erwünscht, Eintritt frei

Chóra (Χώρα) Staatliche Kapitäns- und Herrenhäuser drängen sich in engen, gepflasterten Gassen, üppig leuchten Bougainvilleen auf dem weißen Stein: Nach Abfahrt der Tagesgäste präsentiert sich die Inselhauptstadt Chóra (800 Einw.) als **stilles, verträumtes Idyll**, das immer

Mächtige Gottesfestung:
das Johannes-Kloster oberhalb von Chóra

Apokalypse

»Ich, Johannes , euer Bruder, der mit euch teilhat an der Bedrängnis ..., befand mich auf der Insel, die Pátmos heißt, um des Wortes Gottes und des Zeugnisses Jesu willen. Ich wurde vom Geist ergriffen ... und hörte hinter mir eine laute Stimme wie die einer Posaune, die sprach: ›Was du siehst, schreibe in ein Buch‹ « (Offenbarung 1,9 – 20).

Gegen Ende des 1. Jh.s n.Chr., unter der Regierung des römischen Kaisers Domitian, lebte der aus Palästina verbannte christliche Wanderprediger Johannes – der nicht, wie lange geglaubt wurde, mit dem Verfasser des Johannes-Evangeliums identisch ist – in einer Höhle auf der Dodekanes-Insel Pátmos. Dort schrieb er die direkt von Gott empfangene »Offenbarung« (griech. »apokalypsis«, das erste Wort des Textes) nieder. Sie bildet das letzte und wohl meistdiskutierte Buch der Bibel. Aufgebaut um sieben Sendbriefe an sieben frühchristliche Gemeinden in Kleinasien (der römischen Provinz »Asia«) und drei Siebenerreihen von Weltkatastrophen, handelt die Offenbarung vom zukünftigen Schicksal der Menschheit. In gewaltigen Bildern und Worten gibt Johannes wieder, was ihm Christus eröffnet hatte: das Ende der existierenden Welt und **das Heranbrechen eines neuen Zeitalters**, des »Neuen Jerusalem«.

Der Text muss vor dem historischen Hintergrund seiner Zeit gelesen werden. Am Ende der Herrschaft von Domitian nahm der Kaiserkult nie gekannte Ausmaße an. Die frühchristlichen Gemeinden, die den Kult ablehnten, waren heftigen Verfolgungen ausgesetzt. Johannes spendet ihnen in seiner Offenbarung **Trost**, indem er Christus als den alleinigen Herrn der Geschichte und das von Gott geplante Ziel als nicht aufzuhalten darstellt. Dieses Ziel ist der bevorstehende Untergang Roms bzw. der römischen Welt, die in der Schrift als »Hure Babylon«, »Drache« und »Tier« bezeichnet werden. Mehr als das, verspricht die Offenbarung mit dem Ende Roms, das in unüberbrückbarem Gegensatz zum Christentum steht, das Ende der Gewaltgeschichte. Im Vertrauen auf Gott sollen die sieben Gemeinden deshalb ihre »Bedrängnis« ertragen, denn die Verwirklichung des göttlichen Willens – die Erlösung – sei gewiss. Gleichzeitig ist die Offenbarung auch **Mahnung.** Jede der sieben Gemeinden wird kritisiert und ermahnt, nicht vom rechten Weg abzukommen: Die in den Schreckensvisionen ausgemalten Katastrophen treffen alle, die Gott nicht folgen.

Fresko im Johannes-Kloster

Der Untergang der Welt

Die drei Mal sieben Weltkatastrophen der Offenbarung haben die Menschen seit der Niederschrift am meisten verstört. Johannes bedient sich eines ganzen Arsena[…] apokalyptischer Bilder, die sich meist aus altestamentarisch-jüdischer Überliefer[…] herleiten, ebenso wie die Zahlenmystik, die vor allem um die »7« kreist.

▶ **Gottes Plan**

Die Abfolge der Katastrophen beginnt mit der Öffnung des Buchs der Sieben Siegel durch das Lamm Gottes (= Jesus Christus). Die Eröffnung des siebten Siegels löst sieben weitere Katastrophen aus. Die siebte Posaune kündet die Endzeit an: Der Zorn Gottes ergießt sich aus sieben Schalen über das Reich des »Tieres« (Satan = Rom). Am Ende aber steht das »Neue Jerusalem«.

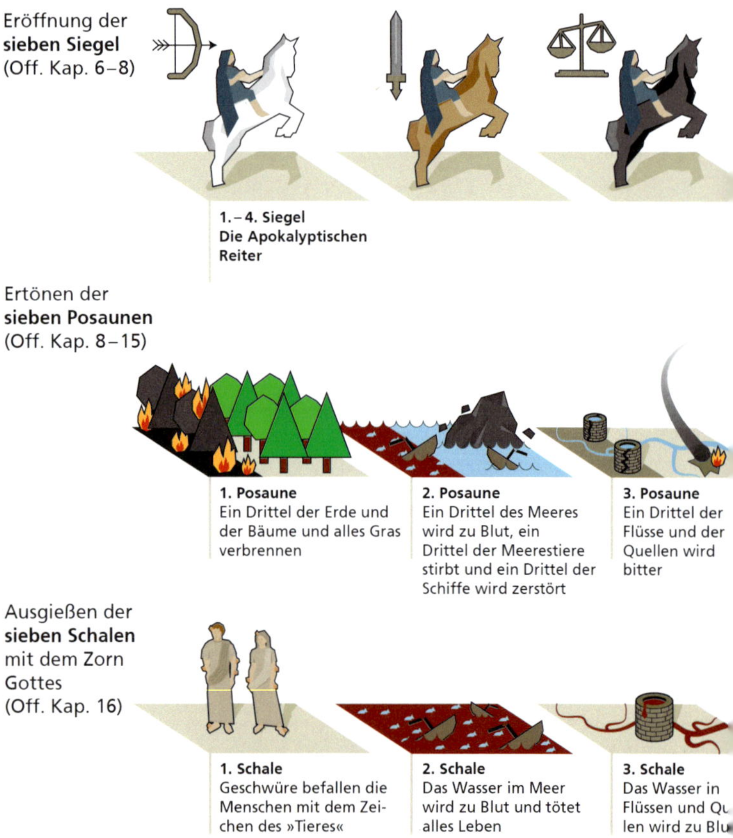

ie sieben Gemeinden
ie Adressaten von Johannes' endbriefen waren sieben früh-hristliche Gemeinden auf dem leinasiatischen Festland. Ihre Deu-ung ist umstritten: Während eine rgumentation in ihnen nur die atsächlich existierenden historischen iemeinden sieht, versteht eine zweite rgumentationslinie sie zudem als ymbole für die Zeitalter der Kirche der der Menschheit.

5. Siegel
Die Seelen der Märtyrer verlangen Vergeltung

6. Siegel
Erdbeben, die Sonne verfinstert sich, der Mond färbt sich rot, Sterne fallen vom Himmel

7. Siegel
Stille im Himmel, sieben Engel erhalten sieben Posaunen

4. Posaune
Ein Drittel der Sonne und des Mondes und der Sterne verfinstern sich

5. Posaune
Ein Stern fällt vom Himmel. Ein Abgrund öffnet sich, der Rauch und Heuschrecken entlässt

6. Posaune
Vier vom Euphrat ausgesandte Engel töten ein Drittel der Menschen

7. Posaune
Unter Blitz, Donner und Hagel öffnet sich der Tempel Gottes im Himmel

4. Schale
Die Sonne verbrennt die Menschen

5. Schale
Das Reich des »Tieres« wird in Finsternis gestürzt

6. Schale
Der Euphrat trocknet aus; Entscheidungsschlacht bei Harmagedon

7. Schale
Erdbeben vernichten Inseln und Berge, furchtbarer Hagel

wieder Ausblicke auf die zinnenbewehrte Klosterfestung Ágios Ioánnis Theologos bietet. Westlich des Klosters liegt der »Konstantinopeler« Bezirk, östlich der »kretische« mit den Häusern Natalis (1599), Pankostas (1606) und Stefanos (1636). Besichtigen kann man das **Simándris-Haus** von 1625. In seiner Nähe liegt auch das mit Fresken ausgemalte Nonnenkloster **Zoodóchos Pigí** von 1607.
Ein wundervolles ***Panorama** bietet sich von der Platia Lózia mit dem klassizistischen Rathaus: man blickt man auf das Apokalypse-Kloster und Skála.

****Johannes-Kloster**

Wie eine mächtige Trutzburg, 260 m hoch gelegen, überragt das Johannes-Kloster die Altstadt Choras. 1088 von dem Mönch Christodoulos gegründet, erhebt es sich auf den Fundamenten eines antiken Artemis-Tempels und einer Basilika aus dem 4. Jahrhundert. Seine heutige Form mit Arkaden und Innenhöfen erhielt es im 17. Jh., die **massive Zinnenmauer** stammt aus dem 11. Jahrhundert. Eine Rampe führt in den von Loggien umgebenen und mit Strebebögen überspannten Hof. Links steht die zu Lebzeiten des Gründers ab 1090 erbaute Hauptkirche, das **Katholikon**. Die Kirche wurde im 19. Jh. mit Stiftungen des russischen Zaren ausgestattet. Die Ikonostase von 1829 ist mit reicher Schnitzerei versehen. Die Malereien aus dem 17. – 19. Jh. zeigen vielfach Johannes und seine apokalyptischen Visionen. In der düsteren **Christodoluskapelle** steht der im 18. Jh. angefertigte, silberverkleidete Sarkophag des Klostergründers; in der **Marienkapelle** entdeckte man unter Fresken von 1745 bedeutende Wandgemälde aus dem 12. Jh., darunter die Thronende Muttergottes, die drei Engel bei Abraham, Christus und die Samariterin, die Heilung des Lahmen und des Blinden sowie die Darstellung Mariens im Tempel. Die abgenommenen Fresken sind heute in der Trápeza, dem alten Speisesaal, ausgestellt. Im Speisesaal

Im Speisesaal des Johannes-Klosters sind mittelalterliche Fresken zu bewundern.

sind marmorverkleidete Tische mit Vertiefungen für das Besteck zu sehen, außerdem **Fresken** aus dem 12. / 13. Jh. und die Wandmalereien aus der Marienkapelle. In der **Schatzkammer** des Klosters werden wertvolles liturgisches Gerät meist aus dem 17. Jh. und Ikonen aufbewahrt. Einzigartige Bestände birgt die **Bibliothek**, die an Handschriften rund 890 Kodizes und 35 Pergamentrollen, etwa 2000 alte Druckwerke und ein Archiv mit mehr als 13 000 Urkunden besitzt. Von den einst reichen Beständen an antiker Literatur ist einzig eine Handschrift des Geschichtswerks des Diodor, eines griechischen Historikers aus dem 1. Jh. v. Chr., in Pátmos verblieben. Bibliothek und Schatzkammer sind leider nicht zugänglich. Doch sind einige Stücke im Klostermuseum zu sehen, so die 1,42 m lange **Übereignungsurkunde** von Alexios I. Komnenos aus dem Jahr 1088, die insgesamt über 5 m lang gewesen sein soll, 33 Blätter des Codex Purpureus, eines Markus-Evangeliums aus dem 6. Jh., eine Handschrift des Buchs Hiob mit 42 Miniaturen aus dem 8. Jh. und eine Predigtsammlung Gregors von Nazianz aus dem Jahr 941.

Öffnungszeiten variabel; i.d.R. tgl. 8.30 – 13.00 Uhr, So./Di./Do. auch 16.00 bis 18.00 Uhr; lange Röcke bzw. Hosen erwünscht; Eintritt 6 €

? BAEDEKER WISSEN

Wussten Sie schon

... dass Victor Hugo 13 Jahre auf der Insel lebte?
»Jeder Mensch trägt Pátmos in sich«, schrieb der französische Dichter. Auch Axel Springer erbaute sich auf Pátmos ein persönliches Refugium. Im Sommer 1972 war der Zeitungszar mit seiner Segeljacht vor der Insel gekreuzt. Nach seinem ersten Besuch ließ er sich später immer mit dem Hubschrauber einfliegen.

The DOPO Club Experience
C.S.P. PONTECCHIO

PRAKTISCHE INFORMATIONEN

Wie kommt man am besten nach Kos? Wo kann man sich gut über die Insel informieren? Was heißt »Danke« auf Griechisch? Lesen Sie nach – am besten schon vor der Reise.

Anreise · Reiseplanung

Mit dem Flugzeug Im Sommerhalbjahr ist Kos direkt mit zahlreichen Flughäfen in den mitteleuropäischen Ländern verbunden. Im Winterhalbjahr ist ein Umsteigen in Athen notwendig, von wo Olympic Air und Aegean Airlines mehrmals täglich nach Kos fliegen.
Wer im Rahmens seines Urlaubs von Kos aus auf andere Inseln weiterfliegen möchte, kommt mit Sky Express von Kos nach Iraklio auf Kreta. Von Athen aus fliegt Olympic Air auch die kleinen Regionalflughäfen von Kálymnos und Léros mehrmals wöchentlich an.

Hoteltransfer auf Kos Am Flughafen stehen Taxis in ausreichender Zahl bereit. Linienbusse verkehren nur zu und von Maschinen aus oder nach Athen, also etwa fünfmal täglich, direkt vom Terminal aus. Die Fahrt in die Stadt mit dem Taxi kostet ca. 25 €, die mit dem Linienbus ca. 3,20 €. Da es am Flughafen keine ständig besetzten Schalter von Mietwagenfirmen gibt, können hier nur vorreservierte Mietwagen abgeholt werden. Für Pauschalurlauber stehen die Transferbusse unmittelbar vor dem Terminalgebäude bereit.

Hinweis
Gebührenpflichtige Servicenummern sind mit einem Stern gekennzeichnet: *0180 ...

Rückflug Das Terminalgebäude ist in der Hochsaison oft überfüllt. Ein rechtzeitiges Erscheinen mindestens 90 Minuten vor dem Abflug ist anzuraten. Im Abflugbereich hinter der Sicherheitskontrolle befinden sich eine Self-Service-Bar, die auch einige wenige Snacks bereithält, sowie ein flughafenüblicher Shop.

Mit der Fähre Direkte Fährverbindungen von Kos ins europäische Ausland gibt es nicht. Wer mit dem eigenen Fahrzeug anreisen will, muss zunächst von Italien nach Patras übersetzen und dann von Piräus nach Kos. Die Fahrt zwischen Piräus und Kos dauert je nach Schiffstyp ca. 11 bis 12 Stunden, Fähren verkehren in der Hauptsaison täglich, im Winter nur 3-4x wöchentlich.

EIN- UND AUSREISEBESTIMMUNGEN

Reisedokumente Griechenland ist Mitglied des Schengener Abkommens zwischen EU-Staaten, das den Grenzübertritt ohne Personenkontrollen vorsieht. Deutsche, österreichische und Schweizer Staatsbürger benötigen bei einem Aufenthalt bis zu drei Monaten einen gültigen **Personalausweis** oder **Reisepass**.
Kinder bis zur Vollendung des 12. Lebensjahres brauchen einen **Kinderreisepass** mit biometrietauglichem Bild. Kinderreisepässe kön-

FLUGGESELLSCHAFTEN

Air Berlin
www.airberlin.com
Tel. in Deutschland: *01805 73 78 00)

Austrian Airlines
www.aua.com
Tel. 0043 51 76 61 000

Condor
www.condor.com
Tel. in Deutschland *01805 76 77 57

Easy Jet
www.easyjet.com
Tel. in Deutschland *01805 66 60 00

Germanwings
www.germanwings.com
Tel. in Deutschland *0900 1 91 91 00

Lauda Air
www.laudaair.com
Tel. 0043 82 03 20 321

Lufthansa
www.lufthansa.com
Tel. in Deutschland *01805 80 58 05

Niki
www.flyniki.com
Tel. in Österreich *0820 73 78 00

Sky Express
www.skyexpress.gr
0030 28 10 22 35 00

Swiss
www.swiss.com
Tel. 0041 84 87 00 700

TUIFly
www.tuifly.com
Tel. in Deutschland *0900 10 00 20 00

FÄHRLINIEN

Fahrpläne
www.faehren.de
www.greekferries.gr
www.gtp.gr
www.bluestarferries.com

nen maximal bis zur Vollendung des 16. Lebensjahres benutzt werden, spätestens ab dann müssen auch Jugendliche einen Reisepass oder Personalausweis besitzen. Weitere Informationen unter www.bundespolizei.de.

Fahrzeugpapiere

Der **nationale Führerschein und der Fahrzeugschein** werden anerkannt. Obligatorisch sind das ovale Nationalitätskennzeichen oder das Eurokennzeichen. Empfehlenswert ist zusätzlich die grüne internationale Versicherungskarte.

Tiere

Für die Einfuhr von Hunden und Katzen ist der **EU-Heimtierausweis** notwendig. Er muss dem entsprechenden Tier eindeutig durch einen eingepflanzten Mikrochip zuzuweisen sein, und wird von den meisten Tierärzten ausgestellt. Näheres kann man auf der Internetseite des BMELV (Bundesministerium für Ernährung, Landwirtschaft und Verbraucherschutz) erfahren: www.bmelv.de.

Einreise nach Griechenland aus EU-Ländern

Waren für den privaten Gebrauch dürfen fast ohne Beschränkung in das EU-Land Griechenland eingeführt werden. Es gelten aber gewisse **obere Richtmengen**: 800 Zigaretten, 400 Zigarillos, 200 Zigarren, 1 kg Rauchtabak, 10 l Spirituosen, 20 l Zwischenerzeugnisse, 90 l Wein und 110 l Bier.

Die Einfuhr von Pflanzen und Funkgeräten ist grundsätzlich verboten. Reisende unter 18 Jahren dürfen weder Tabakwaren noch Spirituosen, Jugendliche unter 15 Jahren auch keinen Kaffee einführen.

Einreise nach Griechenland aus Nicht-EU-Ländern

Für Reisende aus Nicht-EU-Ländern, z. B. Schweizer Staatsbürger, liegen die Freimengengrenzen für Personen über 18 Jahren bei 200 Zigaretten oder 100 Zigarillos oder 50 Zigarren oder 250 g Rauchtabak, ferner bei 2 l Wein und 2 l Schaumwein oder 1 l Spirituosen mit mehr als 22 Vol.-% Alkoholgehalt oder 2 l Spirituosen mit weniger als 22 Vol.-% Alkoholgehalt, 50 g Parfüm und 1/4 l Eau de Cologne, 500 g Kaffee oder 200 g Pulverkaffee, 100 g Tee oder 40 g Tee-Extrakt.

Abgabenfrei sind für See- und Flugreisende ferner Geschenkartikel bis zu einem Wert von 430 € und für Bahn- und Autoreisende von 300 €. Für Kinder unter 15 Jahren gilt unabhängig vom Verkehrsmittel ein Grenzwert von 175 €.

Ausfuhrbestimmungen

Ein Ausfuhrverbot besteht grundsätzlich für Antiquitäten und Kunstgegenstände. Kopien antiker Vorlagen können jedoch frei ausgeführt werden.

Wiedereinreise in die Schweiz

Abgabenfrei sind für Personen ab 17 Jahren 200 Zigaretten oder 50 Zigarren oder 250 g Rauchtabak, 2 l mit bis zu 15 Vol.-% Alkoholgehalt und 1 l mit mehr als 15 Vol.-% Alkoholgehalt, ferner Geschenke im Wert bis 300 CHF.

KRANKENVERSICHERUNG

Krankenversicherung

Mit der **Europäischen Krankenversichertenkarte** (European Health Insurance Card, EHIC) können EU-Bürger die Gesundheitsdienste anderer EU-Länder in Anspruch nehmen. In Notfällen kann man sich an jeden Arzt und an jedes Krankenhaus wenden. Wird die EHIC nicht akzeptiert, sind die Rechnungen zu bezahlen und der Krankenkasse zu Hause vorzulegen.

Der Abschluss einer **Auslandsreisekrankenversicherung** ist zu empfehlen, da viele griechische Ärzte nur Privatpatienten behandeln und eine Rückholung von den gesetzlichen Krankenkassen nicht bezahlt wird. Schweizer Staatsbürger müssen ihre Krankheitskosten selbst tragen.

Auskunft

GRIECHISCHE ZENTRALE FÜR FREMDENVERKEHR (GZF)

In Deutschland

Neue Mainzer Straße 22
D-60311 Frankfurt am Main
Tel. 069 25 78 27-0
Fax 069 25 78 27 29
www.visitgreece.gr

In Österreich

Opernring 8, A-1010 Wien
Tel. 01 5 12 53 17-0
Fax 01 5 13 91 89
grect@vienna.at

AUSKUNFT IN GRIECHENLAND

Greek National Tourism Organisation (G.N.T.O. griechisch: Ellinikós Organismós Turismú, EOT)

Tsoha 7
GR-11521 Athen
Tel. 2108 70 70 00
Fax 2103 31 06 40
info@gnto.gr
www.gnto.gr

EOT– Dodekanes

Archiepiskopou Makariou & Papagou
GR-85100 Rhodos
Tel. 22410 4 43 35
Fax 22410 2 69 55
www.ando.gr/eot

INTERNET

www.bodrumpages.com

Übersichtlich gestaltete, umfangreiche und sehr informative Website über das moderne Touristenzentrum Bodrum und das antike Halikarnassos

www.odysseus.culture.gr

Website des griechischen Kulturministeriums mit ausführlichen Informationen zu fast allen Museen und Ausgrabungsstätten des Landes

www.ert.gr

Griechische Radioprogramme zum Mithören am PC

www.griechenland-infos.de

In knapp 100 Stichwörtern erfährt man Wissenswertes über Griechenland, die meistbesuchten Inseln und Regionen sowie die Geschichte und Kultur des Landes.

www.griechische-botschaft.de

Sehr empfehlenswerte Website mit interessanten und aktuellen Infos, nützlichen Adressen und Tipps

www.griechenland.net

Täglich aktualisierte Berichte aus Griechenland von der einzigen deutschsprachigen Wochenzeitung des Landes

www.in-greece.de

Die übersichtlich gestaltete Website enthält neben allgemeinen Infos über Kos auch Reiseberichte und Tipps von Kos-Fans.

www.ekathimerini.com

Elektronische Ausgabe der großen englischsprachigen Tageszeitung Kathimerini

www. ratgeber-griechenland.de
Brauchbare Link-Sammlung zu Land und Leuten, Reisezielen und Reiseanbietern

GRIECHISCHE BOTSCHAFT

In Deutschland
Jägerstr. 54-55
D-10117 Berlin
Tel. 030 20 62 60
www.griechische-botschaft.de

In Österreich
Argentinierstr. 14
A-1040 Wien
Tel. 01 5 06 15, Fax 01 5 05 62 17
www.griechische-botschaft.at

In der Schweiz
Weltpoststr. 4
CH-3000 Bern 15
Tel. 031 356 14 14
www.mfa.gr/bern

DIPLOMATISCHE VERTRETUNGEN IN GRIECHENLAND

Honorarkonsulat der Bundesrepublik Deutschland
Amerikis 55
GR-85100 Rhodos
Tel. 22410 3 71 25
dgiortso@otenet.gr

Konsulat der Rep. Österreich auf Rhodos
Odós Iróon Politechníou 21
GR-85000 Rhodos
Tel. 22410 7 57 38
savvaspap@hotmail.com

Konsularagentur der Schweizer Eidgenossenschaft
Papalouka Str. 31
GR-85100 Rhodos
Tel. 22410 7 36 90
www.eda.admin.ch

Elektrizität

Das griechische Stromnetz führt 220 / 230 Volt. In der Regel passt jeder deutsche Stecker.

Etikette

Korrekte Kleidung Badekleidung gehört an den Strand, nicht in Dörfer und Städte. Beim Besuch noch bewohnter Klöster sind Shorts und bei Frauen auch lange Hosen verpönt; oft liegt dort jedoch ein Überwurf für unziemlich Bekleidete bereit. Ein Sakko tragen auch griechische Herren gern im Urlaub, eine Krawatte ist jedoch außer bei hochoffiziellen Anlässen überflüssig. Stilett-Absätze wissen auch griechische Damen zu schätzen. Auf griechischen Bürgersteigen sind sie jedoch ebenso unpraktisch wie beim Besuch von Ausgrabungen.

Fotografieren In **Museen** und archäologischen Stätten ist das Fotografieren im Allgemeinen gestattet. Für Aufnahmen mit Blitzlicht oder Stativ ist eine kostenpflichtige Genehmigung erforderlich, die vor Reiseantritt beantragt werden muss – Auskünfte erteilt die Griechische Zentrale für Fremdenverkehr (▸Auskunft). **Militärische Anlagen** wie Kasernen, aber auch der Flughafen, dürfen nicht fotografiert werden.

Trinkgeld

In **Hotels und Restaurants** sind Bedienungsgelder im Preis enthalten. Ein Trinkgeld von 5 bis 10% ist dennoch willkommen; auch **Taxi-**Fahrgäste runden die zu entrichtenden Summen meist um 10 % auf. Nicht nur zu Weihnachten, sondern auch zu Ostern erhalten Taxifahrer einen offiziellen Zuschlag.

Kirchenbesuche

Auch Nicht-Orthodoxe dürfen in Kirchen gern Kerzen entzünden. Vor Ikonen verschränkt man die Arme nicht und kreuzt auch nicht die Beine. Wenn man unmittelbar vor einer Ikone steht, wendet man ihr nicht den Rücken zu.

Beschwerden

Sich lautstark zu beschweren, bringt fast nie einen Erfolg. Besser ist es, ans Ehrgefühl und die Fähigkeiten des Gegenüber, das Problem zu lösen, zu appellieren.

Geld

Griechenland gehört zur **Euro-Zone**. Wechselkurs für die Schweiz: 1 € = 1,20 CHF, 1 CHF = 0,83 €.

Geldautomaten finden sich in den Städten und allen größeren Urlaubsorten. Gängige Kreditkarten werden von Banken, den meisten Hotels, Restaurants, Autovermietern und vielen Geschäften akzeptiert. Banken haben in der Regel Mo. – Do. 8.00 bis 13.30 Uhr und Fr. 8.00 – 13.00 Uhr geöffnet.

! BAEDEKER TIPP

Karte verloren?

Ist eine Bank- oder Kreditkarte verloren gegangen oder gestohlen worden, sollte man sie unverzüglich sperren lassen. Es gibt eine einheitliche Notfall-Nummer für Bank- und Kreditkarten sowie Handys:
(0049) 11 61 16
Aus dem Ausland ist der Anruf gebührenpflichtig.

Gesundheit

Ärztliche Hilfe

In den Inselhauptstädten von Kos und Kálymnos gibt es **Krankenhäuser** sowie auf Léros und Pátmos **Gesundheitszentren** (Kentraygias), in denen Touristen kostenlos behandelt werden. Seit 2005 gilt auch in Griechenland die Europäische Krankenversicherungskarte.

Apotheken

Apotheken findet man in Kos-Stadt, Kardámaina, Kéfalos und Zipari. Man erkennt sie an einem Schild mit grünem oder rotem Kreuz auf weißem Grund und der Aufschrift »ΦΑΡΜΑΚΕΊΟ« (»FARMAKEÍO«) oder »Pharmacy«. Der Großteil der international üblichen Medikamente ist hier erhältlich.

Ein **Notdienst** wird in Kos-Stadt angeboten. In den Schaufenstern der Apotheken zeigt ein Hinweis, welche Apotheke wann besetzt ist. In Notfällen wendet man sich am besten an die Hotelrezeption oder an einen Taxifahrer.

Literatur und Film

Kunst- und Kulturgeschichte

Luciano De Crescenzo: Als Männer noch Helden sein durften. Antike Mythen neu erzählt. btb / Goldmann, München 1999. Betrachtungen antiker griechischer Mythen und ein scharfsinnig-humorvolles Porträt der »Supermänner« aus der Vorzeit.

Helmut Fischer: Die Welt der Ikonen. Insel, Frankfurt 1996. Der Autor erläutert die religiösen Bilder und lehrt, sie zu »lesen«.

Jost Herbig: Ionische Reise. Hoffmann & Campe, Hamburg 1993. Ein Führer zu den Ursprüngen des abendländischen Denkens.

Oswyn Murray: Die Geschichte des antiken Griechenland. Patmos, Düsseldorf 2006. Das antike Griechenland von den archaischen Anfängen bis zur Blüte des Hellenismus, lebendig und anschaulich aufbereitet mit zahlreichen Originalzeugnissen.

Charlotte Schubert: Ausgewählte Schriften von Hippokrates. Artemis & Winkler, Düssseldorf 2006. Die Schriften des »Corpus Hippocraticum« bilden die Grundlage der modernen Medizin. Mit seinem Ansatz, Krankheiten auf Umwelteinflüsse zurückzuführen, ist der berühmteste Arzt der Antike bis heute hochaktuell.

Bildband

Klaus G. Förg: Dodekanes. Griechisches Inselparadies um Rhodos, Kos und Pátmos. Rosenheimer Verlag, Rosenheim 1994. Schöner Bildband mit kurzen Texten zu den jeweiligen Inseln.

Kulinarisches

Marianthi Milona: Culinaria Griechenland. Ullmann/Tandem, Königswinter 2006. Eine Lese-, Koch- und Fotoreise für Feinschmecker mit leckeren Rezepten, Sinnigem und Skurrilem zu Griechenland.

Tom Stone: Meine griechische Taverne. Ein Sommer auf Pátmos. Goldmann, München 2004. Nach zehn Jahren am Broadway flüchtete der Amerikaner Tom Stone auf die Insel Pátmos, um seinen ersten Roman zu vollenden. Was ursprünglich als zeitlich begrenzter Arbeitsaufenthalt gedacht war, bescherte Stone dann aber eine zweite Heimat – und den Lesern neben einer amüsanten Lektüre wundervolle Kochrezepte.

Belletristik

Erhart Kästner: Griechische Inseln. Aufzeichnungen aus dem Jahr 1944. Insel, Frankfurt 2004. Kästner beschreibt mit kunstvoll komponierter Reiseprosa lichtdurchflutete Insellandschaften und verschiedene Stätten der Einkehr wie das im Jahr 1088 gegründete Felsenkloster auf Pátmos.

Ryszard Kapuscinski: Meine Reisen mit Herodot. Eichborn, Frankfurt 2005. Ein antiker Geschichtsschreiber als Leitfigur fürs eigene Schreiben: Wenn der polnische Reisejournalist Kapuscinski aus den Kriegs- und Krisengebieten dieser Welt berichtete, begleiteten ihn stets die »Historien« von Herodot – und machten seine Autobiografie zu einer Herodot-Meditation.

Günther Lawrenz: Die Hexe von Pátmos. Romiosini, Köln 1983. Eine wunderschöne Märchensammlung von den griechischen Inseln – auch für Kinder ein Genuss.

! BAEDEKER TIPP

Griechenland für Kinder

Land und Leute, Kunst und Geschichte, Rätsel, Spiele, Kinder-Dolmetscher und Zusatzinfos, die sogar die Eltern überraschen: Mit diesem poppigen Spiralo-Buch ist der Nachwuchs fit für die Ferien und kann beim Abschied auf Griechisch stöhnen: »Echt blöd, dass die Schule wieder anfängt«. Moses-Verlag, Kempen 2004.

Film

Lebenszeichen: Der erste Spielfilm des berühmten deutschen Filmemachers Werner Herzog wurde ganz überwiegend 1957 in der Stadt Kos gedreht. Er spielt während der deutschen Besatzungszeit während des Zweiten Weltkriegs.

Medien

Zeitungen

Auflagenstarke, deutschsprachige Tageszeitungen und Zeitschriften sind im Flughafen und in den Ferienzentren Kardamaina, Kos-Stadt, Marmári, Mastichári und Tigáki mit nur einem Tag Verspätung erhältlich.
Wer eine **griechische Zeitung** lesen möchte, ohne der griechischen Sprache mächtig zu sein, greife zu der englischsprachigen Wochenzeitung »Athens News« (www.athensnews.gr) oder der deutschsprachigen Wochenzeitung »Griechenland Zeitung« (www.griechenland.net).

Radio und Fernsehen Die Staatliche Rundfunkgesellschaft Elliniki Radiophonia Teleorassi (**ERT**) umfasst den Hellenischen Hörfunk (Elliniki Radiophonia, kurz ERA; Hellenic Radio) sowie das Hellenische Fernsehen (Hellenic Television; drei Programme: ET1, ET2 und ET3).
Populäre **private Fernsehsender** sind Mega Channel oder Antenna TV; in Hotels sind Sender wie SAT 1, CNN oder Euronews via Satellit zu empfangen.
Auf Kos gibt es ferner den lokalen Fernsehsender Kos TV sowie drei lokale Hörfunksender.

Deutsche Welle Schnell, umfassend und zuverlässig informiert die Deutsche Welle im Radio, Fernsehen und Internet – zum Online-Service gehört auch **Podcasting**, der Nachrichten-Download auf MP3-Player. Die wöchentliche Programmvorschau findet man unter der Internetseite www.dw-world.de.

Notrufe

Polizei, Krankenwagen und Feuerwehr
Tel. 1 12

Erste Hilfe
Tel. 1 66

Notruf des ADAC
Tel. 21 09 60 12 66
Der deutschsprachige Notruf in Athen ist ganzjährig erreichbar.

NOTDIENSTE IN DEUTSCHLAND

ADAC-Notrufzentrale München
Tel. aus Griechenland:
0049 89 22 22 22 (24 Std.)

ADAC-Ambulanzservice München
Tel. aus Griechenland:
00 49 89 76 76 76
Erreichbar ist der Beratungsdienst täglich von 8.00 bis 20.00 Uhr und in der Hauptsaison von 7.00 bis 20.00 Uhr.Der Telefonarzt des ADAC gibt Patienten Medikamentenempfehlungen bei leichteren Beschwerden und kann in ernsten Fällen den Rücktransport nach Deutschland veranlassen. Bei Bedarf nennt er auch deutschsprachige Ärzte in den betreffenden Regionen.

ACE-Notrufzentrale Stuttgart
Tel. aus Griechenland:
0049 180 2 34 35 36

Deutsche Rettungsflugwacht Stuttgart
Tel. aus Griechenland:
0049 711 70 10 70

DRK-Flugdienst Bonn
Tel. aus Griechenland:
0049 228 23 00 23

Post · Telekommunikation

Postämter gibt es in Antimácheia, Kardamaina, Kéfalos und Kos-Stadt. Die Öffnungszeiten variieren, Kernzeiten sind Mo. – Fr. 9.00 bis 13.30 Uhr. Postämter

Das Porto beträgt 0,71 € für Postkarten und Standardbriefe nach Deutschland. Briefmarken erhält man nicht nur in Postämtern, sondern auch in Souvenirläden, an Kiosken und in den Hotels – in Geschäften und Hotels wird meist ein Aufschlag von etwa 10 % verlangt. Die griechischen **Postkästen sind gelb**. Porto und Briefmarken

Telefonzellen, von denen aus auch Auslandsgespräche geführt werden können, stehen in Griechenland in jedem Dorf und auf allen Plätzen. Sie funktionieren mit den Telefonkarten der Telekommunikationsgesellschaft OTE, die an allen Kiosken und in vielen Supermärkten sowie in den zahlreichen Filialen von COSMOTE erhältlich sind. Beide Gesellschaften werden mehrheitlich von der Deutschen Telekom kontrolliert. COSMOTE unterhält ebenso wie Vodafone, Wind und andere Anbieter auch ein leistungsstarkes Mobilfunknetz. Telefon

Wer die **hohen Roaming-Gebühren** seines eigenen heimischen Mobilfunkanbieters umgehen will, erwirbt in einem der zahlreichen Läden o.g. Telekommunikationsgesellschaften und in anderen Geschäften wie »Germanos« eine griechische Prepaid-SIM-Karte mit griechischer Telefonnummer und zahlt dann die griechischen Telefontarife für ausgehende Gespräche, für eingehende Gespräche nichts. Beim Erwerb der SIM-Karte ist die Vorlage eines Personalausweises und Reisepasses notwendig.

In Griechenland sind fast alle Telefonnummern zehnstellig, eine Ortsnetzvorwahl gibt es nicht. Festnetz-Nummern beginnen immer mit einer 2, Mobilfunknummern mit 69. Telefonnummern

AUSKUNFT

für In- und Ausland

Tel. 11 8 88

LÄNDERVORWAHLEN

Von Deutschland, Österreich und der Schweiz

nach Griechenland: Tel. 0030

Aus Griechenland

nach Deutschland: Tel. 0049

nach Österreich: Tel. 0043

in die Schweiz: Tel. 0041

Preise und Vergünstigungen

Trotz einschneidender Steuererhöhungen in den Jahren 2010 und 2011 ist das griechische Preisniveau für Urlauber recht günstig geblieben. Die meisten **Hotels und Restaurants** haben auf die allgemeine Wirtschaftskrise und die starken Einkommenseinbußen von Rentern und Staatsbediensteten sowie auf die gestiegene Arbeitslosigkeit im Land mit großer Preisdisziplin geantwortet. So sind die Preise von Hotels und Pensionen noch immer relativ günstig im Vergleich mit Mitteleuropa, die Preise für Speisen und Getränke in etwa auf gleichem Niveau. Günstig sind auch die Preise der öffentlichen Verkehrsmittel und die Taxitarife. Die Preise für Tabakwaren und Kraftstoffe hingegen haben deutsches Niveau erreicht. Stark gestiegen sind die Lebensmittelkosten für Einheimische, die ohnehin auch schon vor der Krise jede Haushaltskasse stark belastet haben. Die hohen Preise für die Tasse **Kaffee** jeder Art sind nicht nur steuer-, sondern auch verhaltensbedingt: Der Grieche sitzt oft weit über eine Stunde im Café bei einem einzigen Täßchen, bestellt nichts nach, wie Ausländer es tun würden. Darum muss der Wirt eine Art »Gutes Sitzfleisch-Zuschlag« einkalkulieren.

? BAEDEKER TIPP

Was kostet wie viel?

Benzin: 1,70 €
Einfaches Essen:
bis 7 €
Tasse Kaffee: 3,00 €
Glas Bier: 2,50 - 4,00 €

‣ Preise für Restaurants S. 6
‣ Preise für Hotels S. 6

Reisezeit

▸ Kos

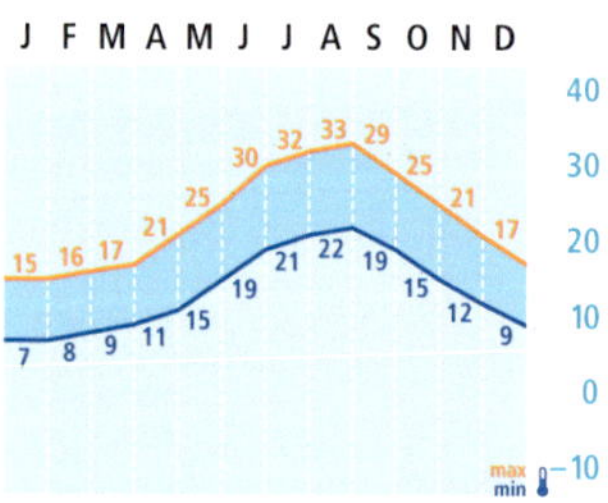

	J	F	M	A	M	J	J	A	S	O	N	D
T/Mon	12	10	9	8	4	2	1	1	5	8	10	12
Std/Tag	4	5	7	9	10	12	13	12	11	8	6	4
in °C	17	16	16	17	19	21	23	25	24	22	20	18

Für einen Badeurlaub sind die Monate **Mai bis September** am besten geeignet; für Rad- oder Wandertouren besonders der Mai, wenn alles grünt und blüht. Auch im Oktober und November ist das Meer noch über 18 °C warm, doch muss man mit Regentagen rechnen. Der regenreichste Monat ist der Januar mit 14 Regentagen; kein einziger Tropfen fällt zwischen Juni und August, wenn allerdings mit 30 bis 33 °C auch die höchsten Tagestemperaturen gemessen werden. Nachts sinkt das Thermometer zwischen Juni und September auf durchschnittlich 19 – 22 °C ab, von Dezember bis März auf 7 – 9 °C.

Sprache

Die Transkription vom Griechischen ins Deutsche ist problematisch, da es keine verbindlichen Richtlinien dafür gibt. Um in diesem Reiseführer Einheitlichkeit zu erreichen, erfolgt die Umschrift nach einer auch von der UNO verwendeten Transliterationstabelle. Die Betonung des Wortes ist durch den Akzent zu erkennen.

Transkription

Meist findet man auf Kos Einheimische, mit denen man sich auf Englisch verständigen kann. Deutschkenntnisse sind durch heimgekehrte Gastarbeiter häufig geworden. Das **Neugriechische** unterscheidet sich wesentlich vom **Altgriechischen**, obwohl die Zahl jener Wörter, die seit den Zeiten des Dichters Homer unverändert geschrieben werden, immer noch erstaunlich groß ist. Doch auch bei diesen sind die Abweichungen der Aussprache von der deutschen Schulaussprache des Altgriechischen zu berücksichtigen. Im Hauptteil des Sprachführers wird in der zweiten Spalte die tatsächliche Aussprache möglichst genau wiedergegeben, die Umschrift wird daher nicht verwendet.

Verständigung

Bei den Satzzeichen unterscheiden sich vom Lateinischen nur das griechische Fragezeichen, das dem deutschen Strichpunkt entspricht (? = ;), und der Strichpunkt, der im Griechischen als Punkt über der Zeile (·) geschrieben wird.

Satzzeichen

Sprachführer Griechisch

GRIECHISCHES ALPHABET

Buchstaben	Umschrift	Aussprache
Α α (alfa)	a	a
Β β (wita)	v	w
Γ γ (ghamma)	g	gh, vor e und i: j
Δ δ (dhelta)	d	dh (wie in engl. »that«)
Ε ε (epsilon)	e	kurzes e
Ζ ζ (sita)	z	stimmhaftes s
Η η (ita)	i	i
Θ θ (thita)	th	th (wie in engl. »thing«)
Ι ι (iota)	i	i
Κ κ (kappa)	k	k
Λ λ (lamvda)	l	l
Μ μ (mi)	m	m
Ν ν (ni)	n	n
Ξ ξ (xi)	x	ks

Ο ο (omikron)	o	o
Π π (pi)	p	p
Ρ ρ (rho)	r	r
Σ σ, ς (sigma)	s	stimmloses s
Τ τ (tav)	t	t, nach d: d
Υ υ (ipsilon)	y	i
Φ φ (fi)	f	f
Χ χ (chi)	ch	vor a, o, u wie in »ach« vor e, i wie in »ich«
Ψ ψ (psi)	ps	ps
Ω ω (omega)	o	o

BUCHSTABENKOMBINATIONEN

αι	e	e
αυ	av	aw (vor stimmhaftem Konsonant oder Vokal)
αυ	af	af (vor stimmlsm. Kons.)
γγ	ng	ng
γκ	g	g (am Wortanfang, selten im Wortinneren)
γκ	ng	ng (im Wortinneren)
ει	i	i
ει	j	j (unbetont, zwischen Konsonant und Vokal)
ευ	ev/ef	ev/ef (entspr. αυ)
μβ	mv	mw
μπ	b	b (am Wortanfang, selten im Wortinneren)
μπ	mb	mb (im Wortinneren)
ντ	d	d (am Wortanfang, selten im Wortinneren)
ντ	nt	nd (im Wortinneren)
οι	i	i
ου	ou	u

DAS ALLERWICHTIGSTE

Ja / Nein	nä / óchi	Ναί / Όχι
Vielleicht	'issos	Ίσως
Bitte	paraka'lo	Παρακαλώ
Danke (sehr)	äfchari'sto (pol'i)	Ευχαριστώ (πολύ)
Entschuldigung!	si'njomi!	Συγγνώμη!
Bitte? Sie wünschen?	o'ristä?	Ορίστε;
Ich verstehe Sie nicht.	ðä sass katala'wäno.	Δε σας καταλαβαίνω.
Bitte wiederholen Sie es.	na to ksana'pite, paraka'lo.	Νά το ξαναπείτε, παρακαλώ.

Sprechen Sie...	mi'late …	Μιλάτε …
... Deutsch?	jermanik'a?	γερμανικά;
... Englisch?	angglik'a?	αγγλικά;
Ich spreche nur wenig Griechisch.	mi'lo 'mono ligo ellinika*a.	Μιλώ μόνο λίγο ελληνικά.
Können Sie mir bitte helfen?	bo'ritä na mä woi'θisätä, paraka'lo?	Μπορείτε να με βοηθήσετε, παρακαλώ;
Ich möchte …	'θälo …	Θέλω …
Haben Sie …?	'ächätä …?	Έχετε …;
Wie viel kostet es?	'posso ko'stisi?	Πόσο κοστίζει;
Wie viel Uhr ist es?	ti 'ora 'inä?	Τι ώρα είναι
Heute/Morgen	'simära/'awrio	Σήμερα / Αύριο

GRÜSSEN

Guten Morgen!	kali'mära (su / sas)!	Καλημέρα (σου / σασ)!
Guten Tag!	kali'mära! / 'chärätä!	Καλημέρα / Χαίρετε!
Guten Abend!	kali'spära!	Καλησπέρα!
Gute Nacht!	kali'nichta!	Καληνύχτα!
(allgemeiner Gruß)	'jassas!	Γειά σας!
Hallo! Grüß dich!	'jassu!	Γειά σου!
Wie geht es Ihnen / dir?	ti 'kanete / 'kanis?	Τι κάνετε / κάνεις;
Danke. Und Ihnen / dir?	äfchari'sto. äs'sis/äs'si?	Ευχαριστώ. Εσείς / Εσύ;
Auf Wiedersehen!	a'dio!	Αντίο!
Tschüss !	'jassu!	Γειά σου!

ZAHLEN

0	mi'ðän	μηδέν	10	'ðäka	δέκα
1	'äna	ένα	11	'ändäka	ένδεκα
2	'ðio	δύο	12	'ðoðäka	δώδεκα
3	'tria	τρία	13	ðäka'tria	δεκατρία
4	'tässära	τέσσερα	14	ðäka'tässära	δεκατέσσερα
5	'pändä	πέντε	15	ðäka'pändä	δεκαπέντε
6	'äksi	έξι	16	ðäka'äksi	δεκαέξι
7	ä'fta	εφτά	17	ðäkaä'fta	δεκαεφτά
8	o'chto	οχτώ	18	ðäkao'chto	δεκαοχτώ
9	ä'näa	εννέα	19	ðäkaä'näa	δεκαεννέα
20	'ikossi	είκοσι	100	äka'to	εκατό
21	'ikossi 'äna	είκοσι ένα	200	ðia'kosja	διακόσια
22	'ikossi 'ðio	είκοσι δύο	1000	'chilia	χίλια
30	tri'anda	τριάντα	2000	'ðio chi'ljaðäs	δύο χιλιάδες
40	sa'randa	σαράντα	10000	'ðäka chi'ljaðäs	δέκα χιλιάδες
50	pä'ninda	πενήντα	1/2	to / 'äna	το / ένα
60	ä'ksinda	εξήντα		'ðäftäro	δεύτερο

70	äwðo'minda	εβδομήντα	1/4	to / 'äna	το / ένα
80	og'ðonda	ογδόντα		'tätarto	τέταρτο
90	änä'ninda	ενενήντα			

AUSKUNFT UNTERWEGS

links / rechts	aristä'ra / ðäks'ja	αριστερά / δεξιά
geradeaus	ef'θia	ευθεία
nah / weit	ko'nda / makri'a	κοντά / μακριά
Ist das die Straße nach…?	'Ine af'tos o 'dromos ja...?	Είναι αυτός ο δρόμος γιά;
Bitte, wo ist …?	Parakaló, pú ínä …?	Παρακαλώ, πού είναι …;
Wie weit ist es nach …?	'posso ma'kria 'inä ja …?	Πόσο μακριά είναι γιά…;
Wie komme ich nach (zu) …?	Pos θa 'pao ja (sto/stin) …?	Πώς θα πάω γιά (στο / στην) …;
Ich möchte … mieten.	'θälo na ni'kjasso …	Θέλω να νοικιάσω …
… ein Auto	'äna afto'kinito	ένα αυτοκίνητο
… ein Fahrrad	'äna po'ðilato	ένα ποδήλατο
… ein Boot	'mia 'warka	μία βάρκα

WICHTIGE AUFSCHRIFTEN

ΑΝΔΡΩΝ	Herren	ΓΥΝΑΙΚΩΝ	Damen
ΕΙΣΟΔΟΣ	Eingang	ΕΞΟΔΟΣ	Ausgang
ΑΝΟΙΧΤΟ	Offen	ΚΛΕΙΣΤΟ	Geschlossen
ΤΑΧΥΔΡΟΜΕΙΟΝ	Post	ΤΡΑΠΕΖΑ	Bank

TANKEN

Wo ist bitte die nächste Tankstelle?	'pu 'inä, paraka'lo, to e'pomäno wensi'naðiko?	Πού είναι, παρακαλώ, το επομένο βενζιναδικό;
Ich möchte … Liter …	θälo … 'litra …	Θέλω … λίτρα …
… Benzin.	… wän'sini.	… βενζινη.
… Diesel.	… 'disäl.	… ντίζελ.
… bleifrei / verbleit.	… a'moliwði / mä 'mo liwðo	… αμόλυβδη / με μόλυβδο.
Volltanken bitte.	jä'mistä paraka'lo.	Γεμίστε παρακαλώ.
Prüfen Sie bitte den Ölstand.	äksä'tastä, paraka'lo, ti 'staθmi tu lað'ju.	Εξέταστε, παρακαλώ, τη στάθμη του λαδιού.

PANNE UND UNFALL

Ich habe eine Panne.	'äpaθa zim'ja.	Έπαθα ζημειά.
Können Sie mir bitte einen Abschleppwagen schicken?	θa bo'russatä na mu 'stilätä 'äna 'ochima ri'mulkissis?	Θα μπορούσατε να μου στείλατε ένα όχημα ρυμούλκησης;
Wo ist hier in der Nähe eine Werkstatt?	'pu i'parchi ä'ðo kon'da 'äna sinär'jio?	Πού υπάρχει εδώ κοντά ένασυνεργείο;
Hilfe!	wo'iθja!	Βοήθεια!
Achtung / Vorsicht!	proso'chi!	Προσοχή!

Rufen Sie bitte schnell …	ka'lästä, paraka'lo, 'grigora	Καλέστε, παρακαλώ, γρήγορα …
… einen Krankenwagen.	… 'äna asθäno'foro.	… ένα ασθενόφορο.
… die Polizei.	… tin astino'mia.	… την αστυνομία.
… die Feuerwehr.	… tin piroswästi'ki ipirä'sia.	… την πυροσβεστική υπηρεσία.
Geben Sie mir Ihren Namen und Anschrift.	'pästä mu to 'onoma kä ti ðiäfθin'si sas.	Πέστε μου το όνομα και τη διεύυνσή σας.

EINKAUFEN

Wo finde ich …?	pu θa wro …?	Πού θα βρω …;
eine Apotheke	'ena farma'kio	ένα φαρμακείο
eine Bäckerei	'ena artopo'lio	ένα αρτοπολείο
ein Lebensmittelgeschäft	'ena ka'tastima tro'fimon	ένα κατάστημα τροφίμων
den Markt	tin ajo'ra	την αγορά

ARZT

Können Sie mir einen guten Arzt empfehlen?	bo'ritä na mu siss'tissätä 'änan ka'lo ja'tro?	Μπορείτε να μου συστήσετε έναν καλό γιατρό;
Ich habe hier Schmerzen.	'ächo 'ponnus ä'ðo.	Έχω πόνους εδώ.

BANK

Wo gibt es hier eine Bank?	'pu 'inä ä'ðo mja 'trapäsa?	Πού είναι εδώ μια τράπεζα;
Ich möchte … Schweizer	'θälo na a'lakso … älwäti'ka	Θέλω να αλλάξω …
Franken in Euro wechseln.	'franga sä evró.	ελβετικά φραγκα σε υρώ.

POST

Was kostet …	'posso ko'stisi …	Πόσο κοστίζει …
… ein Brief	… 'äna 'gramma	… ένα γραμμα
… eine Postkarte	… mja 'karta	… μια κάρτα
… nach Deutschland / Österreich / Schweiz?	… ja ti järma'nia / afs'tria / elwe'tia?	… γιά τη Γερμανία / Αυστρία / Ελβετία;
Eine / zwei Briefmarken, bitte.	'äna/'ðio grammat'osimo/ grammat'osima, paraka'lo.	Ένα/δύο γραμματόσημο / γραμματόσημα, παρακαλώ.

ÜBERNACHTEN

Können Sie mir bitte … empfehlen?	bo'ritä na mu si'stissätä …, paraka'lo?	Μπορείτε να μου συστήσετε …, παρακαλώ;
… ein Hotel	… 'äna ksänoðo'chio	… ένα ξενοδοχείο
… eine Pension	… 'mia pan'sjon	… μία πανσιόν
Ich habe bei Ihnen ein Zimmer reserviert.	'äðo sä sas 'äklissa 'äna ðo'matjo.	Εδώ σε σας έκλεισα ένα δομάτιο.

Haben Sie noch ein Zimmer frei …	'ächätä a'komi 'äna ðo'matjo ä'läfθäro …	Έχετε ακόμη ένα δομάτιο ελεύθερο …
… für eine Nacht?	… ja mja 'nichta?	… γιά μια νύχτα;
… für zwei Tage?	… ja 'ðio 'märäs?	… γιά δύο μέρες;
… für eine Woche?	… ja mja wðo'maða?	… γιά μια βδομάδα;
Was kostet das Zimmer mit …	'posso ko'stisi to do'matjo mä …	Πόσο κοστίζει το δομάτιο με …
… Frühstück?	… proi'no?	… πρωινό;
… Halbpension?	… 'mäna 'jäwma?	… μένα γεύμα;

ESSEN GEHEN

Wo gibt es hier ein gutes Restaurant?	pu i'parchi ä'ðo 'äna ka'lo ästia'torio?	Πού υπάρχει εδώ ένα καλό εστιατόριο;
Gibt es hier eine gemütliche Taverne?	i'parchi ä'ðo ta'wärna mä 'anäti at'mosfära?	Υπάρχει εδώ μια ταβέρνα με άνετι ατμόσφαιρα;
Reservieren Sie uns bitte für heute Abend einen Tisch für 4 Personen.	kra'tistä mas ja 'simera to 'wraði 'äna tra'päsi ja 'tässära 'atoma, paraka'lo.	Κρατήστε μας για σήμερα το βράδυ ένα τραπέζι για 4 άτομα, παρακαλώ.
Ich möchte bitte bezahlen.	θä*alo na pli'rosso, paraka'lo.	Θέλω να πληρώσω, παρακαλώ.
Bitte alles zusammen.	'ola mas'i, parakal'o.	Όλα μαζί, παρακαλώ.
Wir möchten getrennt bezahlen.	θa θ'ä*alame na pli'rosume chorist'a.	Θαθέλαμε να πληρώσουμε χωριστά.
Messer	ma'chäri	μαχαίρι
Gabel	pi'runi	πηρούνι
Löffel	ku'tali	κουτάλι

SPEISEKARTE

πρoινώ	**proin'o**	**Frühstück**
καφές (σκέτο)	ka'fäs ('skäto)	(ungesüßter) Kaffee
καφές με γάλα	ka'fäs me 'jala	Kaffee mit Milch
καφές φίλτρου	ka'fäs 'filtru	Filterkaffee
τσάι με λεμόνι	'tsai mä lä'moni	Tee mit Zitrone
τσάι από βότανα	'tsai a'po 'wotana	Kräutertee
σοκολάτα	soko'lata	Schokolade
χυμό φρούτου	chi'mo 'frutu	Fruchtsaft
αυγό μελάτο	aw'jo mä'lato	weiches Ei
ομελέτα	omä'läta	Omelett
αυγά μάτια	aw'ja 'matja	Spiegeleier
αυγά με μπέικον	aw'ja mä 'bäiken	Eier mit Speck
ψωμί / ψωμάκι	pso'mi/pso'maki	Brot/Brötchen
τοστ	tost	Tost
κρουασάν	krua'san	Hörnchen, Croissant

φρυγανιές	frigan'jäs	Zwieback
βούτυρο	'wutiro	Butter
τυρί	ti'ri	Käse
λουκανικό	lu'kaniko	Wurst
ζαμβόν	sam'bon	Schinken
μέλι	'mäli	Honig
μαρμελάδα	marmä'laða	Marmelade
γιαούρτι (με καρύδια)	ja'urti (mä ka'riðja)	Joghurt (mit Walnüssen)
ορεκτικά / σούπες	**orektik'a / 'supes**	**Vorspeisen / Suppen**
ποικιλίαελιές	ä'ljäs	Oliven
φέτα	'fäta	weißer Schafskäse
μελιτζάνα σαλάτα	mäli'dsana sa'lata	Auberginensalat
ντολμαδάκια	dolma'ðakja	gefüllte Weinblätter (kalt)
γαρίδες	ga'ridäs	Garnelen
γίγαντες	'jigandäs	große weiße Bohnen
σαγανάκι	saga'naki	gebratener Käse
σκορδαλιά	skorðal'ja	Püree aus Kartoffeln, Knoblauch und Öl
σπανακόπιτα	spana'kopita	Spinattasche
ταραμοσαλάτα	taramosa'lata	Fischrogenpüree
τζατζίκι	za'ziki	Joghurtcreme mit Gurke und Knoblauch
τυρόπιτα	ti'ropita	Käsetasche
κοτόσουπα	ko'tosupa	Hühnersuppe
κοτόσουπα αυγολέμονο	ko'tosupa awgo'lämono	Hühnersuppe mit Zitrone und Ei
ψαρόσουπα	psa'rosupa	Fischsuppe
ζωμός κρέατος	so'mos 'kräatos	Fleischbrühe
τοματόσουπα	toma'tosupa	Tomatensuppe
λαχανόσουπα	lacha'nosupa	Gemüsesuppe
φασολάδα	faso'lada	Bohnensuppe
μαγειρίτσα	maji'ritsa	Ostersuppe
σαλάτες	**sa'lates**	**Salate**
(ν)τοματοσαλάτα	tomatosa'lata	Tomatensalat
αγγούρι	an'guri	Gurke
χοριάτικι (σαλάτα)	chor'jatiki (sa'lata)	Dorfsalat
μαρούλι σαλάτα	ma'ruli sa'lata	Kopfsalat
λαχανοσαλάτα	lachanosa'lata	Krautsalat
πατατοσαλάτα	patatosa'lata	Kartoffelsalat
άγρια χόρτα	'agria 'chorta	Wildkräutersalat
λαδολέμονο	laðo'lämono	Öl-Zitronen-Sauce

ψάρια	**ps'arja**	**Fischgerichte**
αστακός	asta'kos	Hummer
γαρίδες	ga'ridäs	Garnelen
χταπόδι	chta'poði	Oktopus
μπαρμπούνι σχάρας	bar'buni 'ßcharas	Rotbarbe vom Grill
γλώσσα τηγανητά	'glossa tijani'ta	Seezunge gebraten
μύδια	'miðia	Muscheln
καλαμαράκια	kalama'rakja	kleine Tintenfische
μπακαλιάρος φούρνου	bakal'jaros 'furnu	Stockfisch aus dem Ofen
σολομός	solo'mos	Lachs
κακαβιά	kakaw'ja	Bouillabaisse
καραβίδες	kara'wiðes	große Scampi
χριστόψαρο	chris'topsaro	Petersfisch
σκουμπρί	skum'bri	Makrele
τσιπούρα	tsi'pura	Dorade
φαγκρί	fan'gri	Zahnbrasse
τόνος	'tonnos	Tunfisch
ξιφίας	ksi'fias	Schwertfisch

φαγητά με κρέας	**fajit'a mä kr'äas**	**Fleischgerichte**
άρνι ψητό	ar'ni psi'to	Lammbraten
άρνι στο φούρνο	ar'ni sto 'furno	Lammfleisch aus dem Ofen

Tja, wenn man jetzt auf Griechisch fragen könnte!

βοδινό φιλέτο	woði'po fi'läto	Rinderfilet
γαλοπούλα ψητή	galo'pula psi'ti	Pute gebraten
γύρος	'jiros	Fleisch vom Drehspieß
κατσίκι	kat'siki	Zicklein
κεφτέδες	kef'tedes	Hackfleischbällchen
κοτόπουλο ψητό	ko'topulo psi'to	Brathuhn
κουνέλι	ku'näli	Kaninchen
μιξτ γκριλ	'mikst 'gril	Gemischtes Grillfleisch
μοσχάρι κοκκινιστό	mos'chari kokkini'sto	Kalbfleisch geschmort
μοσχάρι ψητό	mos'chari psi'to	Kalbsbraten
μπόν φιλέ	bon fi'lä	Filet
μπριζόλες χοιρινές	bri'soläs chiri'näs	Schweinekotelett
μπιφτέκι	bi'ftäki	Hacksteak vom Grill
παιδάκια αρνίσια	pai'ðakja ar'nisia	Lammkotelett
παστίτσιο	pa'stitsjo	Makkaroniauflauf mit Fleischfüllung
σουτζουκάκια	sudsu'kakja	Hackfleischröllchen
σουβλάκι(α)	su'wlaki	Fleischspieß(e)
λαχανικά	**lachanik'a**	**Gemüsegerichte**
ντολμάδες	dol'maðäs	Gefüllte Weinblätter
λάχανο	'lachano	Weißkraut
αγγινάρες	angi'naräs	Artischocken
μελιτζάνες γεμιστές	mäli'dsanäs jämi'stäs	Gefüllte Auberginen
ντομάτες γεμιστές	to'matäs jämi'stäs	Gefüllte Tomaten
πιπεριές γεμιστές	pipär'jäs jämi'stäs	Gefüllte Paprikaschoten
τουρλού	tur'lu	Bunter Gemüseeintopf
φασολάκια	faso'lakja	Grüne Bohnen
μουσακάς	mussa'kas	Auberginen-Hackfleisch-Kartoffel-Auflauf
μπαμιές	'bamjäs	Okraschoten
πιπεριές τηγανητές	pipär'jäs tigani'täs	gebratene Paprika
κολοκυθάκια	koloki'θakja	Zucchini
φασόλια	fa'solja	weiße Bohnen
πατάτες τηγανητές	pa'tatäs tigani'täs	Pommes frites
σπανακορύζο	spana'koriso	Spinat mit Reis
επιδόρπια	**epid'orpia**	**Nachspeisen**
φρούτα	'fruta	Obst
παγωτό	pagot'o	Eis(creme)
μπακλαβάς	bakla'was	Blätterteig in Sirup mit Nussfüllung
μπουγάτσα	bug'atsa	Blätterteigtasche, gefüllt mit Vanillecreme

κρέμα	'kräma	Grießpudding
ρυζόγαλο	ri'sogalo	Reispudding
σταφύλια	sta'filia	Trauben
καρπούζι	kar'pusi	Wassermelone
πεπόνι	pä'poni	Honigmelone
ροδάκινο	ro'ðakino	Pfirsich
μήλο	'milo	Apfel
αχλάδι	ach'laði	Birne
μούσμουλα	'musmula	Mispel
Αλκοολούχα ποτά	**alkool'ucha pot'a**	**Alkoholische Getränke**
άσπρο κρασί	'aspro kra'si	Weißwein
κόκκινο κρασί	'kokkino kra'si	Rotwein
ρετσίνα	rä'tsina	geharzter Wein
χύμα	'chima	Wein vom Fass
ξερό	kse'ro	trocken
ημίγλυκο	i'migliko	halbsüß
ούζο	'uso	Anisschnaps
τσίπουρο	'tsipuro	Tresterschnaps
(μια) μπύρα	(mja) 'bira	(ein) Bier
μη αλκοολούχα ποτά	**mi alkool'ucha pot'a**	**Alkoholfreie Getränke**
φραππέ	frap'pä	kalter Nescafé mit festem Schaum
ελληνικος καφές	elini'kos ka'fäs	griechischer Mokka
τσάι	tsai	Tee
πορτοκαλάδα	portoka'laða	Orangenlimonade
λεμονάδα	lämo'naða	Zitronenlimonade
(μια καράφα) νερό	(mja ka'rafa) ne'ro	(ein Krug) Wasser
μεταλλικό νερό	metalli'ko ne'ro	stilles Mineralwasser
σόδα	'soda	Mineralwasser mit Kohlensäure

Toiletten

In den Hotels und in den meisten guten Restaurants, Tavernen und Cafés haben die Toiletten mitteleuropäischen Standard, manchmal sind es sogar die schicksten Räumlichkeit des gesamten Lokals.
Es gibt aber auch gegenteilige Beispiele: Insbesondere fehlende Sitzbrillen sind häufiger ein Problem. Das Toilettenpapier darf grundsätzlich – auch in den meisten Hotels und Restaurants – nicht in das

WC-Becken geworfen werden. Stattdessen ist es in einem bereitstehenden Eimer (oder auch Papierkorb) zu deponieren. Begründet wird das teilweise mit zu engen Abflussrohren, teilweise mit zu kleinen Sickergruben. Herrentoiletten sind mit einem A für »Andron«, Damentoiletten mit einem Gamma für »Gynaikon« oder – viel häufiger – einfach mit einem eindeutigen, manchmal sogar witzigen Bild oder Piktogramm gekennzeichnet.

Verkehr

AUTOVERKEHR

Straßennetz

Das Straßennetz ist auf Kos und seinen Nachbarinseln gut ausgebaut, Autobahnen und mehrspurige Schnellstraßen gibt es jedoch nicht.

Verkehrsvorschriften

In Griechenland gelten weitgehend die internationalen Verkehrsregeln. Verkehrssündern drohen drastische Geldbußen! In Ortschaften ist das Hupen untersagt. Die Alkohol-**Promillegrenze** liegt bei 0,5. Für Pkws – auch mit Anhänger – und Wohnmobile gelten folgende **Höchstgeschwindigkeiten**: innerorts 50 km/h, außerorts 90 km/h, auf Nationalstraßen 110 km/h und auf Autobahnen 120 km/h. Motorräder über 100 ccm dürfen außerorts nicht schneller als 80 km/h und auf Schnellstraßen und Autobahnen nur bis 90 km/h fahren. Höchstgeschwindigkeit für Motorräder unter 100 ccm ist auf allen Straßen außerhalb der Ortschaften 70 km/h.

Kraftstoff

In Kos-Stadt, den Touristenzentren und entlang der Inselhauptstraße gibt es viele Tankstellen, die bleifreies Superbenzin mit 95 und 98 Oktan sowie Diesel führen. Auf Fähren ist die Mitnahme von gefüllten **Kraftstoffkanistern** aus Sicherheitsgründen nicht gestattet.

Mietwagen

Mietwagen stehen auf allen in diesem Band vorgestellten Insel außer Psérimos und Télendos zur Verfügung. Besonders groß ist die Auswahl auf Kos, wo außer Pkw und Jeeps aller Art auch Cabrios gemietet werden können. Das Mindestalter für Mieter beträgt 21 Jahre, für größere Wagentypen teilweise 23 Jahre. Auch bei griechischen Vollkaskoversicherungen sind Schäden an den Reifen und an der Unterseite der Wagen nicht mitversichert: Damit soll verhindert werden, dass die Fahrzeuge auf unbefestigten Straßen benutzt werden.
Wer seinen Wagen schon an den Flughäfen von Kos, Kálymnos oder Léros in Empfang nehmen will, muss das Fahrzeug vorreservieren, da keine Mietwagengesellschaft ständig besetzte Büros an den Flughäfen unterhält. Wer im Rahmen eines Tagesausfluges auf eine der

Nachbarinseln von Kos einen Mietwagen wünscht, reserviert ihn ebenfalls besser schon telefonisch am Vortag, da dort die Mietwagen manchmal knapp werden können. Voraussetzungen für die Fahrzeugmiete sind ein nationaler Führerschein und ein **Mindestalter** von 21 Jahren.

Panne, was tun? Der griechische Automobilclub ELPA, Partner des ADAC, verfügt auf Kos und seinen Nachbarinseln über keinen eigenen Straßenhilfsdienst. Mietwagenunternehmen haben ihre eigenen privaten Partner. Wer mit dem eigenen Wagen unterwegs ist, kann sich bei der Notrufzentrale des ELPA über den jeweiligen Partner informieren, muss Pannenhilfe und Abschleppkosten aber auch als ADAC-Mitglied zunächst selbst bezahlen.

Taxi Alle der rund 70 Koer Taxis sind mit einem Taxameter ausgestattet; die Preise sind staatlich festgelegt. Es ist üblich, das Taxi mit anderen Fahrgästen zu teilen; der Preis ermäßigt sich dadurch nicht.

BUSVERBINDUNGEN

Kos Auf Kos sind die meisten Orte preisgünstig mit öffentlichen Bussen zu erreichen – Fahrkarten kann man im Bus kaufen. Wer abgelegene Strände und Bergregionen besuchen möchte, sollte jedoch einen fahrbaren Untersatz mieten. In Kos-Stadt gibt es **vier Stadtbuslinien**, deren Endstation am Hafen vor dem Kos City Bus-Büro liegt.

PANNENHILFE

ELPA
www.elpa.gr

MIETWAGEN

auf Kos
Avis
www.avis.com
Tel. 22420 2 42 72

Hertz
www.hertz.gr
22420 2 80 02

auf Nísyros
Manos Rent a Car
Am Hafen, keine Website
Tel. 22420 3 10 29

auf Kálymnos
Automarket
www.kalymnoscars.gr
Tel. 22430 71 57 80

auf Léros
Motoland
www.motoland.gr
Tel. 69 72 60 00 35

auf Pátmos
Avis
www.avispatmos.gr
Tel. 22470 3 30 25

Telefonzentrale für ganz Griechenland
1 04 00

Linie 1 fährt an den Hotels vorbei nach Ágios Fokas, Linie 2 nach Platáni, Linie 3 nach Néa Alikarnássos, Linie 4 nach Messaria und ein Minizug nach Asklepion. Die **Überlandbusse** gehen vom Terminal hinter dem Büro der Kos Intercity Busse ab. Sonntags und außerhalb der Saison fahren die Busse seltener.

Léros

Der Inselbus auf Léros fährt mehrmals täglich zwischen Platanos, Lakki und Xyrokampo sowie zwischen Platanos, Alinda und Parthéni ab. Der Fahrplan ist nicht auf die Ankunft der Schiffe abgestimmt!

Kálymnos

Auf Kálymnos passieren die Busse zwischen 7.00 und 22.00 Uhr einmal pro Stunde den Hafen, Chora, Myrthiés und Kastelli. Mehrmals täglich fährt der Inselbus von Pothia nach Vathí und an vier Wochentagen auch nach Emborios. In den Sommermonaten verkehrt zusätzlich ein Kleinbus zwischen Pothia, Argos und Platy Gialos.

Nísyros

Zwischen 6.30 und 18.00 Uhr verkehrt täglich mehrmals ein Linienbus zwischen Mandraki und Pali sowie zwischen Mandraki, Pali und Nikiá. Zum Strand von Lies fährt im August zudem ein Linienbus ab Mandraki über Pali. Von Reiseagenturen gecharterte Busse bringen Tagesausflügler vom Hafen in Mandraki in den Krater.

Pátmos

In den Sommermonaten gibt es einen Linienbus, der mehrmals täglich zwischen Skala und Chora sowie zwischen Skala und Grikou pendelt. In der Vor- und Nachsaison sowie im Winter ist der Fahrplan stark eingeschränkt.

FÄHRVERBINDUNGEN

Enges Fährnetz

Alle Fähren vom griechischen Festland nach Kos starten im Hafen von **Piräus** (▸Anreise, S. 200). Ferner bestehen regelmäßige Fährverbindungen zwischen Kos und folgenden Inseln: Astipalea, Chalki, Chios, Ikaria, Kálymnos, Léros, Lesbos, Lipsi, Megisti, Naxos, Nísyros, Paros, Pátmos, Pserimos, Rhodos, Samos, Symi, Siros, Tilos.

Zeit

Im Winterhalbjahr gilt die **Osteuropäische Zeit** (OEZ = MEZ + 1 Std.), von Ende März bis Ende Oktober die Sommerzeit (OEZ + 1 Std. = MESZ + 1 Std.). Die Zeitumstellung erfolgt gleichzeitig mit den anderen EU-Ländern und der Schweiz. Der Zeitunterschied zwischen der deutschen und der griechischen Zeit beträgt also ganzjährig + 1 Stunde.

Register

Reisen verbindet Menschen und Kulturen. Doch wer reist, erzeugt auch CO_2. Der Flugverkehr trägt mit bis zu 10% zur globalen Erwärmung bei. Wer das Klima schützen will, sollte sich nach Möglichkeit für die schonendere Reiseform entscheiden (wie z.B. die Bahn). Gibt es keine Alternative zum Fliegen, kann man mit atmosfair klimafördernde Projekte unterstützen.
atmosfair ist eine gemeinnützige Klimaschutzorganisation unter der Schirmherrschaft von Klaus Töpfer. Flugpassagiere spenden einen kilometerabhängigen Betrag und finanzieren damit Projekte in Entwicklungsländern, die den Ausstoß von Klimagasen verringern helfen. Dazu berechnet man mit dem Emissionsrechner auf **www.atmosfair.de** wieviel CO_2 der Flug produziert und was es kostet, eine vergleichbare Menge Klimagase einzusparen (z.B. Berlin – London – Berlin 13 €).
atmosfair garantiert die sorgfältige Verwendung Ihres Beitrags. Alle Informationen dazu auf www.atmosfair.de. Auch der Karl Baedeker Verlag fliegt mit atmosfair.

Verzeichnis der Karten und Grafiken

Bildnachweis

Amberg Vorsatz (unt.), 193
AKG S. 162, 164
Baedeker-Archiv S. 131, 145
dpa/picture alliance S. 50, 54, 163 (ob.re., unt.re.)
DuMont Bildarchiv/Kiedrowski S. 2 (re. ob.) , 3 (re.), 5, 133, 135 (li.ob., re.unt.), 169, 192, 196
fotolia/calek S. 66
Fotolia/Frida&Diego S. 87
fotolia/sil007 S. 62 (ob.)
Gemeinde Kos S. 71
Hackenberg, Rainer S. 7, 96, 112, 179, 218
Hotel Aktis S. 80
Huber vordere Umschlagklappe, S. 61, U4
Huber/J. Huber S. 84, 106
Huber/Simeone S. 17
Huber/Stauffenberg S. 27
Ihlow S. 1, 36, 38, 109, 135 (ob. Mitte), 137 (2x)
Interfoto S. 163 (li.)
istockphoto/pidjoe S. 8
laif S. 63 (unt.)
laif/Amme S. 28
laif/Gonzalez S. 174
laif/Grecotel/Invision S. 74
laif/Harscher S. 21
laif/IML S. 72, 90
laif/Tophoven S. U2 (ob.) , 159
laif/Tueremis S. 161
Parschau U2 (Mitte), 4 (re.), 13, 29, 30, 46, 56, 58, 62 (unt.), 65, 76, 79, 156, 198
mauritius images S. 3, 10,104, hintere Umschlagklappe
mauritius images/Habel S. 2 (re.unt.), 148
Merten S. 135 (ob.re.)
Reincke, Madeleine S. Vorsatz, 3 (li.ob.), 24, 34, 41, 48, 83, 102, 115, 116, 120, 127, 136, 142, 148, 149, 153, 154, 182
Stankiewicz S. 124
Stockfood U2 (unt.), 63 (ob.), 63 (Mitte), 69
Strüber S. 45
Wrba S. 2 (li.unt.), 3 (li.Mitte), 4 li., 166, 184, 186

Titelbild: Getty Images/AWL/Images/Jon Arnold

Impressum

MAIRDUMONT GmbH & Co KG –
VERLAG KARL BAEDEKER

Ausstattung:
107 Abbildungen, 22 Karten und grafische Darstellungen, eine große Reisekarte
Text:
Dr. Madeleine Reincke, Hilke Maunder und Dieter Luippold; mit Beiträgen von Klaus Bötig, Carmen Galenschovski, Helmut Linde, Reinhard Strüber und Beate Szerelmy
Überarbeitung:
Klaus Bötig
Bearbeitung:
Baedeker Redaktion (Beate Szerelmy)
Kartografie:
Franz Huber, München
MAIRDUMONT Ostfildern (Reisekarte)
3D-Illustrationen:
jangled nerves, Stuttgart
Infografiken:
Golden Section, Berlin
Gestalterisches Konzept:
independent Medien-Design, München

Chefredaktion:
Rainer Eisenschmid, Baedeker Ostfildern

6. Auflage 2013
Völlig überarbeitet und neu gestaltet

Anzeigenvermarktung:
MAIRDUMONT MEDIA
Tel. 0049 711 4502 333
Fax 0049 711 4502 1012
media@mairdumont.com
http://media.mairdumont.com

Printed in China

Trotz aller Sorgfalt von Redaktion und Autoren zeigt die Erfahrung, dass Fehler und Änderungen nach Drucklegung nicht ausgeschlossen werden können. Dafür kann der Verlag leider keine Haftung übernehmen.
Kritik, Berichtigungen und Verbesserungsvorschläge sind jederzeit willkommen. Schreiben Sie uns, mailen Sie oder rufen Sie an:

Verlag Karl Baedeker / Redaktion
Postfach 3162
D-73751 Ostfildern
Tel. 0711 4502-262
info@baedeker.com
www.baedeker.com

Die Erfindung des Reiseführers

Als **Karl Baedeker** (1801 – 1859) am 1. Juli 1827 in Koblenz seine Verlagsbuchhandlung gründete, hatte er sich kaum träumen lassen, dass sein Name und seine roten Bücher einmal weltweit zum Synonym für Reiseführer werden sollten.

Das erste von ihm verlegte Reisebuch, die 1832 erschienene **Rheinreise,** hatte er noch nicht einmal selbst geschrieben. Aber er entwickelte es von Auflage zu Auflage weiter. Mit der Einteilung in die Kapitel »Allgemein Wissenswertes«, »Praktisches« und »Beschreibung der Merk-(Sehens-)würdigkeiten« fand er die klassische Gliederung des modernen Reiseführers, die bis heute ihre Gültigkeit hat. Der Erfolg war überwältigend: Bis zu seinem Tod erreichten die zwölf von ihm verfassten Titel 74 Auflagen! Seine Söhne und Enkel setzten bis zum Zweiten Weltkrieg sein Werk mit insgesamt 70 Titeln in 500 Auflagen fort.

Bis heute versteht der Karl Baedeker Verlag seine große Tradition vor allem als eine Kette von Innovationen: Waren es in der frühen Zeit u. a. die Einführung von Stadtplänen in Lexikonqualität und die Verpflichtung namhafter Wissenschaftler als Autoren, folgte in den 1970ern der erste vierfarbige Reiseführer mit professioneller Extrakarte. Seit 2005 stattet Baedeker seine Bücher mit ausklappbaren 3D-Darstellungen aus. Die neue Generation enthält als erster Reiseführer Infografiken, die (Reise-) Wissen intelligent aufbereiten und Lust auf Entdeckungen machen.

In seiner Zeit, in der es an verlässlichem Wissen für unterwegs fehlte, war Karl Baedeker der Erste, der solche Informationen überhaupt lieferte. In der heutigen Zeit filtern unsere Reiseführer aus dem Überfluss an Informationen heraus, was man für eine Reise wissen muss, auf der man etwas erleben und an die man gerne zurückdenken will. Und damals wie heute gilt für Baedeker: Wissen öffnet Welten.

Baedeker Verlagsprogramm

- Ägypten
- Algarve
- Allgäu
- Amsterdam
- Andalusien
- Argentinien
- Athen
- Australien
- Australien • Osten
- Bali
- Baltikum
- Barcelona
- Bayerischer Wald
- Belgien
- Berlin • Potsdam
- Bodensee
- Brasilien
- Bretagne

- Brüssel
- Budapest
- Bulgarien
- Burgund
- Chicago • Große Seen
- China
- Costa Blanca
- Costa Brava
- Dänemark
- Deutsche Nordseeküste
- Deutschland
- Deutschland • Osten
- Djerba • Südtunesien
- Dominik. Republik
- Dresden
- Dubai • VAE
- Elba
- Elsass • Vogesen
- Finnland
- Florenz
- Florida
- Franken
- Frankfurt am Main
- Frankreich
- Frankreich • Norden
- Fuerteventura
- Gardasee
- Golf von Neapel
- Gomera
- Gran Canaria
- Griechenland
- Griechische Inseln
- Großbritannien
- Hamburg
- Harz
- Hongkong • Macao
- Indien
- Irland
- Island
- Israel
- Istanbul
- Istrien • Kvarner Bucht
- Italien
- Italien • Norden
- Italien • Süden
- Italienische Adria
- Italienische Riviera
- Japan
- Jordanien
- Kalifornien
- Kanada • Osten
- Kanada • Westen
- Kanalinseln
- Kapstadt • Garden Route
- Kenia
- Köln
- Kopenhagen
- Korfu • Ionische Inseln
- Korsika
- Kos
- Kreta
- Kroatische Adriaküste • Dalmatien
- Kuba
- La Palma
- Lanzarote
- Leipzig • Halle
- Lissabon
- Loire
- London
- Madeira
- Madrid
- Malediven
- Mallorca
- Malta • Gozo • Comino

- Marokko
- Mecklenburg-Vorpommern

- Menorca
- Mexiko
- Moskau
- München

- Namibia
- Neuseeland
- New York
- Niederlande
- Norwegen
- Oberbayern
- Oberital. Seen • Lombardei • Mailand
- Österreich
- Paris
- Peking
- Piemont
- Polen
- Polnische Ostseeküste • Danzig • Masuren
- Portugal
- Prag
- Provence • Côte d'Azur
- Rhodos
- Rom
- Rügen • Hiddensee
- Ruhrgebiet
- Rumänien
- Russland (Europäischer Teil)
- Sachsen
- Salzburger Land
- St. Petersburg
- Sardinien
- Schottland
- Schwäbische Alb
- Schwarzwald
- Schweden
- Schweiz
- Sizilien
- Skandinavien
- Slowenien
- Spanien
- Spanien • Norden • Jakobsweg
- Sri Lanka
- Stuttgart
- Südafrika
- Südengland
- Südschweden • Stockholm
- Südtirol
- Sylt
- Teneriffa
- Tessin
- Thailand
- Thüringen
- Toskana
- Tschechien
- Tunesien
- Türkei
- Türkische Mittelmeerküste
- Umbrien
- Ungarn
- USA

- USA • Nordosten
- USA • Nordwesten
- USA • Südwesten
- Usedom
- Venedig
- Vietnam
- Weimar
- Wien
- Zürich
- Zypern

BAEDEKER ENGLISH

- Berlin
- Vienna

Kurioses Kos

Es gibt auf Kos und den benachbarten Inseln schon einiges an Kuriositäten – in der Geschichte und auch in der Gegenwart.

▸Vielbrüstige Artemis
Eine Artemis-Statue im Archäologischen Museum von Kos scheint viele Brüste zu haben. Inzwischen sind die meisten Archäologen jedoch der Meinung, es handele sich dabei um stilisierte Stierhoden. Die nämlich wurden ursprünglich an der berühmten Artemisstatue von Ephesos als Opfergaben befestigt.

▸Tarzan lebt
Kleine Plätze am Wasser, auf denen früher im Winter Boote gelagert wurden, heißen auf Griechisch »Tarsanás«. Auf dem Tarsanás der Stadt Kos steht heute ein großes Strandlokal gleichen Namens. Weil viele Touristen den Namen auf den legendären Tarzan bezogen, tragen dort heute einige Kellner ein Tarzankostüm.

▸Der Chinese
In Griechenland trägt fast jeder Mann einen Spitznamen. Ein Wirt in Lakkí auf Léros beispielsweise heißt »O Kinézos«, also »Der Chinese«. Er spricht nämlich so undeutlich, dass ihn fast niemand versteht. Der Wirt nimmt's mit Humor und hat sogar sein Lokal so genannt sowie Speisekarte und Lampen mit chinesischen Schriftzeichen dekoriert.

▸Duschschwämme
Naturschwämme gibt es auf Kálymnos in allerlei Formen. Manche sehen aus wie Rettungsringe. Sie sind ideal für die Dusche. Man zieht sie einfach wie einen Ring am Körper auf und ab.

▸Deutsche essen Deutsche
Manchmal wird in einfachen Tavernen auf Kálymnos ein Fisch serviert, der »Germanós«, also »Deutscher«, genannt wird. Da seine Färbung einem Tarnanzug ähnelt und sein Zackenkamm furchterregend aussieht, gab man ihm während der deutschen Besatzungszeit im Zweiten Weltkrieg diesen Namen.

▸Schau-Prozesse
Das kleine Kafenío im Gerichtsgebäude der Stadt Kos ist der ideale Ort, um bei einem Tässchen Kaffee oder einer Flasche Bier griechische Gerichtsprozesse zu verfolgen: Die Türen zum Gerichtssaal stehen nämlich fast immer offen.

▸Servietten statt Teller
Früher wurden in Musiklokalen in gehobener Stimmung zu Ehren der Tänzer Flaschen und Teller auf dem Boden zertrümmert. Da das seit vielen Jahren verboten ist, lässt man heute Hunderte von kleinen Papierservietten auf die Tanzfläche regnen.